GRAMSCI E A EMANCIPAÇÃO DO SUBALTERNO

FUNDAÇÃO EDITORA DA UNESP

PRESIDENTE DO CONSELHO CURADOR
Mário Sérgio Vasconcelos

DIRETOR-PRESIDENTE
Jézio Hernani Bomfim Gutierre

SUPERINTENDENTE ADMINISTRATIVO E FINANCEIRO
William de Souza Agostinho

CONSELHO EDITORIAL ACADÊMICO
Danilo Rothberg
Luis Fernando Ayerbe
Marcelo Takeshi Yamashita
Maria Cristina Pereira Lima
Milton Terumitsu Sogabe
Newton La Scala Júnior
Pedro Angelo Pagni
Renata Junqueira de Souza
Sandra Aparecida Ferreira
Valéria dos Santos Guimarães

EDITORES-ADJUNTOS
Anderson Nobara
Leandro Rodrigues

MARCOS DEL ROIO

GRAMSCI E A EMANCIPAÇÃO DO SUBALTERNO

© 2018 Editora Unesp

Direitos de publicação reservados à:
Fundação Editora da UNESP (FEU)
Praça da Sé, 108
01001-900 – São Paulo – SP
Tel.: (0xx11) 3242-7171
Fax: (0xx11) 3242-7172
www.editoraunesp.com.br
www.livrariaunesp.com.br
feu@editora.unesp.br

Dados Internacionais de Catalogação na Publicação (CIP) de acordo com ISBD

D331g

Del Roio, Marcos
    Gramsci e a emancipação do subalterno / Marcos Del Roio. São Paulo: Editora Unesp, 2018.

    Inclui bibliografia.
    ISBN: 978-85-393-0730-2

    1. Ciências sociais. 2 Classes subalternas. 3. Emancipação. 4. Gramsci, Antonio, 1891-1937. I. Título.

2018-447   CDD 320
                                                                                                           CDU 316

Elaborado por Odilio Hilario Moreira Junior – CRB-8/9949

Índice para catálogo sistemático:
1. Ciência política: 320
2. Sociologia: 316

EDITORA AFILIADA:

SUMÁRIO

Prefácio 7
Apresentação 13

1. Autonomia e antagonismo em Rosa Luxemburg e Gramsci ... 15
2. A Rosa de Gramsci 43
3. Gramsci e Lenin 75
4. O jacobinismo como mediação entre o príncipe de Maquiavel e o príncipe de Gramsci 95
5. Gramsci e a educação do educador 117
6. A educação como forma de reprodução da hegemonia e o seu avesso 135
7. Gramsci e o trabalho como fundamento da hegemonia ... 151
8. Gramsci e a emancipação do subalterno 169
9. A mundialização do capital e a categoria de revolução passiva em Gramsci 201
10. A particularidade da revolução passiva no Brasil: uma tradução de Gramsci 241

Referências 257

PREFÁCIO

Anita Helena Schlesener

A fase atual da luta de classes no Brasil – em um momento de grave crise orgânica do capitalismo internacional – é marcada também aqui pela ascensão de organizações de direita, cuja ofensiva ideológica tem produzido uma escalada da violência urbana e rural, visando resolver problemas sociais crônicos com repressão física, psicológica e moral. O Brasil, neste momento do capitalismo imperialista, com uma história política e cultural de raiz conservadora, com breves períodos de frágil democracia burguesa, revela ao mundo suas contradições históricas. Nesse contexto, reler o marxismo para compreender a realidade, retomando seus principais expoentes na sua interlocução com o pensamento de Antonio Gramsci, nos parece muito oportuno.

O trabalho de pesquisa de Marcos Del Roio é reconhecido nacional e internacionalmente, sobretudo pelo modo como salienta a atualidade dos conceitos gramscianos para a compreensão da realidade brasileira. Seu livro *Os prismas de Gramsci*, traduzido para as línguas italiana e inglesa, aborda a atividade política de Gramsci no interior do Partido Comunista da Itália (PCI), acentuando a autonomia de pensamento do político sardo na articulação coerente entre a atividade política pré--carcerária e as reflexões teóricas dos *Cadernos do cárcere*. Esse elo ou fio condutor do pensamento gramsciano retorna neste novo livro, no qual Marcos Del Roio retoma temas que tem aprofundado no curso de suas pesquisas, articulando conceitos fundamentais para entender os processos atuais de dominação: hegemonia, subalternidade, jacobinismo, revolução passiva, reforma intelectual e moral, espírito de cisão, educação e autoeducação das massas.

A importância deste trabalho pode ser medida pelo grande aumento de pesquisas sobre o pensamento de Gramsci no Brasil, principalmente por ser uma teoria que nos abre a possibilidade de refletir sobre as contradições atuais de nossa realidade. Os conceitos gramscianos se apresentam como uma releitura de Marx e da filosofia da práxis, acentuando a centralidade da política na noção de hegemonia, fundamental para entender os fundamentos do capitalismo.

O político sardo partiu da experiência dos conselhos de fábrica, da continuada produção jornalística voltada a explicitar essa experiência, para esclarecer as características da luta de classes no conceito de subalternidade, afirmando a necessidade de as classes subalternas conhecerem sua própria história, a fim de se organizarem para enfrentar a permanente luta de classes. Nos últimos anos de vida, nas condições precárias e mesmo desumanas que enfrentava no cárcere fascista, Gramsci redigiu o Caderno 25, com o objetivo claro de nos abrir a senda para essa reflexão: quinze fragmentos voltados a mostrar a importância das rebeliões populares nascidas de forma espontânea para a organização dos que vivem à margem da história e, por isso, a necessidade de criar seus próprios instrumentos de leitura da realidade, a fim de gerar as condições de emancipação. Condições sempre difíceis de criar, porque os grupos subalternos atuam de modo desagregado e episódico, precisamente porque, sem o domínio crítico da situação em que vivem, "sofrem a iniciativa da classe dominante", que controla a economia e a política, detendo ainda os instrumentos de dominação ideológica. Por isso a importância de ações de resistência, mesmo que espontâneas, porque abrem caminho para outros processos de organização política e de autoeducação.

As observações de Gramsci sobre a subalternidade são muito importantes para se entender os processos de dominação ou de adestramento da subjetividade por meio da educação, principalmente no Brasil, onde se vive um processo de permanente educação repressiva, tão continuada que foi naturalizada na família e também na escola, transparecendo nos momentos de reação conservadora como o que se vive neste início de século XXI. Nesse contexto, o trabalho teórico de Gramsci, que retomou e ampliou tanto os conceitos de Marx quanto os de Lenin, acentuando a importância de uma historiografia das classes subalternas a fim de elaborar inclusive sua própria linguagem como condição de emancipação humana, torna-se essencial. Dessa perspectiva, a presente obra nos traz uma grande contribuição tanto para conhecer o contexto político a partir do qual Gramsci se posiciona em relação a seus interlocutores quanto para explicitar as contradições de nossa realidade.

O primeiro capítulo aborda um tema inédito no Brasil, que é a interlocução possível entre Rosa Luxemburg e Antonio Gramsci, a partir de noções como autogestão e emancipação política, elaboradas no âmbito dos movimentos alemão e italiano de resistência operária aos desmandos da classe dominante. Explicitando as posições dos dois autores ante o cenário revisionista que se instalava no interior do movimento socialista europeu, Del Roio salienta as posições críticas de Rosa e Gramsci no interior de seus partidos, bem como a importância histórica de suas ações junto aos movimentos dos trabalhadores, um na greve de massas e outro nos conselhos de fábrica. A proximidade e as diferenças entre os dois revolucionários passam pela leitura de Marx, Engels e Lenin, além de algumas indicações de que as perspectivas diversas ante a Revolução Russa e seus desdobramentos implicavam o modo de inserção de ambos no movimento operário.

O tema se aprofunda no segundo capítulo, "A Rosa de Gramsci", em que são tratados os conceitos: espontaneidade-espontaneísmo, jacobinismo-antijacobinismo, educação e autoeducação, bem como o significado do movimento dos conselhos e do partido em ambos os autores. Explicitando as posições de Rosa e Gramsci ante o conflito mundial imperialista de 1914, situação que acirrou o discurso revolucionário de ambos, Del Roio analisa as intervenções do jovem sardo nas polêmicas em torno da guerra e sua assimilação do pensamento de Sorel. Tanto Gramsci quanto Rosa vislumbravam que a saída revolucionária passava pela formação política das massas, que deveriam tomar em suas mãos seu processo de educação. Também se acentua aqui a posição antijacobina, similar entre ambos a partir da análise dos conceitos de espontaneidade e espontaneísmo. Del Roio levanta outros pontos relevantes de aproximação dos dois autores, como a experiência dos conselhos, que mostra que Gramsci tinha algum conhecimento dos escritos de Rosa, a noção de partido, que devia emergir da força organizativa das massas, e, principalmente, o conceito soreliano de "espírito de cisão", acentuando que o processo revolucionário, no seu curso, é um processo educativo por meio do qual a vida coletiva e organizativa da classe alimenta o movimento partidário.

O capítulo seguinte traz uma bela reflexão sobre a interlocução de Gramsci com Lenin, abordando a primeira interpretação da atividade do político sardo feita por Palmiro Togliatti a partir de 1937, ano da morte de Gramsci. Ser identificado com o leninismo significava, naquele momento, ser identificado com o stalinismo vigente na União Soviética. Del Roio retoma o percurso teórico de Gramsci e sua aproximação com a Revolução Russa a partir de 1917, reforçando a visão internacionalista de Gramsci e mostrando que, até 1920, a influência de Sorel e de Rosa em seu pensamento é marcante. A análise detalhada da aproximação de Gramsci com Lenin culmina na abordagem da noção de hegemonia nos *Cadernos do cárcere* e na tradução do pensamento de Lenin para a Itália.

Na sequência, o tema do jacobinismo a partir da leitura gramsciana de Maquiavel abre a reflexão sobre o modo como as classes populares assimilam o pensamento político do escritor florentino. Contextualizando a posição de Gramsci no debate da intelectualidade italiana, Del Roio acentua a importância que assume a leitura de Maquiavel para a questão da fundação de um novo Estado e do processo revolucionário. A partir da leitura gramsciana de Maquiavel esclarecem-se pontos como a relação teoria e prática, a formação de um partido revolucionário, a nova posição de Gramsci quanto ao jacobinismo, a noção de revolução passiva.

O capítulo quinto nos traz um tema profundamente atual e esquecido, que se apresenta na interpretação gramsciana da tese de Marx de que é preciso educar o educador, novamente articulando a produção

PREFÁCIO

de 1917-1926 com os escritos carcerários. A experiência educativa de *L'Ordine Nuovo*, as Associações de Cultura, a organização política como processo de autoeducação das massas são retomados por Del Roio para mostrar como se efetiva na ação revolucionária a construção da liberdade. Toda a atividade dos anos de militância política culmina nos *Cadernos do cárcere*, na reflexão sobre a função dos intelectuais e da cultura na divisão entre dirigentes e dirigidos, ponto de sustentação da dominação burguesa. Esse capítulo ainda prepara os seguintes, que abordam a questão da educação como forma de reprodução da hegemonia e de seu avesso, assim como o trabalho como fundamento da hegemonia.

A questão que entendemos de suma relevância para a reflexão contemporânea é a que aborda a questão da emancipação dos subalternos, conceito esse que foi interpretado e utilizado de várias maneiras a partir de traduções limitadas e que vem sendo reinterpretado a partir das necessidades históricas dos países de periferia. Sempre retomando a articulação entre os escritos de 1917-1926 com os *Cadernos do cárcere*, Del Roio faz o levantamento de como esse conceito foi historicamente apropriado por tendências que colocam Gramsci no campo teórico do liberalismo, como a leitura de Norberto Bobbio ou os que valorizam o cultural em detrimento do político, como os *cultural studies*, de clara inspiração pós-moderna. Mostrando como esse conceito germina nas análises gramscianas da questão meridional, Del Roio segue a construção da ideia de subalterno no pensamento gramsciano para salientar sua relevância na dialética nacional/internacional e para explicitar a subalternidade imposta pelo colonialismo nos países periféricos. O conceito de "subalterno" assume, assim, significados diversos, mas, na sua relação com a luta hegemônica, serve para esclarecer as nuances da luta de classes. A fragmentação da vida e do pensamento das classes subalternas é uma característica própria de sua situação de explorados e submetidos a todas as formas de submissão ideológica que se evidencia na vida dos camponeses italianos.

Seguir a senda aberta por Gramsci a propósito do conceito de subalternos desemboca no Caderno 25, um verdadeiro manifesto para a emancipação política dos trabalhadores, na medida em que aponta as estratégias de luta que possibilitam instaurar efetivamente o espírito de cisão. Os dois capítulos restantes tratam da importância do pensamento de Gramsci num momento de mundialização do capital, quando o instrumento de conservação da estrutura de poder se faz por meio da revolução passiva. E a forma específica que assume essa revolução passiva no Brasil, tomando-se como pressuposto a tradutibilidade dos escritos de Gramsci. Essa possibilidade se apresenta pelas características de nossa história política, o que explica em parte a importância que os escritos do autor sardo têm assumido em nosso país.

A importância e a atualidade da leitura de Del Roio estão no modo como articula os escritos de militância política com a produção carcerária posterior, possibilitando, assim, uma nova compreensão dos escritos do político sardo. Enfim, os trabalhos aqui apresentados mostram o percurso de Marcos no aprofundamento dos conceitos gramscianos, numa leitura clara, concisa e profunda ao mesmo tempo, possibilitando ao leitor um conhecimento detalhado do percurso teórico de Antonio Gramsci.

O livro que temos em mãos surge em um momento muito importante de nossa história política, caracterizado por uma ascensão das forças conservadoras, com uma forte repressão das massas populares, cerceadas em seu direito de ir e vir, tendo confiscado o seu já limitado direito à cidadania. Se a luta de classes é permanente, tendo momentos em que essa luta é latente, o período atual se caracteriza como de violência física e simbólica contra jovens pobres e negros, como uma repressão aberta ao diferente, revelando ao mundo os preconceitos até então mistificados. Nesse contexto, o livro de Marcos Del Roio assume especial importância na medida em que atualiza a nossa leitura de Gramsci e nos mostra a relevância desse grande militante político, que morreu por conta do cárcere fascista, para entender a nossa realidade.

APRESENTAÇÃO

Marcos Del Roio

Este volume é composto por uma dezena de ensaios escritos ao longo do tempo numa diversidade de ocasiões e com objetivos também diferentes. Apenas dois dos textos aqui apresentados são inéditos; os demais foram atualizados e revisados para esta edição. À primeira vista, o leitor poderá notar algumas repetições e sobreposições, mas elas são apenas aparentes. De fato, a intenção foi tratar alguns dos temas essenciais da reflexão de Antonio Gramsci, os quais efetivamente se repetem e se sobrepõem, mas sempre em modo distinto, pois esses temas se entrecruzam rapidamente e formam novas oposições.

A relação do pensamento de Gramsci com outros atores/autores essenciais da tradição cultural iniciada em Marx – como foram Rosa Luxemburg e Lenin – parece pavimentar boa parte do caminho seguido por Gramsci em suas próprias reflexões. Ainda que não conte com um capítulo específico, poderá também ser observada a presença expressiva de Sorel, em particular na construção das noções de autonomia, antagonismo, espírito de cisão, reforma intelectual e moral, as quais remetem ao problema da educação e da cultura, dos intelectuais.

Categorias cruciais que servem de anteparo ao movimento do pensamento de Gramsci são aqui tratadas, algumas em mais de uma ocasião, mas em movimento distinto. É o caso de jacobinismo e de revolução passiva, por exemplo, que se opõem e se entrecruzam. Essas categorias são observadas nas diferentes acepções e dentro do movimento do pensamento que as constrói e nelas se ampara, a fim de apreender a realidade concreta, também essa em perpétuo movimento.

Em movimento diacrônico, a categoria de jacobinismo atravessa diversos espaços e temporalidades: o tempo de Maquiavel, o tempo da Revolução Francesa, o tempo da Revolução Russa; passa também pela acepção de Sorel até ampla reconfiguração dessa categoria, que interage com a categoria de mito e de príncipe.

A categoria de revolução passiva, depois de esclarecida a acepção utilizada por Gramsci, serve como instrumento de compreensão do significado da nossa época, que é (como hipótese de trabalho) a da crise orgânica do capital. A mesma categoria, no entanto, pode ser mobilizada, sem que perca sua operacionalidade, para compreender o processo da revolução burguesa no Brasil, em um exercício de tradução de Gramsci.

No entanto, é o ensaio que dá nome ao conjunto que unifica todos eles e demonstra o objetivo permanente da práxis histórica que perpassa toda a vida e obra de Gramsci. De fato a construção do devir histórico como processo de emancipação e unificação da humanidade constituiu a razão do viver de Gramsci e para a qual mobilizou toda sua vontade e capacidade intelectual.

1
AUTONOMIA E ANTAGONISMO EM ROSA LUXEMBURG E GRAMSCI

Introdução

No decorrer do último quarto do século XX, difundiu-se a convicção de que a teoria e a prática social geradas a partir da obra de Karl Marx estavam esgotadas, não só pela sua possível debilidade intrínseca, mas, no limite, em decorrência de uma série de crimes surgidos nas engrenagens do chamado *stalinismo*. Ademais, a revolução científica técnica, a reestruturação produtiva, a globalização neoliberal do mercado e da cultura estariam eliminando o próprio substrato material da teoria marxiana, que seria a classe operária industrial.

As mais diversas concepções ideológicas (incluindo parte do campo das esquerdas) contribuíram para apagar a memória das lutas emancipatórias do movimento operário de época imperialista – que poderíamos identificar como "clássica" (1880-1980) –, fortemente permeado pelas lutas de resistência e de formação mimética de Estados nacionais. O fim do século XX assistiu a uma crise do movimento operário de talhe fordista e de suas instituições, e também a uma crise da luta de resistência nacional. Essa afirmação pode parecer paradoxal, considerando a desintegração da União Soviética e de seu campo imperial, mas o fato é que a imposição de regimes de matiz neoliberal nesses países fez prevalecer e impôs a opção imperial do Ocidente, uma renovada perspectiva colonialista, que visa a configuração de um império universal centrado no domínio inconteste do capital (as grandes corporações), com a mediação do Estado americano – um imperialismo unipolar, mesmo que esse objetivo seja quase impossível de ser realizado.

No entanto, de outra perspectiva, essa fase iniciada em torno de 1980 pode ser vista como sendo de uma ofensiva do capital em crise de acumulação contra o mundo do trabalho, contra os seus espaços de autonomia e de antagonismo. A tentativa, por meio da globalização e reestruturação produtiva e gerencial, foi romper os laços de solidariedade gerados pela cooperação social do trabalho, demandado e imposto pelo próprio capital no seu processo de reprodução.

A resistência operária se manifestou – de maneira corporativa – por meio do sindicato e do partido, as instâncias de organização social e política dos trabalhadores que se desenvolveram com mais força a partir de fins do século XIX. Mas a resistência se manifestou também de maneiras e com temas novos, como a autogestão e a questão do ambiente e da diversidade sexual e etária. A crise do capital possibilitou a emergência de outros aspectos do desenvolvimento da sua contradição intrínseca e externa, relativa ao trabalho e ao ambiente, mas a cultura política e a ideologia do movimento operário encontraram séria dificuldade em apreender a totalidade da contradição em processo, de modo que essas lutas se manifestaram como lutas parciais ou setoriais. O sindicalismo operário e os partidos políticos sucumbiram aos regimes neoliberais e se adequaram às imposições do capital. Assim, de uma maneira mais ou menos inadvertida, colaboram para a recriação da cooperação social do trabalho em vistas à acumulação do capital e ao agravamento da alienação.

O limite teórico-político do movimento operário do século XX e da teoria socialista, em geral, pode ser identificado (não sem grande polêmica) na ideia de que a cooperação social do trabalho gerada pela ação do capital se voltaria contra a dominação e assumiria um papel emancipatório. O complemento dessa concepção seria que a ocupação do poder estatal capitalista teria o condão de arrefecer a sanha da acumulação predatória e encaminhar soluções socialistas.

A partir do início do novo século os novíssimos movimentos sociais começaram a se impor na cena, de certo modo ocupando o lugar do movimento operário do século XX. Não que fossem tão novos, pois apenas vinham germinando há muito tempo, desde os anos 1970, como ação de resistência, de autonomia, de antagonismo às mazelas do domínio do capital. Podem mesmo ser o embrião de um novo movimento operário, mais amplo e mais universal, orientado por um efetivo internacionalismo. No entanto, o momento da centralização das lutas ao modo de um partido revolucionário continua imprescindível, assim como imprescindível é a atualização da teoria.

A refundação comunista: Lenin e Rosa

Há uma tendência no seio do movimento de resistência ao domínio imperial do capital em subestimar, quando não zerar, a contribuição da refundação comunista do início do século XX, no contexto do chamado marxismo clássico. Enquanto no Ocidente a teoria social de Marx era subsumida ao liberalismo democrático e à alta cultura burguesa (mormente após a morte de Engels em 1895), na periferia russa, particularmente com Lenin e Rosa Luxemburg, o comunismo foi refundado e retomada a reflexão crítica do capitalismo. Ambos esses autores viveram e pensaram a situação limite do impacto da difusão do capitalismo na Polônia e na Rússia, assim como ambos viveram e sorveram muito da cultura crítica gerada na Europa central. A diferença é que Lenin viveu um exílio suíço e Rosa Luxemburg adotou a Alemanha como centro da sua batalha política e ideológica.

Disso resultou que cada um lutou lado a lado com um movimento operário com diferentes características e contou com grupos políticos organizados como aliados ou interlocutores próximos também diferenciados. Lenin travou batalha no cerne da contradição imperialista, que se postava exatamente na periferia ou no elo fraco da corrente. Rosa lutou na Rússia e na Polônia, mas o principal da sua atividade se desenrolou na Alemanha, o berço da teoria comunista (quando a Alemanha era periferia da revolução burguesa), mas também o polo decisivo no desenvolvimento da teoria reformista que impregnou o movimento operário. A diferença de perspectiva determinada pelo espaço político cultural de ação foi contrabalançada sempre pela perspectiva internacionalista que ambos tinham introjetado.

A eclosão da guerra imperialista causou sério impacto moral e teórico na formulação de ambos, que foram levados a aprofundar a refundação teórico-prática do comunismo, que alcançaria o seu ápice no bojo da revolução socialista internacional originada na Rússia e difundida pela Europa centro-oriental. Como se sabe, a revolução refluiu logo para o seu berço russo, onde ficou isolada após 1921, com a derrota tomando conta do movimento revolucionário na Europa toda. A morte precoce de Lenin (1924), condições objetivas extremamente limitativas, a indefinição estratégica e cisão do grupo dirigente bolchevique levaram a refundação comunista ao esgotamento.

A derrota da revolução socialista internacional na Europa centro-oriental (Alemanha, Áustria, Hungria, Polônia, Itália) e a morte ainda mais precoce de Rosa Luxemburg, em 1919, fazem com frequência com que a sua reflexão teórica seja colocada em segundo plano e que não se considere a sua influência decisiva para a continuidade da refundação comunista. A segunda fase da refundação comunista contou como grandes expoentes as figuras de Lukács e de Gramsci. Note-se que são ambos originários de regiões periféricas sob impacto da difusão do capitalismo. Lukács era da Hungria, a parte mais oriental do poder imperial dos Habsburgo, e logo se envolveu com a alta cultura burguesa alemã. Por meio da Rosa Luxemburg e da cultura crítica da esquerda, encontrou-se com Marx e com Lenin. Da Sardenha, uma ilha que havia sido tornada parte da Itália meridional, símbolo de periferia atrasada, apareceu Gramsci, que também sorveu da cultura da esquerda autonomista e anticapitalista da Alemanha.

Interessa neste escrito indicar aspectos da elaboração de Rosa Luxemburg e a sua possível influência (ou congruência) em Gramsci a fim de identificar nesses autores a ênfase na autonomia e no antagonismo na luta política e cultural com vistas à revolução socialista. Esse pode ser o indicativo da atualidade desses autores e da possível contribuição que podem oferecer às lutas sociais emancipatórias do nosso tempo.

Rosa contra o revisionismo

No final do século XIX era latente a crise estratégica do movimento operário e socialista, agravada ainda com a nova fase expansiva do capital (após 1895) e com os laivos de democratização dos Estados liberal-imperialistas. A "Introdução" que Engels escreveu para a edição do livro de Marx *As lutas de classes na França (1848-1850)* (Marx; Engels, 1956) foi não só um indicativo dessa crise como foi um primeiro intento para sugerir um caminho viável para o movimento naquelas condições históricas, particularmente para o caso alemão. Engels sabia que a aposta no caminho da insurreição, num prazo curto, só envolveria uma pequena fração da classe operária e a clara decorrência seria uma derrota de proporções catastróficas, tal qual a ocorrida na França por ocasião da Comuna de Paris (1871).

A análise da situação concreta indicava que a classe operária deveria passar por uma longa fase de fortalecimento das suas instituições sociais – o sindicato e o partido – com o fito de organizar e educar a classe para o socialismo. A participação nas instituições liberal-burguesas, particularmente o Parlamento, teria a sua importância nesse processo, na medida em que servisse de instrumento para o objetivo maior da organização e educação das massas. Nessa perspectiva, a revolução socialista seria um fenômeno inédito na história, pois viria a ocorrer como um amplo movimento de massas conscientes do objetivo a ser alcançado. Apenas um movimento insurrecional com essa qualidade teria condições de paralisar e vencer o aparato repressivo burguês.

Apesar do prestígio com que contava no Partido Social-Democrata da Alemanha (SPD), o grupo dos seguidores de Marx não era grande e se cindiu após a morte de Engels. Bernstein, um dos diletos interlocutores e seguidores de Engels, beneficiando-se da ambiguidade e insuficiência das sugestões do mestre, buscou desenvolver uma concepção teórica sofisticada que desse cabo da crise estratégica do movimento operário. O ponto de partida era considerar a expansão capitalista como duradoura e assim também o processo de democratização do Estado. Nessas circunstâncias, as instituições sociais da classe operária deveriam se inserir no Estado a fim de acentuar a sua democratização e descaracterizar a sua natureza de classe. Por meio de lutas parciais dos sindicatos e do partido, o controle da produção e uma melhor distribuição da riqueza social seriam alcançados, satisfazendo as demandas de cidadania e justiça. Nesse raciocínio, a própria noção de revolução socialista perde sentido, pois não passaria de uma abstração. Assim nasciam o revisionismo e o reformismo.

Embora ferisse o discurso oficial do partido, a elaboração de Bernstein racionalizava e sistematizava a cultura política difusa na massa partidária, mas também nas lideranças sindicais e parlamentares, que já se manifestavam nessa direção, de modo que, com o passar do tempo, a sua concepção passou a predominar, ainda que não com a clareza e sinceridade do precursor. De início a defesa da "ortodoxia" foi encabeçada por Kautski, mas foi Rosa Luxemburg, recém-chegada da Suíça (1897), que com denodo se empenhou em refutar as teses de Bernstein.

A crítica fundamental de Rosa, exposta na coletânea de textos *Reforma social ou revolução?*, incidiu sobre o problema do método. A crítica de Bernstein à dialética e a sua adesão ao neokantismo o transportava para dentro da cultura burguesa. Rosa insistiu nas teses marxianas das crises cíclicas e agravadas do capitalismo, na natureza intrinsecamente classista do Estado e na necessidade incontornável da revolução socialista. Na situação que se apresentava, porém, o movimento socialista deveria lutar pela educação das massas por meio de objetivos parciais vinculados ao objetivo final do socialismo e para isso a democracia era um elemento indispensável. Enquanto Bernstein vislumbrava na democracia burguesa em constante ampliação o meio de tornar supérflua a revolução, Rosa, pelo contrário, pensava ser a democracia como necessária e indispensável na conquista do poder por parte do proletariado (Luxemburg, 1976, p.196).

Mas Rosa encontra-se ainda no mesmo terreno onde se encontrava Engels e chega a reconhecer esse limite. A reflexão de Engels (acima recordada), dizia ela, se referia ao comportamento do proletariado diante do Estado capitalista enquanto classe dominada, não a um proletariado vencedor. Mas Rosa tampouco consegue delinear uma orientação estratégica clara para fazer vencer o proletariado. Sugere apenas que a luta de classe deve se desenrolar de tal modo a evitar tanto o oportunismo pelo qual clama Bernstein como o blanquismo, contra o qual já prevenira Engels. A importante intuição de Rosa nesse debate é que desde logo ela entende a revolução socialista como um processo de longa duração, e que

> a revolução socialista pressupõe uma longa e aguerrida batalha, no curso da qual, muito provavelmente, o proletariado será empurrado para trás mais de uma vez, de modo que a primeira vez, do ponto de vista do resultado final da luta, terá chegado ao poder "cedo demais". (ibidem, p.198)

Para defender a sua impostação, Rosa teve que se aferrar ao papel que cumpririam nesse processo as leis objetivas do desenvolvimento capitalista, que levariam a ordem burguesa à crises sempre mais dramáticas e que não deixariam saída ao proletariado senão a tomada do poder. Embora Bernstein tenha sido momentaneamente derrotado em nome da "doutrina", o fato é que os acontecimentos pareciam lhe dar razão naquela virada de século.

Em oposição ao reformismo estabelecido na França, em 1904, foi fundada a Confederação Geral do Trabalho (CGT), condensando a vertente sindicalista revolucionária, que se formara depois da expulsão dos anarquistas da Internacional Socialista, em 1896. Um novo e decisivo impulso no movimento operário ocorreu na Rússia, onde já havia uma tendência ascendente desde o início do novo século. A partir da França o sindicalismo revolucionário se espalhou pela Itália, pela Alemanha, pela Península Ibérica e pela América Ibérica.

O sindicalismo revolucionário, tal como concebido por Georges Sorel, enfatizava a autonomia e o antagonismo diante da ordem do capital. Em rápidas palavras, o sindicalismo revolucionário defendia a auto-organização dos trabalhadores em sindicatos, que serviriam como escolas de uma vida emancipada e como embrião de uma nova forma de organização econômica. O estímulo ideal seria dado pela ereção do mito da greve geral contra a ordem estabelecida. A luta dos trabalhadores deveria se dirigir contra toda forma de poder, o que explica a recusa da política e do partido político como instrumento de emancipação do trabalho. O sindicalismo revolucionário recusava também a criação de uma camada de intelectuais ou de dirigentes, porquanto seria essa uma forma de diferenciação e hierarquização entre os homens. Note-se que assim a reflexão sindicalista revolucionária reproduzia a cisão posta pela ordem burguesa e pela ideologia liberal, entre as dimensões do econômico e do político, mas não aceitava a noção de direção política, no sentido de vanguarda jacobina blanquista.

Rosa e a greve de massa

A ascensão do movimento operário russo e a greve geral do proletariado belga, em 1902, indicaram a Rosa o caminho a ser trilhado em busca de um desenho estratégico no qual a emancipação dos trabalhadores fosse obra deles mesmos. Daí a insistência na auto-organização e autoatividade das massas, na autonomia e no antagonismo da sua luta anticapitalista. O debate sobre a greve de massas estava já posto às lideranças do movimento operário quando eclodiu a Revolução Russa. Esta ofereceu exemplos práticos do desenrolar da greve de massas, mas a maioria da social-democracia descartou os argumentos daí exarados por entender ser a Rússia um país oriental e atrasado, que estava às voltas com uma revolução burguesa, situação muito diferente daquela da Alemanha e do Ocidente, que já contaria com instituições democráticas parlamentares consolidadas.

A batalha teórico-ideológica de Rosa teve que se dar em duas frentes: contra o sindicalismo revolucionário e contra o sindicalismo reformista do SPD. Contra ambas as vertentes, agitava a concepção da greve política de massas como estratégia da revolução socialista de longo prazo. Não há dúvida, porém, de que Rosa estava mais próxima do sindicalismo revolucionário quando defendia a autonomia e a autoatividade das massas, o antagonismo permanente frente à ordem do capital, a greve massiva como método de luta. A necessidade da política, de um partido político revolucionário, que se estruturasse a partir das lutas sociais das massas trabalhadoras, a diferenciava do sindicalismo revolucionário e a colocava no campo do marxismo revolucionário, de uma refundação do comunismo marxiano.

Contra o reformismo, Rosa deveu desenvolver a crítica da democracia burguesa e a congruência da luta operária contra o capital, o que implicava dizer da ampla validade da estratégia da greve de massas, seja na Rússia ou na Alemanha, seja contra o absolutismo feudal ou contra o capitalismo. Importante era acentuar a autonomia da luta operária contra a exploração capitalista. Era a greve de massa a indicar a superação da contradição dialética posta ao movimento operário, que opunha uma vontade popular formada na luta cotidiana dentro dos limites da ordem a uma vontade popular desejosa de superar os limites da ordem e construir uma nova sociabilidade.

Durante o cotidiano operário sob o domínio do capital, a luta se desenrola sob forma sindical e parlamentar, mas a disciplina operária "não vem enxertada no proletariado somente pela fábrica, mas também pela caserna, também pelo moderno burocratismo, em uma palavra, por todo o mecanismo do Estado burguês centralizado" (Luxemburg, 1976, p.223). A cooperação operária e a sua consciência coletiva se constroem na luta ativa e prática contra o capital, ocorre quando o cotidiano da fábrica, da caserna e da burocracia é rompido. Como é o conjunto do movimento a determinar a direção da luta, para Rosa, o centralismo é apenas

> o momento imperativo no qual se unifica a vontade da vanguarda consciente e militante da classe operária diante de seus grupos e indivíduos isolados, e isso é por assim dizer "autocentralismo" da camada dirigente do proletariado, o domínio da maioria no interior da própria organização do partido. (ibidem)

A cooperação e a disciplina operária surgidas da sua autoatividade e antagonismo são, portanto, diferentes da cooperação e da disciplina impostas pelo capital, de modo que

> Não é coligindo-se à disciplina enxertada (ao operário) pelo Estado capitalista, mediante a simples passagem do bastão de comando da mão da burguesia àquela do comitê central social-democrata, mas extirpando pela raiz aquele espírito escravista de disciplina que o proletariado pode ser

educado para uma nova disciplina, a autodisciplina voluntária da social-democracia. (ibidem, p.224)

O essencial para Rosa é a ruptura do cotidiano imposto pelo capital por conta da rebeldia do trabalho, que se expressa centralmente na abstenção do processo de produção da mais-valia. Na ação prática e coletiva é que se forjam a consciência e a vontade coletiva transformadora, na experiência se formam os embriões de novas instituições da democracia socialista, inclusive o partido das massas trabalhadoras revolucionárias. Não há mais sentido em falar em programa mínimo (dentro da ordem burguesa) e programa máximo (para uma abstrata revolução socialista plantada no futuro), pois se trata agora de fazer a transformação por meio de uma sequência de objetivos intermediários.

A greve de massa é o meio pelo qual se rompe o cotidiano da ordem, é o meio que pressiona por objetivos estabelecidos. Por precaução, Rosa tenta se desvincular da noção de greve geral, de greve de massa, característica do anarquismo clássico (Bakunin, por exemplo), acatando as críticas de Engels, feitas em precedência. Defendia o método da greve de massa na Rússia como meio adequado para se alcançar os objetivos da emancipação política das massas, mas enfatizava que a greve de massa não pode ser uma ação a ser decidida em favor ou contra por direções sindicais ou políticas do movimento operário.

Em determinadas situações, nas quais a autoatividade das massas vem a predominar, irrompe a greve de massa. É quando o movimento indica a tática política, é quando a centralização democrática da luta socialista se impõe às direções que devem coordenar as ações. Se a greve de massa pode produzir a revolução, é importante que a direção política esteja vinculada estreitamente à disposição das massas, mas a tática política deve estar sempre à frente, mais avançada do que a efetiva relação das forças políticas em cena.

A avaliação feita por Rosa da experiência russa mostra como, a partir de 1896, as greves de massa começaram por motivos econômicos e como, no desenrolar da revolução de 1905, as greves surgiram em atendimento à orientação da direção social-democrata. A greve de massa que ocorre por toda a Rússia, que apresenta características insurrecionais, que sofrem recuos, deveria se concluir numa ação coordenada de greve e de insurreição de massa. O caso particular da Revolução Russa mostra a diversidade de formas e de meios pelos quais se chega à greve de massa, mas indica também que a greve de massa é uma forma de luta operária e popular que pode ser generalizada para realidades sociais diferentes. Rosa afirma que "a greve de massa, como nos mostra a Revolução Russa, é um fenômeno tão mutável que reflete em si todas as fases da luta política e econômica, todos os estágios e os momentos da revolução" (Luxemburg, 1976, p.326).

Rosa concebe a greve de massa como a estratégia enfim encontrada para a revolução socialista, uma estratégia que não se confunde com o anarquismo ou o sindicalismo revolucionário e ainda menos com o social-reformismo. A greve de massa é o método da luta da classe operária seja para alcançar objetivos democráticos, seja para abater o domínio do capital. É também a estratégia de embate parcial, de desgaste, de acúmulo de experiência e de força, posto que a revolução pode ser um processo de longo prazo. Assim que a greve de massa é "o modo do movimento da massa proletária, a forma de manifestação da luta proletária na revolução", é "o conceito que resume um inteiro período de luta de classe que pode durar anos e talvez décadas" (ibidem, p.327).

Se a greve de massa esgarça o domínio do capital, abre também espaço para uma organização crescente autônoma e antagônica da parte do proletariado, um espaço de emancipação que cria as suas próprias instituições. A greve de massa se orienta para a criação de um poder dual: forma-se um antipoder proletário, que assedia e cerca o poder do capital.

Outra característica para a qual Rosa chama a atenção é que a greve de massa tende a dissolver a cisão do mundo burguês (e reproduzida pelo sindicalismo revolucionário ou reformista) entre as dimensões do econômico e do político. A greve de massa pode ter início por motivos econômicos que redundam em disputa política ou por razões políticas que alimentam as reivindicações econômicas, mas ao fim essa dicotomia é falsa, pois o enfoque da totalidade que emerge na luta revolucionária promove um forte entrelaçamento e a fusão das lutas. Na verdade, "a luta econômica é o elemento condutor de um a outro nó político; a luta política é a fecundação periódica do terreno para a luta econômica" (ibidem, p.331).

Rosa e a revolução socialista internacional

Desenvolvendo algumas pistas deixadas por Engels, mas descobrindo a rota que a levaria à refundação do comunismo no Ocidente, por ocasião da Revolução Russa de 1905, Rosa já antecipava as noções de dualidade de poder, de hegemonia, de guerra de posição, desenvolvidas pela reflexão posterior de Lenin e ainda mais de Gramsci. Por ocasião da eclosão da revolução socialista internacional na Rússia de 1917, Rosa retomou e aprofundou os problemas cujo fio condutor havia encontrado em 1905, e que não foi mais abandonado. Em 1910, defendeu a greve de massas pela ampliação do sufrágio e a proposição da república democrática para a Alemanha, num debate intenso que envolveu também os marxistas russos. A partir daí, a ruptura teórica e política com Kautski e com todas as formas de reformismo estava consumada.

Rosa havia resistido ainda à cisão orgânica do movimento operário alemão, mesmo com a gravíssima traição a todos os princípios da Internacional Socialista, que fora perpetrada pela grande maioria da direção política e sindical ao se vincular com os interesses imperialistas. Essa posição se explica pelo fato de Rosa perceber o reformismo como produto de uma contradição inerente ao movimento operário: a contradição entre o cotidiano vivido sob a ordem do capital, com possíveis ganhos parciais, e o objetivo de transposição da ordem pela revolução socialista.

A partir de 1916 rompe-se o quase consenso que havia em torno da guerra imperialista nos diversos países beligerantes e as manifestações de greve se multiplicam, até que, em março de 1917, eclode a revolução socialista internacional na Rússia. Rosa sabia, tanto quanto Lenin ou Trotsky, que a revolução na Rússia não podia se manter dentro dos contornos da revolução democrático-burguesa e tanto menos nos contornos do Império Russo, de modo que logo a revolução teria que se espalhar pela Alemanha. Com a vitória da Revolução Russa,

Rosa valoriza o jacobinismo e a capacidade de direção dos bolcheviques, afirmando que "o caminho não vai à tática revolucionária através da maioria, mas a maioria através da tática revolucionária", mas insiste que "a democracia socialista começa junto com a obra de destruição da dominação de classe e de construção do socialismo. Esta começa a partir do momento em que o partido socialista toma o poder" (Luxemburg, 1976, p.571, 593).

A difusão da revolução pela Alemanha tornou possível a saída de Rosa da prisão, onde se encontrava a maior parte do tempo, desde os começos da guerra imperialista, à qual se opôs com denodo e paixão. A queda do regime monárquico prussiano e a formação dos conselhos de operários e soldados logo colocaram na ordem do dia a formação de um novo partido revolucionário que organizasse e representasse as massas operárias mais avançadas na luta, consumando a cisão orgânica com a social-democracia reformista. A social-democracia – já então dividida em dois partidos – controlava o Governo Provisório republicano e também os conselhos de operários e soldados, que decidiram em congresso pelo apoio à realização de uma Assembleia Nacional Constituinte com base nos partidos políticos, a qual deveria constituir uma república democrática parlamentar.

Essa decisão apressou o agrupamento das forças políticas que defendiam a revolução socialista e a criação de um Estado baseado nos conselhos. Assim, fosse da esquerda do Partido Social-Democrata Independente (USPD), em que se destacava a Liga de Spartakus, de Rosa Luxemburg, ou de pequenos grupos regionais de esquerda revolucionária, houve uma convergência para a formação do Partido Comunista da Alemanha (KPD).

No "Discurso sobre o Programa", Rosa expõe com a clareza possível uma concepção de revolução socialista de tempo longo, uma revolução que depende fundamentalmente do antagonismo e da autoatividade das massas proletárias, "revolução que tem ainda um esforço imenso por cumprir e um longo caminho por percorrer" (Luxemburg, 1976, p.617). Rosa entende que está na natureza mesma dessa revolução que as greves se desenvolvam sempre mais, que devem sempre mais se transformar no ponto central, o momento fundamental da revolução. Essa é então uma revolução econômica e com isso se transforma em revolução socialista. Mas a revolução socialista pode ser combatida somente pelas massas, imediatamente peito contra peito contra o capitalismo, em cada empresa, por cada proletário contra o seu empresário. Só então será uma revolução socialista. (ibidem, p.618)

Assim, revolução socialista para Rosa Luxemburg é a alteração profunda das relações sociais de produção, é a ruptura da engrenagem reprodutiva da mais-valia. A greve de massa é o instrumento principal para garantir a paralisia da reprodução do capital. A luta do trabalho contra o capital, pela gestão da produção, é a base e o fundamento da revolução socialista, de modo que a essa ação destrutiva da ordem social burguesa deve vincular-se uma ação de construção de uma nova ordem e de um poder efetivamente público/social. O conselho de operários e soldados é então a forma que possibilita a reorganização da produção, mas também a gestão da coisa pública em moldes radicalmente democráticos e socialistas. A construção da nova ordem socialista passa pela difusão e fortalecimento dos conselhos, o que implica a articulação de um arco de alianças sociais que inclua o proletariado agrícola e os pequenos camponeses.

A difusão e o fortalecimento dos conselhos, a sua capacidade de assumir as tarefas de gestão da produção e da coisa pública, subtraindo da empresa privada e do Estado burguês as funções administrativas, constituem o processo revolucionário. Assim que "a conquista do poder não deve se realizar toda de um golpe, mas progressivamente, inserindo cunhas no Estado burguês, até lhe ocupar todas as posições e defendê--las com unhas e dentes" (ibidem, p.629).

O antagonismo e a autoatividade das massas se expressam na greve de massas e na organização de um novo poder público/social e, por isso mesmo, anticapitalista, por meio dos conselhos de operários, num processo que pode ser mais ou menos longo, de acordo com o desenrolar da luta de classes. Nesse processo, esclareça-se, há uma progressiva substituição do poder político da burguesia por um novo poder público anticapitalista. Não se trata exatamente de uma tomada do poder do Estado, como se este centralizasse e nucleasse todo o poder, ou mesmo que o poder fosse algo indistinto a ser tomado por uma ou outra força política. Até porque o poder público definido nos conselhos promovia a diluição das falsas fronteiras entre a dimensão do econômico e do político, do privado e do abstratamente público.

Gramsci e os conselhos

A derrota da revolução socialista na Alemanha e da experiência dos conselhos, que teve no assassinato de Rosa Luxemburg um episódio distintivo, não impediu que o processo, com outras particularidades, persistisse na Hungria e na Itália. Não é de espantar que Rosa Luxemburg tenha sido uma das importantes referências teóricas para o momento seguinte da refundação comunista e que tenha exercido influência fundamental em Lukács e em Gramsci. A influência de Rosa sobre Lukács é mais clara, não só porque explicitada em alguns ensaios da importante obra *História e consciência de classe*, publicada em 1923, mas também porque pode eventualmente ser vislumbrada na experiência húngara de república baseada nos conselhos com sua relativa subestimação do papel do partido como dirigente e organizador.

A experiência italiana dos conselhos não chegou a se constituir como poder estatal como na Hungria, mas durou mais tempo e apresentou particularidades mais expressivas. No grupo do *L'Ordine Nuovo*, com destaque para Antonio Gramsci, é de perscrutar a influência teórico-política de Georges Sorel e de Rosa Luxemburg, entre outros. O ponto nodal da postura teórico-política que envolve todos esses autores é a cisão do trabalho diante da ordem do capital, a recusa da exploração e da alienação. Essa recusa se manifesta como antagonismo, luta pela autonomia e pelo autogoverno dos produtores, ação que se manifesta praticamente na greve de massa e na mudança das relações sociais de produção.

Note-se, no entanto, a diferença fundamental existente entre as concepções de greve de massa de Sorel e Rosa. Para o primeiro, a greve de massa é uma representação cultural da cisão e do antagonismo anticapitalista, um possível ato final da luta que se desenvolve contra o capital por meio da organização autônoma dos trabalhadores na produção e na cultura. Rosa, como se viu anteriormente, via na greve de massa uma expressão da autonomia e do antagonismo dos trabalhadores e uma forma de luta política e econômica contra o capital e também um processo de revolução e construção da nova ordem. Na prática política da classe operária de Turim, essas duas concepções se confundiram.

Já no decisivo e seminal editorial do no 7 da revista *L'Ordine Nuovo*, Gramsci trabalha com o tema da *antecipação* proposto em 1903 por Rosa Luxemburg (1963), ainda que não no mesmo sentido. Então se questiona sobre "como soldar o presente ao futuro, satisfazendo as urgentes necessidades do presente e utilmente trabalhando para 'antecipar' o futuro". Para Gramsci,

> o Estado socialista já existe potencialmente nas instituições de vida social características da classe trabalhadora explorada. Coligir entre si essas instituições, coordená-las e subordiná-las em uma hierarquia de competências e poderes, centralizá-las fortemente, ainda que respeitando as necessárias autonomias e articulações, significa criar desde agora uma verdadeira e própria democracia operária, em contraposição eficiente e ativa com o Estado burguês, preparada desde agora para substituir o Estado burguês em todas as suas funções essenciais de gestão e de domínio do patrimônio nacional. (Gramsci, in Spriano, 1971, p.145-6)

Para Gramsci, assim como para Rosa Luxemburg, o Estado socialista é radicalmente democrático, até porque encontra os seus fundamentos na autogestão do processo produtivo, de modo a não separar o econômico do político. É um Estado que surge da conquista da autonomia da classe operária no processo de luta pelo autogoverno, em antagonismo irreconciliável com o capital e que se prepara para substituir o Estado burguês. O processo produtivo fabril é o fundamento do Estado democrático operário porque o "processo revolucionário se efetiva no campo da produção, na fábrica, onde as relações são entre o opressor e o oprimido, entre explorador e explorado, onde

não existe liberdade para o operário, onde não existe democracia; [...]".
(Gramsci, in Spriano, 1971, p.260)

Daí ser o conselho de fábrica o fundamento último do novo Estado do autogoverno dos trabalhadores, que se desenvolve autonomamente e em antagonismo ao Estado do capital. O conselho de fábrica é competente tanto para atuar o controle da produção como para exprimir as demandas da classe no processo de gestão da coisa pública. Desse modo, o sindicato profissional e o partido político, institutos nascidos sob a égide da liberdade política liberal-burguesa, devem apenas estabelecer as condições gerais para a emancipação do trabalho e "não devem se postar como tutores ou supraestruturas já constituídas dessa nova instituição [o conselho de fábrica] na qual toma forma histórica controlável o processo da revolução, [...]" (ibidem).

Por serem institutos constitutivos da ordem liberal-burguesa, Gramsci percebia que o sindicato e o partido tendiam a desempenhar um papel apenas reformista, reprodutor da cisão entre o econômico e o político, característica da ordem burguesa. Pelo contrário, Gramsci percebia a necessidade da politização dos trabalhadores dentro do processo produtivo do capital, assim como a urgência de fazer da luta pelo Estado uma luta econômica. Sindicato e partido poderiam, no limite, se postar contra a revolução, exatamente como ocorrera na Alemanha, e ocorreria também na Itália. De fato, a ocupação das fábricas, em setembro de 1920, numa situação desesperada, garante a autogestão operária e a transferência de autoridade em antagonismo ao capital e ao Estado burguês, mas também em oposição ao sindicato e ao partido socialista. Acontece que a derrota – e a responsabilidade atribuível ao sindicato e ao partido – torna evidente que a perspectiva que Gramsci defendera até pouco antes, de uma possível "renovação do partido socialista", era inexequível.

Gramsci e a fundação do Partido Comunista

A trajetória de Gramsci foi análoga àquela de Rosa quanto ao problema da cisão orgânica do movimento e do partido. Ambos retardaram ao máximo essa iniciativa, acreditando que a vertente revolucionária pudesse ainda vir a predominar no partido operário existente, graças à iniciativa e pressão das massas. Gramsci diria que

[...] temos simplesmente o defeito de acreditar que a revolução comunista possa ser feita apenas pelas massas, e que não possa fazê-la um secretário de partido ou um presidente da República a golpe de decreto; parece que era essa também a opinião de Karl Marx e Rosa Luxemburg, e que seja a opinião de Lenin. (Gramsci, 1975a, p.489)

Fundado o Partido Comunista da Itália (PCI), numa convergência de grupos e tendências diferentes, houve o predomínio do grupo alinhado ao lado de Amadeo Bordiga, tendo ficado Gramsci e o *L'Ordine Nuovo* numa situação secundária. De todo modo, por algum tempo foi unânime a orientação da necessidade de combater o partido socialista como elemento organizador da classe operária sob a hegemonia burguesa e da necessidade de se constituir uma vanguarda operária dotada de uma clara perspectiva revolucionária. A desconstrução do Partido Socialista Italiano (PSI) ocorreria nos locais de trabalho e na ação sindical pela atração dos operários para o campo revolucionário e em oposição à incrustação pequeno-burguesa que havia então se apossado do partido operário.

Em meio à repressão fascista e ao contencioso do PCI com a direção da Internacional Comunista (IC), absorvendo as lições da Revolução Russa, Gramsci emergiu como o dirigente capaz de pensar a autonomia e o antagonismo das massas como processo de autoeducação e autogoverno. Era um complexo de ideias que trazia de Sorel e de Rosa, com a concepção de partido de vanguarda, dirigente e educador das massas, mas originado e educado pelas massas das quais é produto. Mas foi principalmente capaz de compreender que somente um partido assim pode ser o instrumento organizativo da hegemonia da classe operária.

Afastava-se então da visão posta por Sorel, porquanto ainda devedora do liberalismo, que separava economia e política, e retomava, em outro patamar, a perspectiva já presente na experiência dos conselhos de fábrica da necessidade de confrontar o poder político do capital no próprio processo produtivo. Alargava a visão da necessidade de abarcar o tema dos intelectuais e da cultura como expressão material da subjetividade reprodutora da ordem do capital. Somente assim a classe operária poderia subtrair a base de sustentação da ordem burguesa e atrair aliados sobre os quais exerceria a sua hegemonia. O objetivo histórico da revolução socialista só poderia então ser alcançado por meio da unificação da classe operária e de sua aliança com o proletariado agrícola e com o campesinato pobre.

Afastava-se de Sorel, mas não de Rosa. O que acontecia era que a concepção de luta revolucionária que Gramsci desenvolvia para a Itália "traduzia" tanto Rosa quanto agora também Lenin para as circunstâncias da formação social italiana. Era imprescindível a existência de um partido revolucionário que fosse expressão orgânica da classe operária, que fosse composto pela sua parte mais organizada e educada do ponto de vista da práxis revolucionária. Mas esse partido não poderia deixar de ser a expressão da auto-organização da classe operária, não poderia não ser a classe se constituindo em partido, pois é a autoatividade e auto-organização das massas trabalhadoras que constrói uma nova hegemonia e um novo Estado.

Gramsci passou aos poucos a perceber que a orientação da Internacional Comunista (IC) – exarada depois do III Congresso Mundial (1921) –, centrada na fórmula política da frente única, poderia oferecer a chave para a elaboração teórica de uma estratégia da revolução socialista de prazo indeterminado, pois que dependente das condições da luta de classes ao nível nacional e mundial. Enriquecido pela experiência do período da revolução socialista internacional de 1917-1921 e pelos debates travados no seio da IC, Gramsci se pôs a desenvolver uma formulação teórica que muito contou com a contribuição de Rosa Luxemburg (e Korsch) e de Lenin.

Menos que uma constatação feita pela exegese de textos, essa afirmação pode ser deduzida a partir da avaliação das diferentes particularidades nacionais na qual atuavam esses teóricos revolucionários. O predomínio demográfico massivo do campesinato e a forte herança feudal fizeram com que Lenin acentuasse a necessidade incontornável da aliança operário-camponesa na fundação de um novo Estado. Rosa, por sua vez, diante do grande grau de avanço industrial da Alemanha e de organização sindical, deveu enfatizar a questão da unidade da classe operária constituída em partido. A Itália era muito menos industrializada que a Alemanha e contava com uma massa trabalhadora majoritariamente camponesa, mas havia desenvolvido uma revolução burguesa, ainda que truncada. Ademais, a questão agrária e camponesa na Itália estava fortemente marcada pela questão meridional, ou seja, por um problema territorial, que também incidia na organização material do Estado e de sua ideologia.

Assim, da Alemanha, de Rosa Luxemburg, Gramsci obteve elementos para valorizar a necessidade da unidade operária, mas não uma unidade abstrata, de mero princípio, mas uma unidade constituída na luta antagônica contra a ordem do capital, uma unidade construída pela autoatividade e pela auto-organização das massas. Rosa, no entanto, pensava que o reformismo pudesse ser batido na medida em que avançasse a luta operária, enquanto Gramsci havia assimilado de Lenin a tese da existência de uma "aristocracia operária" como estrato social diferenciado e incorporado ao Estado burguês.

Mas, como Rosa, Gramsci notava que apenas a luta autônoma e antagônica contra o capital poderia produzir a emancipação do trabalho, e também que eram o controle e a organização do processo de produção da vida material o fundamento e o núcleo dessa luta política. Eis por que o conselho de fábrica deveria cumprir um papel essencial na configuração do Estado operário. Por outro lado, tal como na Rússia de Lenin, e com as devidas mediações, o problema da aliança com o proletariado agrícola e com o campesinato pobre era também primordial.

Durante a crise política derivada do assassinato do deputado socialista Giacomo Matteotti, em junho e julho de 1924, Gramsci teve a ocasião de explicitar como a fórmula política da frente única se colocava como uma estratégia de luta revolucionária. Começava por dizer que "a primeira tarefa do proletariado, mesmo nessa situação, é assumir uma atitude autônoma" (Gramsci, 1978, p.462).

Autonomia e antagonismo não implicavam isolamento social, pois Gramsci entendia que naquela conjuntura a aliança entre as forças revolucionárias proletárias e pequeno-burguesas era indispensável para a derrubada do fascismo. Gramsci perscrutava para a Itália e para o capitalismo uma séria crise econômica que poderia selar o fim do fascismo, cuja obra teria sido retardar momentaneamente o avanço revolucionário, mas "antes contribuiu para ampliar a aprofundar o terreno da revolução proletária, que depois da experiência fascista será verdadeiramente popular" (ibidem, p.30-1).

A noção de revolução popular seria mais tarde colocada no centro do discurso político do PCI, até que a IC forçasse a sua retirada. Mas o significado teórico era bastante inovador, pois pressupunha o proletariado como o núcleo dirigente de um arco de forças sociais que poderiam assumir uma posição anticapitalista. A questão da autonomia e do antagonismo da classe operária se transformava em hegemonia e fundação de uma nova ordem social. Uma nova ordem social que se construía a partir da luta pelo controle da produção e pela formação de uma frente única com base nos comitês de operários e camponeses. Aqui, o desenvolvimento da frente única pressupõe a geração de organismos autônomos da classe operária e de seus aliados, antagônicos ao domínio do capital na produção e no Estado. A frente única cumpre o papel que a greve de massa desempenhava na elaboração de Rosa Luxemburg.

Greve de massa e frente única

Para Gramsci, a revolução socialista pressupunha o "espírito de cisão" do mundo do trabalho diante do domínio político e cultural da burguesia e de seus intelectuais, a fim de que se alcançasse a reordenação do processo produtivo e a extinção do capital. O partido revolucionário é uma construção desse espírito de cisão pela ação coordenada de uma parte da classe, a qual, por sua vez, é um processo histórico no qual se desenvolve a luta anticapitalista. Isso significa que a classe operária só é tal enquanto autônoma e antagônica, pois de outra forma é apenas instrumento de produção do capital, ordenada pelo capital com esse fim, subordinada à hegemonia burguesa.

A preocupação permanente de Gramsci é com a centralidade da fábrica, do processo produtivo e das relações de poder que aí se determina. Na autoatividade das massas, geradora de consciência antagônica e de uma intelectualidade própria, Gramsci localiza a ontologia do partido, um partido que é parte da classe, mas que pretende se confundir com a totalidade da classe, a fim de extinguir as relações de domínio. Entre partido e massa se estabelece uma dialética entre o partido como educador e a massa do qual se origina e que também o educa. É bastante evidente a proximidade dessa formulação com aquela de Rosa Luxemburg, assim como são ainda perceptíveis os ecos das ideias de Sorel.

Acontece que os desenvolvimentos da luta interna no KPD se encaminharam para a marginalização crescente dos espartaquistas que se identificavam na figura de Rosa Luxemburg e tiveram como corolário a estigmatizarão das formulações teóricas da grande revolucionária polonesa no V Congresso da IC (1924), tanto no referente à teoria do imperialismo quanto à da luta política. Assim, a influência dessas ideias na reflexão gramsciana ficou sempre mais nebulosa, até porque a luta fracionista desencadeada por Bordiga no PCI e a persistente repressão fascista puseram em destaque a necessidade de se garantir uma organização política centralizada e disciplinada, que se aproximava bem mais do padrão leniniano:

> [...] o Partido Comunista "representa" os interesses da inteira massa trabalhadora, mas "atua" só a vontade de uma determinada parte das massas, da parte mais avançada, daquela parte (proletariado) que quer derrubar o regime existente com meios revolucionários para fundar o comunismo. (ibidem, p.239)

De todo modo, a questão da autonomia e do antagonismo de classe permaneceu sempre no cerne da elaboração teórica e prática de Gramsci. Na dura situação do processo de consolidação do fascismo, Gramsci indicava ainda que

> o problema fundamental que na situação presente o Partido Comunista deve se propor a resolver é aquele de levar o proletariado novamente a ter uma posição autônoma de classe revolucionária, livre de toda influência

de classes, grupos e partidos contrarrevolucionários, capaz de recolher em torno de si e guiar todas as forças que possam ser mobilizadas para a luta contra o capitalismo [...]. (ibidem, p.84)

A proximidade entre o tema da greve de massa em Rosa Luxemburg e a elaboração de Gramsci sobre a frente única parece ser deveras plausível. A frente única das forças sociais anticapitalistas, mantido o espírito de cisão diante do Estado do capital, seria forte na medida em que materializasse uma subjetividade antagônica na fábrica e em todos os locais de trabalho, nos sindicatos e na organização da educação e da cultura. Para observar como era alcançável esse escopo, Gramsci trabalhava com a ideia da capacidade orgânica (espontânea?) que podia ser identificada na classe operária e que aparecia na

1) capacidade de autogoverno da massa operária [...]; 2) capacidade da massa operária de manter e superar o nível de produção do regime capitalista [...]; 3) capacidade ilimitada de iniciativa e de criação das massas trabalhadoras. (ibidem, p.346-7)

Mais uma vez a exemplo de Rosa, para Gramsci a democracia proletária começava tão logo a classe operária e seus aliados se mostrassem em condições – dentro da frente única – de constituir institutos autônomos e antagônicos à ordem do capital em condições de se oporem ao poder político do capital na produção e no Estado. Nas suas últimas intervenções, como foi visto, Rosa se dera conta de que a revolução socialista poderia ser um processo de prazo mais longo do que aquela aparente eclosão fulminante que ocorrera na Rússia. Em alguns de seus escritos, Gramsci parecia aguardar a revolução antifascista, anticlerical e anticapitalista para um prazo breve, mas o fato é que toda a sua elaboração teórica apontava já para uma revolução socialista de longo prazo. O prazo necessário para a frente única se constituir em Estado operário, um novo Estado que substituísse o Estado burguês capitalista.

Em mais de uma ocasião, Rosa se lastreou em Engels para melhor fundamentar as suas formulações. A perspectiva de um ritmo diferenciado do movimento revolucionário estava já sugerida por Engels, quando divisou as mudanças profundas na geopolítica do poder burguês e também do movimento operário depois da derrota da Comuna de Paris (1871). A força armada incontrastável por uma insurreição de tipo jacobino, a ampliação da capacidade burguesa de organizar a classe operária segundo seus desígnios, o imperialismo e o reformismo, tudo isso dificultava a organização operária autônoma e antagônica à ordem, demandando um prazo mais extenso para a efetivação das condições da revolução socialista, com destaque para a questão da educação das massas. Mas, mesmo no momento em que a revolução estava posta na ordem do dia (como em 1919), a questão dos prazos mantinha a sua importância. Como se viu, a greve de massa para Rosa e a frente única para Gramsci eram as saídas estratégicas para se confrontar o domínio do capital.

Gramsci na prisão

Gramsci foi preso em novembro de 1926 e do cárcere só saiu alguns dias antes de morrer, pouco mais de dez anos depois. Entre 1929 e 1935 produziu as anotações que ficaram conhecidas como os *Cadernos do cárcere*, em que aprofundou vários dos problemas atados ao desenvolvimento da estratégia da frente única e da revolução socialista como fenômeno histórico de longo prazo. Na verdade, foi quando Gramsci tomou uma consciência mais límpida da revolução socialista como fenômeno de longo prazo e superou a perspectiva que manteve até 1926 de uma situação revolucionária em permanência na Europa ocidental. O método de Gramsci nessas suas anotações foi estabelecer um diálogo com todos os principais autores que haviam influenciado a sua formação político-cultural e também, por certo, com adversários importantes, intelectuais da ordem.

O problema da persistência ou da quantidade da influência de Rosa nas reflexões de Gramsci do período carcerário não é de fácil resposta. A persistência da presença de Rosa no pensamento de Gramsci no período carcerário pode ser eventualmente localizada na luta comum contra a vulgarização do marxismo e na defesa deste como filosofia integral e autônoma, que deve servir de fundamento cultural de uma nova civilização. Esses dois aspectos de um mesmo problema se articulam perfeitamente com o visto em precedência sobre a necessidade da autonomia e antagonismo da classe operária na luta contra a exploração e o domínio do capital.

Na luta de resistência contra o capitalismo, no início da agregação das forças do movimento operário, é explicável que o marxismo se vulgarize ou pareça estagnado. A prática política do movimento socialista poderia estar aquém da teoria, como sugeria Rosa na relação da obra de Marx com o movimento operário alemão do começo do século XX, o que colocava o marxismo então em situação paradoxal: "Um incomparável instrumento espiritual permanece estéril, pois que inadequado à cultura de classe da burguesia, enquanto ultrapassa de longe as necessidades de armas de luta da classe operária" (Luxemburg, 1963, p.265).

No começo dos anos 1930, Gramsci identificava novamente um momento de estagnação do marxismo, mas agora a situação não poderia ser mais tolerada, porquanto na União Soviética se procedia ao esforço de construção do socialismo, de elaboração do começo de uma nova civilização. De onde então ser imprescindível o resgate do melhor que a filosofia marxista havia gerado. Nesse caso encontrava-se Antonio Labriola, autor de uma obra essencial, pois que não se identificava com as duas correntes que então prevaleciam no marxismo: uma visão que havia incorporado o mecanicismo e outra que havia se submetido ao idealismo neokantista. Baseado no citado texto de Rosa, Gramsci afirma que

> no período romântico da luta, do *Sturm und Drang* popular, se dedica todo o interesse sobre as armas mais imediatas, sobre os problemas de tática política. Mas, a partir do momento em que existe um novo tipo de Estado, nasce (concretamente) o problema de uma nova civilização e assim a necessidade de elaborar as concepções mais gerais, as armas mais refinadas e decisivas. (Gramsci, 1975b, t.1, Q.3, §31, p.309)

Assim, para explicar a estagnação ou a regressão teórica do marxismo, e as suas diferentes combinações com outras filosofias, Gramsci se ampara em Rosa (e também em Sorel) e arremata:

No campo filosófico me parece que a razão histórica deva ser procurada no fato de que o marxismo tenha devido aliar-se com tendências estranhas para combater os resíduos do mundo pré-capitalista nas massas populares, especialmente no terreno religioso. (ibidem, t.1, Q.4, §3, p.422)

Da mesma maneira, como também já foi sugerido, Gramsci desenvolve uma concepção de revolução socialista como processo de longo prazo, cuja fonte comum com Rosa poderia ter sido o último Engels. Algumas indicações disso podem ser observadas na acurada análise que Gramsci faz da Revolução Francesa como um processo revolucionário de longo prazo. Em 1789 vieram à luz os germens da revolução que em ondas sucessivas se desenrolou até a Comuna de Paris (1871),

> quando não só a nova classe que luta pelo poder derrota os representantes da velha sociedade que não quer se confessar definitivamente superada, mas derrota também os novíssimos grupos que consideram já ultrapassada a nova estrutura surgida da transformação iniciada em 1789 e demonstra assim sua vitalidade tanto em relação ao velho quanto ao novíssimo. (ibidem, t.3, Q.13, §17, p.1581)

Mas Gramsci não havia percebido essa faceta da reflexão de Rosa, que se desenvolve, de fato, apenas depois de 1906, quando ela deixa paulatinamente de lado a tradição predominante na social-democracia alemã do acúmulo de forças dentro da ordem e da proeminência do desenvolvimento econômico. Gramsci avalia o opúsculo de Rosa *Greve geral, partido e sindicatos* como uma excelente análise do que seria a guerra manobrada, mas critica a autora pela sua presumível fé de que as crises econômicas por si mesmas fossem geradoras de possibilidades revolucionárias.

A Rosa que Gramsci critica é a teórica que crê que a revolução é uma explosão gerada pela crise econômica. Na verdade, indiretamente ele parecia criticar a involução teórica ocorrida na IC e na União Soviética, orientada então por uma concepção e uma linha política de fundo econômico-corporativo e voluntarista. Na análise da Revolução Russa de 1905, segundo Gramsci,

Rosa, com efeito, negligenciou os elementos "voluntários" e organizativos que, naqueles eventos, foram muito mais difundidos e eficientes do que ela podia crer, já que era condicionada por certo preconceito "economicista" e espontaneísta. (ibidem, §24, p.1613)

Na revolução socialista de longa duração o essencial era que a autonomia e o antagonismo da classe operária não sofressem qualquer esmorecimento. A estratégia da revolução que Rosa amadurecia desde 1906 tinha o seu eixo na greve de massa como forma de progressiva anulação do poder do capital. Essa estratégia exigia uma autoeducação e uma educação das massas que já antecipassem a nova civilização, tal como fizera a burguesia.

Para Gramsci, a revolução de longa duração estaria em desenvolvimento com a ampliação da frente única, por uma guerra travada em busca de posições que antecipassem uma nova hegemonia, um novo bloco histórico, uma nova civilização que superasse as relações de domínio e de exploração. Na revolução de longo prazo a antecipação que Rosa indicava no seu texto de 1903, quanto ao marxismo, deveria mudar de significado e superar o paradoxo por meio de um vigoroso progresso intelectual de massas e uma reforma moral e intelectual (que não pode andar separada de uma profunda reforma que atinja o processo produtivo do capital).

Nessas condições, o marxismo, a filosofia da práxis, deveria ser ela mesma uma arma de luta do movimento operário pelo comunismo a fim de que a substituição do poder do capital fosse possível. O marxismo vulgar ou entrelaçado com outras vertentes de pensamento não poderia ter eficácia nessa luta. Uma cultura antagônica deve ser um elemento imprescindível na luta anticapitalista, de onde a necessidade de uma refundação comunista, de um marxismo vivo e radicalmente crítico.

2
A ROSA DE GRAMSCI

Guerra

A eclosão da guerra imperialista, em 1914, comprovou, num primeiro momento, a força da hegemonia burguesa, tanto que a maior parte da intelectualidade e do mundo da cultura observou a guerra com simpatia, quando não com animada adesão. A preponderância da ideologia nacionalista nos seus diversos matizes era patente, de modo que o apoio à guerra poderia se manifestar por pontos de vista dos mais variados e até conflitantes. Não somente conservadores e liberais se mostraram entusiasmados com a guerra, mas também a maior parte do movimento operário foi arrastada ou neutralizada. Na verdade, as correntes reformistas encontraram na guerra uma forma de se aproximar ou galgar o governo do Estado ou, na pior das hipóteses, um meio para ampliar o estatuto da cidadania no interior da nação.

Para a burguesia (ou burguesias) a guerra estava voltada a dois escopos complementares: a resolução das disputas entre as frações nacionais com o estabelecimento de uma nova hierarquia entre os Estados imperialistas e a neutralização do movimento operário enquanto força social antagônica ao Estado. O processo de incorporação da cultura e das instituições operárias à ordem burguesa estava prestes a se completar, mas resta sempre o problema de entender o motivo pelo qual o movimento operário socialista se deixou colocar em xeque. A resposta deve ser procurada, por certo, na dinâmica entre dirigentes e massas a qual não conseguiu se alçar ao momento da disputa pela hegemonia.

O fortalecimento numérico e institucional do movimento socialista andava em paralelo como rebaixamento do antagonismo a ordem do capital, expresso na revisão da leitura sobre o imperialismo, visto, a partir de 1913, como de tendência pacifista. Quando a guerra eclodiu, o ânimo pacifista das massas e dos próprios dirigentes havia arrefecido e a questão principal passou a ser a preservação das organizações operárias. Na prática, em particular na Alemanha, começava a se aplainar o caminho que poderia levar essas organizações à conquista para a classe operária da plena cidadania dentro do Estado burguês, mas também ao relativo fortalecimento da esquerda revolucionária e internacionalista de Rosa Luxemburg, que no Partido Social-Democrata da Alemanha (SPD) surgia como um entrave a essa estratégia (Haupt, 1978).

De fato, a Nova Esquerda de Rosa Luxemburg, que havia sido derrotada no Congresso de 1913 do SPD, insistia na sua avaliação do caráter belicoso do imperialismo e da aproximação da guerra, contra a qual os socialistas e a classe operária deveriam se opor de modo tenaz. A anulação da Internacional Socialista e, na prática, do próprio internacionalismo, deixado quase como um resíduo estranho, fragmentou todo o movimento. Rosa Luxemburg foi presa em fevereiro de 1915 e assim permaneceu até o início do processo revolucionário na Alemanha, em novembro de 1918, não sem antes contribuir para organizar o pequeno Grupo Internacional, nome da publicação que pretendia denunciar a guerra e agitar a classe operária (Ettinger, 1996).

O desencadear da guerra causou em Rosa Luxemburg e em toda a esquerda internacionalista um impacto profundo de caráter moral e político. Caiu por terra a fé na capacidade de o movimento operário resistir ao chauvinismo e se mobilizar contra a guerra. Ela percebeu que a questão da educação das massas ganhava em complexidade, ainda que a práxis fosse a escola melhor, pois nada como a luta de classes para inculcar a consciência e a autodisciplina nos trabalhadores. Rosa avaliava que o reformismo era um fenômeno político e ideológico, cuja implicação era a incorporação da classe operária ao Estado burguês por meio de suas próprias instituições, como o sindicato e o partido. Reconhecia enfim a larga preponderância da ideologia burguesa não só entre os dirigentes do SPD, mas também entre as massas, de modo que a luta deveria estar voltada para a "emancipação espiritual do proletariado da tutela da burguesia, que se exterioriza no influxo da ideologia nacionalista" (Luxemburg, 1976, p.551).

Na Itália, por sua vez, o impacto da eclosão da guerra deixou Gramsci perplexo antes da decidida tomada de posição contra a barbárie que ruidosamente se anunciava. Ainda que vinculado ao Partido Socialista Italiano (PSI), a formação cultural de Antonio Gramsci o inseria no contexto filosófico do neoidealismo italiano com a sua faceta neo-hegeliana e liberal-democrática. O apoio ideológico oferecido à guerra por Croce e por Gentile e a leitura de Gramsci de que o conflito derivava da competição econômico-política entre Inglaterra e Alemanha afastaram o jovem sardo de seus preceptores intelectuais, a quem restou a influência de Georges Sorel, o teórico do sindicalismo revolucionário, importante interlocutor de Croce. Esse escrito investe na hipótese de que, no seu processo de ruptura com o neoidealismo croceano, o movimento do pensamento de Gramsci segue a via de Sorel, com a ideia de cisão, e ingressa efetivamente no campo teórico do marxismo – assim como Lukács – por meio do influxo das esquerdas conselhistas da Alemanha, particularmente de Rosa Luxemburg.

O chamado à ação, característica do pensamento de Sorel, pode ter pesado na recusa de Gramsci em relação à posição do PSI diante da guerra, o qual havia antes optado pela neutralidade e depois pelo não apoio, mas também pela não sabotagem do esforço de guerra italiano. O polêmico artigo escrito por Gramsci em outubro de 1914, antes de tudo, não admitia a paralisia e a passividade, o congelamento da luta de classe, como era a posição do campo majoritário da Internacional Socialista e, em particular, do SPD. Para Gramsci, a burguesia italiana poderia até seguir a sua natureza e ingressar na guerra, mas isso não significaria que o PSI enquanto partido do proletariado italiano deveria por princípio se eximir de fazer a revolução, caso a ocasião fosse propícia.

Gramsci se preocupava com a autonomia do PSI como força antagônica, já que esse é

> um Estado potencial, que vai amadurecendo, antagonista do Estado burguês, que busca, na luta diuturna com este último e no desenvolvimento da sua dialética interna, criar para si os órgãos para superá-lo e absorvê-lo. (Gramsci, 1973, v. 1, p.56)

Para Gramsci, os revolucionários que

> preparam o máximo de condições favoráveis para a ruptura definitiva (a revolução) não devem se contentar com a fórmula provisória da "neutralidade absoluta", mas devem transformá-la na outra "neutralidade ativa e operante". O que quer dizer dar de novo à vida da nação o seu genuíno e franco caráter de luta de classe, [...], [pois] só assim será restabelecido o dualismo das classes, [e] o PSI se libertará de todas as incrustações burguesas [...]. (ibidem, p.57)[1]

O comportamento de desprezo que Gramsci dedicava às instituições políticas e culturais do Estado, particularmente à universidade e aos intelectuais, também indica a incidência do pensamento de Sorel sobre o jovem sardo, a quem divertia satirizar os professores, mas a repercussão negativa desse artigo, como se fosse um chamado para que a burguesia entrasse na guerra empunhando o estandarte da nação, provocou em Gramsci um retraimento de cerca de um ano.

Como Rosa, a preocupação de Gramsci com a educação das massas tornava-se sempre mais enfática, mas a educação das massas partia dela própria, do seu fazer-se classe. Arrancar a massa operária da influência clerical era elemento decisivo para o desenvolvimento científico e

---

1 Esse artigo foi muito mal interpretado e confundido com a posição de Mussolini, que assumiria uma postura favorável à intervenção da Itália na guerra e por isso seria expulso do PSI. Ele era então o diretor de *Il Grido del Popolo*, onde o texto de Gramsci foi publicado, tendo partido de um texto precedente do mesmo Mussolini. Gramsci se retirou ao isolamento por cerca de um ano.

espiritual dos trabalhadores italianos. Combater o sistema escolástico e a organização universitária era importante, pois que esta se destacava por formar homens-máquinas e pela difusão de uma cultura diletante. Decisivo era enfatizar que "é através da crítica da civilização capitalista que se formou ou está se formando a consciência unitária do proletariado, e crítica quer dizer cultura, e não evolução espontânea e naturalista" (ibidem, p.70). Para o proletariado é necessária "uma escola de liberdade e de livre iniciativa e não uma escola de escravidão e mecanicidade" (ibidem, p.83), pois que

a classe tem uma vontade, a classe tem um caráter. Dessa vontade, desse caráter é plasmada toda a sua vida, sem qualquer resíduo. Como classe não pode ter solidariedade que não seja de classe, outra forma de luta que não seja de classe, outra nação que a classe, i.e., a Internacional. (ibidem, p.108)

Revolução

O "espontaneísmo" que muitos identificam na maior parte da obra de Rosa Luxemburg é ao mesmo tempo uma postura antijacobina. Jacobinismo então entendido não como o grupo jacobino revolucionário de 1793, como vanguarda das massas, como mediação política orgânica aos desígnios populares, mas como um grupo político intelectual que substitui as próprias massas e em seu nome atua. A posição de Gramsci é a mesma, ainda que seja provável mais a influência de Sorel do que a de Rosa ou das esquerdas germânicas. A leitura que Gramsci faz da Revolução Russa de 1917, desde os seus momentos iniciais, indica o valor dado à ação do proletariado como ato de cultura, de antagonismo radical.

Gramsci valoriza a experiência do soviete, mas não o percebe ainda como embrião do novo Estado. Para ele o espírito de cisão se manifesta principalmente na liberdade cultural e política conquistada. Certo que a revolução foi feita por proletários, mas para que seja efetivamente um ato proletário "é necessário que o fato revolucionário se demonstre, além de um fato de potência, também um fenômeno de costume, se demonstre fato moral" (ibidem, p.109).

Na avaliação de Gramsci

a Revolução Russa ignorou o jacobinismo. A revolução deveu abater a autocracia, não deveu conquistar a maioria com a violência. O jacobinismo é fenômeno puramente burguês: caracteriza a revolução burguesa na França. (ibidem, p.110)

Na sua revolução "a burguesia impõe a sua força e as suas ideias não só à casta antes dominante, mas também ao povo que ela se prepara para dominar" (ibidem).

Por sua vez, "porque os revolucionários russos não são jacobinos, não substituíram a ditadura de um só pela ditadura de uma minoria audaz e decidida a tudo para fazer triunfar o seu programa". Gramsci crê então que o desemboco do processo deverá ser uma revolução socialista porque

> o proletariado industrial está já preparado para a passagem também culturalmente: o proletariado agrícola, que conhece as formas primitivas de comunismo comunal, está também preparado para a passagem a uma nova forma de sociedade. (ibidem)

Ou seja,

na Rússia é um novo costume que a revolução criou. Ela não só substituiu potência por potência, substituiu costume por costume, criou uma nova atmosfera moral, instaurou a liberdade de espírito, além da liberdade corporal. (ibidem, p.110-1)

Meses depois (julho), Gramsci destaca mais uma vez que a virtude maior da revolução em andamento na Rússia era ter ignorado o jacobinismo, tanto que

> assim a revolução não para, não fecha o seu ciclo. Devora os seus homens, substitui um grupo por outro mais audaz e por essa instabilidade, por essa jamais alcançada perfeição, é verdadeiramente e somente revolução. (ibidem, p.116)

O jacobinismo burguês é a autonomização da política, é a disputa pelo poder entre grupos reduzidos, mas, como o processo revolucionário russo é expressão de tendências universais, é ato de cultura coletiva,

> e a revolução é contínua. Toda a vida se fez verdadeiramente revolucionária; é uma atividade sempre atual, é uma contínua troca, uma contínua escavação no bloco amorfo do povo. Novas energias são suscitadas, novas ideias-força propagadas. Os homens são finalmente assim os artífices do seu destino, todos os homens. É impossível que se formem minorias despóticas. (ibidem, p.117)

Ainda que a idealização da Revolução Russa seja bastante evidente, nesse escrito Gramsci destaca o papel de Lenin e dos bolcheviques como o grupo que mirava mais longe e mais profundamente a transformação socialista, pois

> estão persuadidos de que em cada momento é possível realizar o socialismo. Estão nutridos do pensamento marxista. São revolucionários, não evolucionistas. E o pensamento revolucionário nega o tempo como fator de progresso. (ibidem, p.116)

Em janeiro do ano seguinte, Gramsci volta ao tema da Revolução Russa, agora com os bolcheviques no poder. Seu estilo polêmico provoca o leitor ao afirmar que a revolução foi feita contra *O capital*, a grande lição apresentada por Marx. De fato, Gramsci endereça a sua crítica às leituras economicistas, tão presentes no movimento socialista de então, de modo que a afirmação que parece ser dele no fundo não o é, e o exatamente contrário é o verdadeiro, pois os bolcheviques renegam o economicismo, mas d'*O capital* e de Marx "não renegam o pensamento imanente, vivificador" (ibidem, p.131). O essencial era que na Rússia havia se criado uma vontade social coletiva e o atraso das condições materiais poderia ser superado com rapidez, sem que fosse necessária toda uma fase de desenvolvimento ao modo capitalista.

Apenas com dificuldade se poderia qualificar nesse momento Gramsci como inserido na esquerda marxista internacionalista, ainda que esse fosse o seu destino, conduzido pelo infortúnio da guerra e pela eclosão da revolução socialista internacional a partir de 1917. Rosa, por sua vez, mesmo na prisão, era membro eloquente da esquerda socialista internacional e tinha condições muito melhores do que Gramsci para analisar o que se passava na Rússia. Em 1918, no cárcere, Rosa escreveu o seu opúsculo sobre *A Revolução Russa*, no qual teceu algumas críticas contundentes ao operado por Lenin e Trotsky no referente à questão agrária, à questão das nacionalidades, da paz com a Alemanha e à dissolução da Assembleia Constituinte.

O que mais importa destacar aqui é como Rosa observava tendências jacobinas (no sentido deteriorado enunciado acima) no poder bolchevique, com o uso do terror e o sufocar da democracia. Rosa insiste muito no vínculo essencial entre democracia e socialismo, que a democracia é a única forma plausível de aplicação da ditadura proletária. Para Rosa, "a práxis do socialismo exige uma total transformação espiritual das massas degradadas através dos séculos de domínio da classe burguesa" e "a única via que conduz ao renascimento é a própria escola da vida pública, a mais larga e ilimitada democracia, a opinião pública" (Luxemburg, 1976, p.590).

Escrevendo logo em seguida à dissolução da Assembleia Constituinte, Gramsci diz que esse ato "não é só um episódio de violência jacobina", pois "o jacobinismo é um fenômeno todo burguês, de minorias tais também potencialmente". Mas "uma minoria que está segura de vir a ser maioria absoluta, ou até mesmo a totalidade dos cidadãos, não pode ser jacobina, não pode ter como programa a ditadura perpétua" (Gramsci, 1973, v. 2, p.152-3).

Ainda que limitado pela pouca informação disponível, é evidente como Gramsci vacila e se refuta a identificar a aparência jacobina com a essência dos acontecimentos e justifica ação dos bolcheviques de encerrar a Assembleia Constituinte, pois foi assim que se reconheceu que "o proletariado russo nos ofereceu um primeiro modelo de representação direta dos produtores: o soviete. Agora a soberania voltou aos sovietes" (ibidem, p.152).

Enquanto Rosa redigia seu opúsculo crítico à obra política dos bolcheviques, Gramsci tecia os seus elogios tingidos de idealidade. Dizia que a liberdade só seria garantida na Rússia na medida em que se formasse uma hierarquia espontânea, garantia da unidade social e expressão de uma autoridade espiritual, ou seja, moral. Para Gramsci (ibidem, p.207), os núcleos vivos dessa hierarquia são os sovietes e os partidos populares. Os sovietes são a organização primordial a ser integrada e desenvolvida e os bolcheviques se fazem o partido de governo porque defendem que os poderes do Estado devem depender e ser controlados pelos sovietes.

Nesse raciocínio o soviete e o partido bolchevique representariam "a progressão da consciência" e da "organicidade da sociedade russa". Assim, "a Revolução Russa é o domínio da liberdade: a organização se funda por espontaneidade, não pelo arbítrio de um 'herói' que se impõe pela violência" (ibidem, p.208).

A importância dada à auto-organização e à autoeducação das massas no calor da vida pública é o ponto de início e de chegada da democracia socialista tanto para Rosa como para Gramsci. Por caminhos diferentes, aproximados pelo antijacobinismo, no que se refere à perspectiva, havia convergências notáveis entre esses autores e militantes da revolução socialista internacional, ainda que seja difícil comprovar uma influência importante de Rosa sobre Gramsci, já que as referências escritas são escassas.

Conselhos operários

Em 1916, com Rosa na prisão, foi fundada a Liga de Spartakus, organizada dentro do SPD. A cisão do partido em abril de 1917 carregou a Liga para o Partido Social-Democrata Independente da Alemanha (USPD). Quando Rosa saiu da prisão, as expectativas dos bolcheviques de difusão do processo revolucionário para além das fronteiras do decaído Império Russo pareciam se cumprir. A revolução se espalhava pelos territórios dos impérios centrais (Alemanha e Áustria-Hungria) e se mostrou com a forma organizada de conselhos de operários e soldados, tal como antes na Rússia, ainda que com características particulares, como não poderia deixar de ser. Por decorrência surgiu o problema da organização de um partido revolucionário e desde logo da resolução da questão da relação entre conselho, partido e representação política.

A esquerda conselhista entendia que o poder soberano deveria estar no conselho e que este deveria organizar o conjunto da vida social, minorando o papel de mediação do partido; outros, como Lenin, entendiam ser imprescindível o papel dirigente do partido; por fim havia aqueles que pensavam um papel subordinado para os conselhos, a fim de que predominasse a representação política democrática. A posição de Rosa aparece oscilante entre essas posições, dependendo do momento. O seu propalado espontaneísmo a levava para bem perto dos conselhistas, a defesa da democracia sob a forma de representação a levava parcialmente para próximo da última posição, mas nos últimos dias de vida, sob o fogo do combate aberto, notou a importância da existência de uma força política partidária coesa e disciplinada.

A difusão da revolução socialista também pela Europa central e oriental tendeu a generalizar a forma do conselho operário ao modo de um padrão para a construção do contrapoder operário e popular. Na Hungria, Áustria, Tchecoslováquia, Alemanha e Itália o conselho operário se formou, ainda que com variações organizativas e diferenças de concepções sobre a sua finalidade e papel.

Na Alemanha, os conselhos apareceram desde novembro de 1918. Pouco mais de um mês depois, o congresso dos conselhos confirmou a posição de que os mesmos deveriam cumprir um papel assessor num eventual socialismo de Estado a ser conduzido pelo(s) partido(s) operário(s). Rosa Luxemburg e outros conselhistas, como Anton Pannekoek, mesmo que com diferenças teóricas, antecipavam que a revolução na Europa central demandaria o tempo longo, pois seria necessário que as massas percebessem que o conselho poderia ser instrumento de luta contra o capital, ao mesmo tempo que configurava o poder operário e criava o fundamento do Estado socialista. O conselho aparecia agora como corolário essencial na estratégia luxemburguiana da greve de massa.

Em posição de minoria, os comunistas, dizia Rosa no seu "Discurso sobre o Programa" (do Partido Comunista da Alemanha [KPD]), "devemos no futuro, antes de qualquer outra coisa, desenvolver em todas as direções os conselhos dos operários e dos soldados, e, principalmente, o sistema dos conselhos operários". Rosa identifica no conselho a fonte do poder operário e o meio pelo qual "devemos escavar por baixo o Estado burguês, não mais dividindo, mas unificando poder público, legislação e administração, levando-os por toda à parte nas mãos dos conselhos dos operários e dos soldados" (Luxemburg, 1976, p.628-9).

Rosa insistia que "os conselhos operários devem ter todo o poder do Estado", mas que

> devemos antes de tudo ensinar às massas que o conselho dos operários e dos soldados deve vir a ser, em todas as direções, a alavanca do mecanismo estatal, que devem assumir todos os poderes e fazê-los convergir todos na mesma corrente da revolução socialista, [até que] os conselhos dos operários e dos soldados sintam-se chamados e aprendam a ser o único poder público em todo o Reich. (ibidem, p.629-30)

O assassinato de Rosa Luxemburg em meio à derrota do levante comunista de janeiro de 1919, ao qual ela se opôs, truncou uma reflexão política da maior importância para os destinos do movimento operário alemão e europeu. A experiência dos conselhos continuou, todavia, se difundindo e nesse primeiro semestre de 1919 a revolução socialista internacional atingiu o seu ápice, com momentos de poder na Baviera, com a organização da República dos Conselhos na Hungria e a fundação da Internacional Comunista (IC), que prestou homenagem à grande revolucionária tombada na luta. O livro de Rosa Luxemburg *Greve de massa, partido e sindicato*, de 1906, foi traduzido para o italiano nesse mesmo ano.

Assim, quando a experiência dos conselhos se difundiu também para o norte da Itália, abria-se o último capítulo da revolução socialista internacional. Por suposto, a incidência das experiências revolucionárias concretas e das formulações teóricas ensejadas incidiu sobre o pensamento de Gramsci, inclusive aquelas de Rosa Luxemburg, não havendo muita dúvida de que ele leu pelo menos alguns de seus textos.

No clima da revolução socialista em progressão é que Gramsci e outros antigos estudantes da Universidade de Turim, quais Tasca, Togliatti e Terracini, tomaram a iniciativa de fundar um periódico que na medida das forças envolvidas incidisse naquele cenário local de luta operária e socialista e fizesse parte da revolução italiana e europeia, ainda mais que acabava de ser fundada a IC. Esse periódico foi *L'Ordine Nuovo*, que veio à luz em 1o de maio de 1919. Gramsci dizia que "a Internacional Comunista nasceu e se desenvolve das revoluções proletárias e com as revoluções proletárias. Já três grandes Estados proletários, as repúblicas soviéticas da Rússia, da Ucrânia e da Hungria, formam a sua base histórica". E, ainda mais, a IC é portadora dos ideais e princípios deslindados por Marx, "elaborados segundo o programa da Liga de Spartakus da Alemanha e do Partido Comunista (bolchevique) da Rússia" (Gramsci, 1973, v. 1, p.243).

Gramsci comentava a situação da Alemanha nas negociações que se desenrolavam em Versalhes dizendo que, após a derrota militar, a derrota diplomática germânica era iminente, dado que a capitulação política do SPD havia implicado a derrota do povo alemão. A eliminação de Karl Liebknecht e de Rosa Luxemburg fora uma tentativa de "assassinar a revolução mundial", pois que o espartaquismo era consciente do antagonismo existente entre a classe operária alemã e as burguesias da Entente e que o objetivo só poderia ser "salvar o povo alemão da escravidão e da barbárie através da revolução internacional" (Gramsci, 1954, p.249).

Pouco antes de completar dois meses de existência, *L'Ordine Nuovo* se assume como órgão de expressão dos conselhos de fábrica e a sua atenção se volta de forma preponderante para os problemas da organização do trabalho, do saber operário e das possibilidades da emancipação frente à exploração do capital. A ação política cultural desse grupo de jovens comunistas está então voltada para a valorização da classe operária como força produtiva antagônica ao capital, que se organiza e se educa no cerne da contradição da vida social: na fábrica. Para daí se fazer Estado.

O editorial de 21 de junho de 1919 (dia da greve geral internacional convocada pela IC) do *L'Ordine Nuovo* defende que

> O Estado socialista já existe potencialmente nos institutos de vida social característicos da classe operária explorada. Coligir entre eles esses institutos, coordená-los e subordiná-los a uma hierarquia de competências e poderes, centralizá-los fortemente, ainda que respeitando as necessárias autonomias e articulações, significa criar desde agora uma verdadeira e própria democracia operária eficiente e ativa contra o Estado burguês, preparada desde agora para substituir o Estado burguês em todas as suas funções essenciais de gestão e de domínio do patrimônio nacional. (Gramsci, 1973, v. 1, p.256-7)

Para Gramsci (e Togliatti), tratava-se de localizar na experiência operária italiana o embrião dos conselhos operários, "que deverão ser amanhã os órgãos do poder proletário que substitui o capitalista em todas as suas funções úteis de direção e de administração" (ibidem, p.258). Gramsci adere completamente à vertente que observa nos conselhos operários o embrião de um novo Estado e critica tanto o anarquismo que quer a imediata abolição da política e do Estado como o reformismo que insiste em atuar por dentro das instituições liberais.

Aqui Gramsci já percebe como o sindicato profissional, útil para a defesa dos interesses dos trabalhadores no âmbito do capitalismo, pode ser um empecilho na construção do novo Estado, na medida em que não é adequado à construção da democracia dos produtores. Do mesmo modo o partido socialista, inserido no jogo parlamentar, concebe a política apenas com o ponto de vista da representação burguesa. Em vez disso, diz Gramsci,

> nós estamos persuadidos, depois das experiências da Rússia, da Hungria e da Alemanha, de que o Estado socialista não pode se encarnar nas instituições do Estado capitalista, mas é uma criação fundamentalmente nova em relação a este, ou mesmo em relação à história do proletariado. (ibidem, p.271)

Para Gramsci, o fundamento do novo Estado encontra-se na construção de órgãos de democracia direta, de gestão direta do processo produtivo e da vida pública, na mudança radical das relações sociais de produção. Para isso, é condição essencial a autonomia da classe operária frente ao direito burguês, a sua capacidade de se organizar e de se educar. Partido e sindicato surgem nas condições do capitalismo e devem subsistir apenas enquanto sobrevivam as condições que lhes deram origem, durante todo o período histórico de transição e de ditadura proletária. No entanto, junto a essas instituições da classe operária devem surgir instituições de tipo estatal que

> substituam a pessoa do capitalista nas funções administrativas e no poder industrial, e realizem a autonomia do produtor na fábrica; instituições capazes de assumir o poder diretivo de todas as funções inerentes ao complexo sistema de relações de produção e de troca que ligam as divisões de uma fábrica entre si, constituindo a unidade econômica elementar, que ligam as várias atividades da indústria agrícola, que por planos horizontais e verticais devem constituir o harmonioso edifício da economia nacional e internacional, livre da tirania estorvante e parasitária dos proprietários privados. (ibidem, p.272)

Da luta de classe, da autonomia e autoeducação dos trabalhadores, de modo "espontâneo", surge a organização do conselho de fábrica, gérmen do Estado operário, que deverá substituir o Estado burguês e sua instituições. O Estado operário é a ditadura proletária articulada com a produção planificada de modo democrático socialista, com base nos conselhos.

No socialismo o sindicato deve se tornar uma escola do trabalho, mas no capitalismo o sindicato não passa de uma instituição que organiza a contratação do trabalho assalariado. O sindicato não organiza o trabalhador como produtor da riqueza material e gestor da produção, "o sindicalismo se revelou nada mais que uma forma da sociedade capitalista, não uma potencial superação da sociedade capitalista" (ibidem, v. 2, p.48).

Essa formulação de Gramsci afasta-o do sindicalismo revolucionário, que dizia se inspirar em Sorel. Gramsci preserva de Sorel o "espírito de cisão", convicção da importância da autonomia e do antagonismo da classe operária frente ao capital, mas a teoria e a prática do conselho agora o avizinhava do bolchevismo e das esquerdas alemãs, de Lenin e de Rosa Luxemburg, de Korsch. Ainda que não seja citada, Rosa pode ter inspirado o breve artigo de Gramsci sobre a participação da classe operária nas eleições de novembro de 1919. O argumento de Gramsci se parece demais com a defesa de Rosa da possível participação do KPD nas eleições para a Assembleia Nacional Constituinte.

Rosa defendeu a participação dos comunistas na Assembleia Nacional com a finalidade de educar as massas e de implodir o próprio parlamento. Gramsci julgava importante um significativo resultado eleitoral dos socialistas a fim de

> tornar impossível a qualquer líder da burguesia a constituição de um governo estável e forte, para constringir assim a burguesia a sair do equívoco democrático, a sair da legalidade e determinar uma sublevação das camadas mais profundas e vastas da classe trabalhadora contra a oligarquia dos exploradores. (ibidem, p.51)

Percebe-se como, para ambos, a instituição fundante do novo Estado é o conselho. Para Gramsci, a revolução proletária é o processo de desenvolvimento do proletariado como força socioeconômica, que a certo ponto se percebe obstruída pelas instituições da classe dominante burguesa. A substituição do Estado burguês por outro que garanta a continuidade do desenvolvimento do proletariado enquanto força produtiva da riqueza social constitui o ato revolucionário.

Assim, o processo revolucionário

> não pode ser identificado com o desenvolvimento e a ação das organizações voluntárias de tipo contratual como são o partido político e os sindicatos profissionais: organizações nascidas no campo da democracia burguesa, nascidas no campo da liberdade política, como afirmações e como desenvolvimento da liberdade política. (ibidem, p.120)

Partido e sindicato são apenas agentes de uma revolução que se manifesta alhures, já que "o processo revolucionário se faz no campo da produção, na fábrica, onde as relações são de opressor e de oprimido, de explorador e de explorado, onde não existe liberdade para o operário, onde não existe democracia; [...]" (ibidem, p.120-1).

Aqui a semelhança com a formulação de Rosa no "Discurso sobre o Programa" é muito clara. Diz Rosa: "Mas a luta pelo socialismo pode ser combatida somente pelas massas, imediatamente peito contra peito com o capitalismo, em cada empresa, por cada proletário contra o seu empresário. Só então será uma revolução socialista"; e, mais ainda, "Lá onde estão ligados à cadeia do capital, lá deve ser rompida a cadeia" (Luxemburg, 1976, p.622).

A revolução proletária para Rosa e para Gramsci é produto do movimento imanente do capitalismo, mas, segundo o sardo, a sua atualidade pode ser constatada "quando toda a classe operária se fez revolucionária, [...], inicia uma ação que deve necessariamente desembocar na fundação de um Estado operário, [...]" (Gramsci, 1973, v.2, p.122). A ação revolucionária começa quando a classe operária adquire a consciência de que o poder industrial, o fundamento material do poder político, deve retornar à fábrica, ao trabalhador como força produtiva consciente, "como célula de um novo Estado, o Estado operário, como base de um novo sistema representativo, o sistema dos conselhos" (ibidem, p.123).

Esse artigo esclarecedor de Gramsci foi publicado na mesma edição de outro texto que polemizava com Tasca sobre o significado do conselho e sua relação com o sindicato. Gramsci insiste em perceber

> o conselho de fábrica como um instituto absolutamente original, que emerge da situação criada pela classe operária no atual período histórico da estrutura do capitalismo, como um instituto que não pode ser confundido com o sindicato, [...], mas o qual, ao contrário, [...], determina mudanças radicais na estrutura e na forma do sindicato. (Gramsci, 1954, p.130)

A estrutura do capitalismo a que Gramsci se refere é a do predomínio do capital financeiro e "essa tese econômica foi sustentada pelos teóricos da Terceira Internacional (Lenin, Zinoviev, Bukharin, Rosa Luxemburg, A. Pannekoek etc.), já antes da guerra mundial" (ibidem).

Partido operário

Desde 1904, Rosa alimentava a polêmica com Lenin por conta do problema da organização operária e já diagnosticava na reflexão e na prática política bolcheviques uma tendência jacobina-blanquista. Aqui o interesse recai unicamente sobre a posição de Rosa, a fim de sugerir a proximidade da leitura de Gramsci. Para Rosa, a organização é "um produto histórico da luta de classe" (Luxemburg, 1976, p.218), de modo que "o movimento social-democrata, na história das sociedades divididas em classes, é o primeiro que, em todos os seus momentos em todo o caminho, é cortado pela organização e pela ação direta e autônoma das massas" (ibidem, p.221). Assim, "a social-democracia não é ligada à organização da classe operária, mas é o movimento específico da classe operária" (ibidem, p.223).

Havia em Rosa um claro "espírito de cisão", de ênfase na autonomia e auto-organização das massas frente ao poder político do capital, do qual emergia o partido. Daí que o partido é compreendido como produto superior da luta de classe, de auto-organização e centralização consciente. Com esse entendimento, o centralismo

> não pode ser outro que o momento imperativo que unifica a vontade da vanguarda consciente e militante da classe operária diante de seus grupos singulares e indivíduos, e esse é, por assim dizer, um "autocentralismo" da camada dirigente do proletariado, o domínio da maioria no interior da própria organização de partido. (ibidem)

Mas o partido – assim como o sindicato – pode mesmo vir a cumprir um papel conservador frente ao movimento. Talvez tenha sido essa visão de partido como produto do movimento que tanto impôs restrições a Rosa para que chegasse enfim a abraçar a necessidade da cisão orgânica do SPD/USPD e da fundação do KPD.

Gramsci, até meados de 1920, também alimentou ilusões sobre a capacidade de o PSI enveredar por um efetivo caminho revolucionário. Quando percebeu que tanto o sindicato como o partido – dando as costas ao movimento operário das fábricas de Turim – se comportavam como instituições internas à ordem burguesa, preferiu acentuar a importância do conselho de fábrica, mas agora como o fundamento organizativo e subjetivo de um novo partido. Na verdade, Gramsci procurou dar conteúdo político revolucionário ao soreliano "espírito de cisão", mas também se encostando à formulação de Rosa, do partido como produto superior da autonomia e do antagonismo da classe operária frente ao capital. Gramsci fala da presença, em meio à contradição em processo do capital, dos

> "germens" de uma civilização proletária que devem existir, se é verdade (como é verdade para Sorel) que a revolução proletária é imanente no seio da sociedade industrial moderna, e se é verdade também que desta resultará uma regra de vida original e um sistema de relações absolutamente novo, características da classe revolucionária. (Gramsci, 1973, v. 2, p.148)

Sorel entendera ser o sindicato a instituição especificamente operária que poderia conter o gérmen da nova ordem. Na época imperialista, porém, segundo Gramsci, é com o conselho de fábrica que "o movimento proletário, na sua fase atual, tende a realizar uma revolução na organização das coisas materiais e das forças físicas", mas

> os traços característicos da revolução proletária podem ser buscados só no partido da classe operária, no Partido Comunista, que existe e se desenvolve enquanto é a organização disciplinada da vontade de fundar um Estado, da vontade de dar uma sistematização proletária ao ordenamento das forças físicas existentes e de plantar as bases da liberdade popular. (ibidem, p.150)

De fato, "o Partido Comunista, ainda que como mera organização, se revelou como forma particular da revolução proletária" (ibidem, p.152), com a particularidade de que "são as massas que empurram e 'educam' o partido da classe operária e não é o partido que guia e educa as massas" (ibidem, p.155). De todo modo, o partido também deve encarnar uma nova subjetividade revolucionária, contar com uma cultura em oposição à das classes dominantes. Assim que, numa analogia com o cristianismo primitivo, Gramsci evoca que "Rosa Luxemburg e Karl Liebknecht são maiores do que os maiores santos de Cristo" (ibidem, p.151).

O movimento dos conselhos e seus intelectuais foram qualificados de sindicalistas (sorelianos) e de bergsonianos. Gramsci refutou ambas as acusações dizendo que

> temos simplesmente o torto de acreditar que a revolução comunista possa ser feita somente pelas massas, e não possa fazê-la nenhum secretário de partido, nenhum presidente da República a golpes de decreto; parece que era também essa a opinião de Karl Marx e de Rosa Luxemburg e que seja a opinião de Lenin, todos os quais são para Treves e Turati [dirigentes reformistas do PSI] sindicalistas anarquistas.[2] (ibidem, p.163)

No período revolucionário, em particular, a classe educa o partido por meio dos seus órgãos próprios de organização da vida produtiva e do espaço público. No período da retração e da desarticulação o partido organiza a resistência e forma quadros. A derrota do movimento dos conselhos de fábrica na Itália fez com que Gramsci enveredasse para o problema da cisão orgânica do partido operário. Era preciso um partido que fosse expressão de uma forma social alternativa, que contivesse os germens do socialismo. Gramsci, como Rosa, demorou a compreender a necessidade da cisão orgânica do partido operário, tendo ambos depois reconhecido o quanto esse atraso foi fatal para a luta da classe.

Em 15 de janeiro de 1921, dia da fundação do Partido Comunista da Itália (PCI), Gramsci escreveu um breve artigo de exaltação do nome de Karl Liebknecht, cuja morte acontecera dois anos antes. Não deixa de ser curioso e mesmo inexplicável o porquê de não haver referência também a Rosa Luxemburg, assassinada na mesma ocasião. As condições concretas da fundação do Partido Comunista, que mostravam o grupo conselhista quase que isolado em Turim, um grupo heterogêneo da esquerda socialista em Milão e o amplo predomínio da vertente

---

2 Treves e Turati eram dois dos mais conhecidos dirigentes da vertente reformista do socialismo italiano.

abstencionista de Amadeo Bordiga, obrigaram Gramsci a fazer sérias concessões. Em troca da superação do princípio abstencionista de Bordiga, Gramsci concedeu sobre a importância prioritária do conselho de fábrica. Contudo, continuou insistindo sobre a necessidade do controle operário sobre a produção, tema caro aos conselhistas alemães (Spriano, 1967).

O que possibilitou a aproximação de Gramsci com Bordiga foi a identidade em torno do "espírito de cisão". Bordiga concebia a construção do partido operário com um longo percurso de organização da própria classe, que se tornava tal na medida em que se apropriava da teoria revolucionária difundida pelo partido, resguardada em cada momento a oposição radical à ordem do capital. Para Bordiga o partido era órgão da classe, sua representação histórica e social, e, como sujeito político dotado do conhecimento da contradição em processo, seria o ator que difundiria a ciência e o conhecimento na classe operária em desenvolvimento. Uma exasperação da teoria do partido exposta por Lenin no *Que fazer?* e uma posição bastante diferente daquela de Rosa Luxemburg.

Apesar de o espartaquista Paul Levi ter-se declarado contrário à cisão política do movimento operário na Itália, por ocasião do Congresso que redundou na formação do PCI, logo em março Gramsci demonstrou mais uma vez a sua afinidade com essa vertente política alemã, no próprio momento em que se desenvolvia a chamada "ação de março", mais uma fracassada tentativa revolucionária do operariado alemão. Na ocasião Gramsci recordava que

> quando, em 1919, o ataque de Spartakus pareceu golpear o coração do Estado burguês e a mentira social-democrata, os militantes revolucionários de toda a Europa sentiram que Spartakus combatia por eles, sentiram que uma vitoriosa revolução alemã teria constituído uma soldagem definitiva com a Rússia operária e camponesa de todas as forças proletárias da Europa central e o início da luta libertadora também para aqueles do Ocidente. (Gramsci, 1966, p.121)

A derrota da revolução proletária na Alemanha e em toda a Europa obrigou o movimento comunista a repensar a sua estratégia. Enquanto na Rússia a prioridade de se restabelecer a aliança política entre o poder operário e o campesinato deu origem à chamada Nova Política Econômica, na Europa a disputa com a social-democracia pela supremacia no movimento operário e o concomitante combate à ofensiva do capital deveriam ser postos em termos novos. Essa discussão, travada de modo acerbo, de início, recebeu duas contribuições decisivas: de Lenin e dos espartaquistas continuadores de Rosa Luxemburg. Desde 1920, Lenin amadurecia a reflexão sobre as diferentes mediações presentes na Europa para proceder no avanço da revolução socialista, assim como se dava conta de que a Rússia voltava a se particularizar no contexto nacional/internacional de derrota. No começo de 1921 os espartaquistas lançaram o projeto daquela que seria chamada política de frente única (Del Roio, 2005).

A resistência de Rosa ao movimento de cisão orgânica do partido operário em grande medida deveu-se à sua leitura do significado do reformismo. Para ela o reformismo era uma vertente cultural que se opunha à concepção marxiana, mas a unidade da classe/partido era imprescindível para o avanço revolucionário. O reformismo deveria ser superado no movimento de autoeducação pela luta e no debate ideológico conquanto progredisse o movimento revolucionário e as alianças sociais se ampliassem. Rosa aderiu à cisão quando a capitulação da burocracia sindical e partidária à ordem burguesa travestida de socialismo de Estado já havia tomado uma clara posição contrarrevolucionária no contexto nacional e internacional.

A partir de 1921, porém, a derrota da revolução socialista internacional colocou novamente o problema da unidade operária, ainda que em outros termos. A ofensiva do capital solicitava à classe operária travar unida a luta de resistência e ainda a buscar aliados entre outras camadas sociais penalizadas. A complexidade da particular situação italiana envolvia fenômenos de dimensão internacional, como a política definida pela IC e o surgimento do fascismo, que deveriam ser enfrentados pelo PCI. A IC pressionava pela fusão do PCI com o PSI, considerando que ambos os partidos se referiam a esse organismo político, mas essa posição era aceita apenas por uma pequena fração mais à direita do PCI, enquanto a maioria era contra a fusão e contra a tática da frente única. Gramsci desenvolveu uma posição diferenciada, a qual aceitava e estimulava a frente única, mas era contra a fusão e mesmo contra o PSI como organização. Foi a partir do contencioso PCI e IC que Gramsci surgiu como uma alternativa teórica e prática para a política comunista na Itália.

Assim, a partir de 1923, tendo permanecido em Moscou e em Viena, Gramsci desenvolve uma formulação política que preserva o "espírito de cisão" de Sorel, Rosa e Bordiga, reconhecidas todas as diferenças muito significativas entre esses autores, mas agora incorpora também Maquiavel e Lenin. O estágio moscovita permitiu a Gramsci tomar contato com a experiência bolchevique e assimilar a reflexão do último Lenin, o fundador de um novo Estado. Gramsci pensa então a aliança operário-camponesa como a base social da revolução socialista na Itália e a fórmula política da frente única como modo de unificar a classe operária e o conjunto das classes subalternas rumo à nova ordem social. A concepção de partido operário deve se vincular a essa visão de conjunto (ibidem).

É muito difícil identificar traços específicos de Rosa Luxemburg nessa fase do pensamento de Gramsci. Há mais um emaranhado de influências diferentes que alimentam a reflexão de Gramsci sobre o tema do partido operário. Não há dúvida, contudo, de que ele pensa o partido como uma expressão orgânica do proletariado em luta contra o capital, de modo que a fábrica é o fundamento do partido. A autoatividade das massas gera consciência e produz intelectuais, que se compõem no partido.

Para Gramsci, o partido é parte da classe, a parte melhor, mais consciente, mais disciplinada, mais intelectualizada da classe. A burocratização do sindicato e do partido, a sua incorporação na ordem social e institucional do Estado burguês, a sua expressão ideológica materializada no reformismo fazem do partido uma excrescência da classe. A classe se faz partido, mas trata-se de um partido que visa construir a ditadura proletária, de modo que não podem se dissociar a classe, a política de classe e o partido do seu objetivo final. Para Gramsci, "a ditadura do proletariado é expansiva, não repressiva. Um contínuo movimento se verifica da base para o alto, uma contínua mudança através de todas as capilaridades sociais, uma contínua circulação de homens" (Gramsci, 1978, p.15).

Nessa visão, o partido é uma antecipação da nova ordem, uma antecipação que cresce e se difunde por meio da frente única do proletariado e seus aliados. A ditadura proletária só poderá ser conduzida por um partido antecipador, que seja emanação da classe, não excrescência da classe, um partido que se eduque pela autoatividade da classe, mas que eduque a classe, fazendo da classe operária uma classe culta e intelectualizada, capaz de postular a hegemonia na vida civil. Essa visão de partido, sem dúvida, se aproxima muito da leitura que Rosa tinha do partido operário, mas foi expressa com clareza num artigo de Gramsci dedicado a memória do recém-falecido Lenin, nomeado como "Capo".[3]

As circunstâncias do V Congresso Mundial da IC, realizado em julho de 1924, garantiram o grupo de Gramsci na direção do PCI e o desenvolvimento da teoria da revolução socialista na Itália e também da teoria do partido. Mas essas mesmas circunstâncias, de definitiva derrota da revolução na Alemanha e de início do processo de cisão do grupo dirigente bolchevique, trouxeram elementos de regressão teórica na IC. A crítica pesada ao grupo espartaquista, que dirigia o KPD, resultou em verdadeiro anátema ao nome e à obra de Rosa Luxemburg.

A partir de então, ficava vedado a Gramsci e ao conjunto do movimento comunista se referir a essa grande teórica da luta operária. As formulações teóricas de Gramsci continuaram sob o influxo de Sorel e de Rosa, ainda que não pudesse ser declarado. No entanto, ademais dessas circunstâncias, a situação de fazer frente à repressão fascista fez com que a concepção de partido de Gramsci se alimentasse também e sempre mais do exemplo dos bolcheviques, tanto a dizer que

> o Partido Comunista "representa" os interesses da inteira massa trabalhadora, mas "atua" só a vontade de uma determinada parte das massas, da parte mais avançada, daquela parte (proletariado) que quer derrubar o regime existente com meios revolucionários para fundar o comunismo. (ibidem, p.239)

---

3 O artigo de Gramsci literalmente é traduzido como "chefe", mas o significado efetivo corresponde à palavra "líder", de origem inglesa.

Cárcere

Nos *Cadernos do cárcere*, escritos entre 1929 e 1935, Gramsci estabelece um diálogo crítico com os principais autores que contribuíram para a sua formação teórica ideológica. Rosa Luxemburg é citada algumas vezes, mas referência explícita aparece apenas sobre dois textos: um de 1903, "Estagnação e progresso do marxismo" e outro de 1906, *Greve de massa, partido e sindicato*. Todavia, a presença de Rosa Luxemburg nos *Cadernos* pode ser percebida em inúmeras passagens e problemas abordados pelas reflexões gramscianas. Um problema nodal que aproxima Gramsci de Rosa ainda uma vez é a questão do significado histórico universal do marxismo, da relação com o movimento operário e da explicação para os momentos de estagnação teórica.

Para Rosa, no artigo "Estagnação e progresso do marxismo", citado por Gramsci, nos albores do século XX, o marxismo aparecia como um método de pesquisa das ciências sociais, mas a difusão desse método e os resultados apresentados depois da publicação do volume III de *O capital*, 1893, apareciam como pífios. A razão disso era que esse avanço teórico, naquela quadra histórica, não servia à luta do movimento operário, já que na sociedade burguesa a classe operária está impedida de forjar sua própria cultura e arte, vendo-se então o marxismo reduzido à esterilidade. Somente com a emancipação da classe operária o marxismo se desenvolveria como uma nova cultura: "uma própria ciência e arte a classe operária estará em condições de criar depois de cumprida a emancipação da sua atual condição de classe" (Luxemburg, 1963, p.263).

A conclusão do raciocínio de Rosa é que o marxismo, ainda que seja uma concepção geral do mundo autônoma em relação às filosofias burguesas, tem o seu desenvolvimento teórico limitado pelas condições culturais da classe operária, submetida ao domínio burguês,

> e somente com a libertação da classe operária das suas atuais condições de existência será socializado com outros meios de produção também o método de pesquisa marxiano, para ser desenvolvido, em favor de toda a humanidade, no seu uso completo, ao nível de sua plena capacidade de prestação. (ibidem, p.265)

Gramsci, nos *Cadernos do cárcere*, se dá conta da presença do mesmo problema que Rosa havia identificado, qual seja, o descompasso entre a prática social do proletariado em luta e a teoria política e cultural marxista. Só que agora a situação é mais complexa, pois que de um lado há o esforço de construção de um Estado operário e, de outro, o movimento operário havia sofrido uma terrível derrota em toda a Europa. A estagnação do marxismo tinha explicações que Gramsci assim enunciava:

> No campo filosófico me parece que a razão histórica deva ser procurada no fato de que o marxismo tenha devido aliar-se com tendências estranhas para combater os resíduos do mundo pré-capitalista nas massas populares, especialmente no terreno religioso. (Gramsci, 1975b, t.2, Q.4, §3, p.422)

Ocorre que agora o marxismo estava também estagnado pela submissão a concepções teóricas e filosóficas advindas da alta cultura burguesa, como o neokantismo e o positivismo. Essa situação tornava o problema bastante mais sério e complexo, já que o marxismo,

> no período romântico da luta, do *Sturm und Drang* popular, todo o interesse recai sobre as armas mais imediatas, sobre os problemas de tática, em política e sobre os menores problemas culturais em campo filosófico. Mas, a partir do momento em que um grupo subalterno se faz realmente autônomo e hegemônico suscitando um novo tipo de Estado, nasce concretamente a exigência de construir uma nova ordem intelectual e moral; i.e., um novo tipo de sociedade e assim a exigência de elaborar os conceitos mais universais. (ibidem, t.2, Q.11, §70, p.1508-9)

Exatamente por conta da consciência que tinha da situação do marxismo é que Gramsci dedicou parte expressiva da sua pesquisa a combater o marxismo vulgar eivado de positivismo de Bukharin, que servia também para encapuzar o socialismo italiano, e a se opor às tendências revisionistas neoidealistas, que para a sua situação concreta deveria ter Croce como o foco essencial. O movimento operário mantém com a cultura e a teoria marxista uma relação dialética, às vezes avançando na sua prática social por sobre um marxismo estagnado e outras vezes ficando aquém da reflexão teórica. Nos anos 1930, Gramsci percebe a necessidade urgente de retomar a reflexão teórica, com o preço de uma regressão não só do movimento operário, mas também do Estado operário russo soviético. Seguindo a sugestão de Labriola, Gramsci pensa que a filosofia da práxis é uma visão autônoma do mundo que se basta a si mesma para o seu desenvolvimento, nasce para confrontar, por um lado, as concepções mais elevadas das classes dominantes e, por outro, a cultura popular fragmentária e de origem religiosa. Assim, para Gramsci,

> A ortodoxia não deve ser procurada nesse ou naquele seguidor da filosofia da práxis, nesta ou naquela tendência vinculadas a correntes estranhas à doutrina original, e sim no conceito fundamental de que a filosofia da práxis "basta a si mesma", contém todos os elementos fundamentais para construir uma visão de mundo total e integral, uma filosofia e teoria das ciências naturais, e não somente isso, mas também para vivificar uma organização prática integral da sociedade, ou seja, converter-se em uma civilização total e integral. (ibidem, t.3, Q.11, §27, p.1434)

A sugestão de Gramsci é que

> sobre o argumento deve ser visto o ensaio de Rosa sobre "Progressos e atrasos no desenvolvimento da filosofia da práxis" [na verdade de nome "Estagnação e progresso do marxismo"], que nota como as partes constituintes desta tenham-se desenvolvido em medida diversa, mas sempre segundo as necessidades da atividade prática. (ibidem, t.3, Q.16, §9, p.1857)

Gramsci procura avançar na explicação oferecida por Rosa e diz que, para combater os resíduos medievais, a filosofia da práxis teve que se aliar a outras concepções teóricas e que,

> por razões "didáticas", a nova filosofia se combinou em uma forma de cultura que era um pouco superior àquela média popular (que era muito baixa), mas absolutamente inadequada para combater as ideologias das classes cultas, enquanto a nova filosofia nascera exatamente para superar a

mais alta manifestação cultural do tempo, a filosofia clássica alemã, e suscitar um grupo de intelectuais próprios do novo grupo social do qual era a concepção de mundo. (ibidem, t.3, Q.16, §9, p.1858)

Para Gramsci, a filosofia da práxis vulgarizada se fazia também ela uma superstição, uma ideologia de classe subalterna. Apenas com a capacidade de formar intelectuais capazes de confrontar a alta cultura burguesa e estimular uma verdadeira reforma moral e intelectual a classe operária subalterna poderia almejar a hegemonia e o domínio do Estado. O breve ensaio de Rosa serviu também de inspiração, a título de analogia, para a explicação dos movimentos culturais da Reforma e do Renascimento. Uma era de nível muito baixo, mas se apoderou das massas, até que foi capaz de produzir seus próprios intelectuais, enquanto o segundo, de elevado padrão cultural, manteve-se alienado das massas populares por conta do seu vínculo com a nobreza feudal.

Além da relação da classe com os seus intelectuais, com a sua cultura, há também uma relação dialética entre o movimento operário na sua essência social e suas organizações. Quando as organizações falham na condução do movimento, são por ele ultrapassadas. Rosa interpretou na eclosão das greves de massa do Ruhr, na Alemanha, e na Revolução Russa de 1905 como exemplos notáveis de como o movimento de massas ultrapassava as suas organizações ou as expectativas intelectuais. Aqui, a espontaneidade das massas pode se conectar ou não com as organizações sindicais e políticas da classe operária. Na polêmica que se desenrolava na Alemanha, as organizações tendiam a se postar como força de breque do movimento, enquanto na Rússia a organização política se colocava à frente dele, buscando dirigi-lo para objetivos revolucionários mais ou menos avançados.

Desde 1902, segundo Rosa, a greve de massa se colocava como forma de luta pela revolução socialista tanto na Rússia quanto na Alemanha. Como forma de luta, como tática, a greve de massa, para Rosa, é "um fenômeno tão mutável que reflete em si todas as fases da luta política e econômica, todos os estágios e momentos da revolução", assim como é "o modo do movimento da massa proletária, a forma de manifestação da luta proletária na revolução" e, finalmente, é "o conceito que resume um inteiro período de luta de classe, que pode durar anos ou até decênios" (Luxemburg, 1976, p.326-7).

Para Rosa, a origem da greve de massa está na própria luta de classe, na medida em que esta forja consciência espontânea e organização, que, ao se generalizar, cria movimento popular e este cria direção política e intelectual. À direção política, ao partido, cabe conduzir o movimento, orientá-lo e apressá-lo. Essa é a maneira de o partido se constituir como vanguarda. Gramsci, na sua discussão sobre a relação entre espontaneidade e direção consciente, esclarece, em posição próxima à de Rosa, que a espontaneidade é multilateral e deve, portanto, ser observada na sua concretude. O movimento espontâneo das massas deve ser educado de modo que

> essa unidade da "espontaneidade" e da "direção consciente", ou seja, da "disciplina" é exatamente a ação política das classes subalternas, enquanto política de massa e não simples aventura dos grupos que reivindicam a massa. (Gramsci, 1975b, t.1, Q.3, §48, p.330)

Nas suas últimas intervenções, já no decorrer da revolução na Alemanha, Rosa enfatizava a necessidade de a greve de massa de caráter econômico se transformar em greve política de luta contra o poder burguês, de diluir a distinção entre greve econômica e política. Fica evidente a vizinhança com qualificação de *catarsi* dada por Gramsci, ou seja, a passagem do "objetivo ao subjetivo, e da necessidade à liberdade" (ibidem, t.2, Q.10, §6, p.1244).

A estratégia revolucionária delineada por Rosa Luxemburg em torno dos acontecimentos da Revolução Russa de 1905 foi vista por seus críticos como expressão de espontaneísmo derivado do determinismo economicista. Gramsci observa a propósito que

> a teoria de Bronstein [Trotsky] pode ser comparada àquela de certos sindicalistas franceses sobre a greve geral e a teoria de Rosa no opúsculo traduzido por Alessandri: o opúsculo de Rosa e a teoria de Rosa influenciaram os sindicalistas franceses [...]: depende em parte também da teoria da espontaneidade. (ibidem, t.2, Q.7, §16, p.866-7)

A crítica de Gramsci se voltava para a ilusão, que parece não se adequar a Rosa, de que o movimento operário poderia produzir dirigentes políticos e intelectuais em prazo breve de tempo, simplesmente a partir de uma crise política econômica. Na sua análise da Revolução Russa de 1905, segundo Gramsci,

> Rosa desprezou os elementos "voluntários" e organizativos que naqueles acontecimentos foram muito mais difundidos e eficientes de quanto Rosa fosse levada a crer por um seu certo preconceito "economicista" e espontaneísta. (ibidem, t.3, Q.13, §24, p.1613)

Gramsci, na sua crítica ao economicismo acoplado ao espontaneísmo, aproxima Sorel de Rosa, como já havia feito em outros momentos e ocasiões, a propósito da tática da greve de massa. No entanto, nessa passagem, parece que o escopo da crítica de Gramsci é muito mais a tática aplicada pela IC num momento que expunha o avanço do fascismo em meio a grave crise capitalista, já que não se aplicava exatamente a Rosa, como se viu logo acima. Continuava Gramsci sobre a formulação de Rosa:

> [...] todavia esse livrinho (e outros ensaios da mesma autora) é um dos documentos mais significativos da teorização da guerra manobrada aplicada à arte da política. O elemento econômico imediato (crise etc.) é considerado como artilharia campal que na guerra abria a brecha na defesa inimiga, brecha suficiente para que as tropas propriamente ditas irrompessem e obtivessem um sucesso definitivo (estratégico) ou pelo menos um sucesso importante na direção da linha estratégica. (ibidem, p.1613-4)

Gramsci arrematava de uma forma muito dura e que não fazia justiça ao texto de Rosa, mas que era uma observação correta frente à leitura que então prevalecia na IC, que enfatizava o papel da crise econômica e social capitalista como geradora por si mesma de consciência e ação revolucionária em curto prazo. Dizia então Gramsci sobre a guerra manobrada:

Era uma forma de férreo determinismo econômico, com a agravante que os efeitos eram concebidos como rapidíssimos no tempo e no espaço; por isso era um verdadeiro "misticismo histórico", a esperança de uma fulguração milagrosa. (ibidem, p.1614)

Em muitas outras passagens Gramsci se dedica ao combate ao economicismo, particularmente presente no chamado sindicalismo teórico italiano, e considera que

é inegável que neste a independência e a autonomia do grupo subalterno que se diz exprimir são, ao contrário, sacrificadas à hegemonia intelectual do grupo dominante, pois que é certo que o sindicalismo teórico não é mais do que um aspecto do liberismo, justificado com algumas afirmações mutiladas e, portanto, banalizadas da filosofia da práxis. (ibidem, t.3, Q.13, §18, p.1590)

Observa-se então como Gramsci faz uso da interlocução, do método dialógico, para enfrentar problemas teóricos que nem sempre são os mesmos postos pelos destinatários da polêmica. Elege autores diferentes para debater o mesmo tema sem distinguir com maior clareza as suas diferenças.

Conclusão

Rosa Luxemburg destacou-se no rico e heterogêneo cenário político cultural do chamado marxismo da Segunda Internacional como aquela que, na Alemanha, carregou a bandeira da autossuficiência da filosofia da práxis como concepção revolucionária do mundo, instrumento de emancipação do trabalho e origem de uma nova cultura universal. Essa visão foi também a de Gramsci, uma geração de revolucionários depois.

Por incidência de um ambiente cultural mais amplo ou mesmo por influência direta de Rosa, Gramsci adotou uma visão da autonomia e do antagonismo como eixos centrais de ação e reflexão teórica. Muitas das formulações de Gramsci nas quais se pode pressentir a presença de Rosa também o aproximam de Sorel, mesmo que soubesse que as diferenças entre esses autores eram notáveis. O que parecia interessar a Gramsci era que ambos encarnavam o "espírito de cisão" diante da ordem do capital.

Embora tenham manifestado leituras diferentes do que se passava na Rússia dos sovietes, Rosa e Gramsci se postavam contra expressões de jacobinismo-blanquismo, exatamente porque, para ambos, a emancipação do trabalho era uma ação que se desenvolvia a partir do processo produtivo, do trabalho como força produtiva em revolta contra as relações de produção do capital. Disso decorre que a consciência de classe e a organização da classe em partido são ambas o produto avançado do próprio desenvolvimento da classe, que deve também gerar sua cultura e seus intelectuais. O próprio Estado operário teria que derivar da subjetividade operária que se materializava na fábrica e na democracia que organizava a vida pública.

Certo que Gramsci, por ser de uma geração posterior, de ser já um homem da IC, recebeu forte influxo do pensamento de Lenin, o que lhe permitiu criar um pensamento mais avançado, tanto na reflexão sobre o partido como sobre os intelectuais. Curioso que, nos *Cadernos*, Gramsci cite explicitamente apenas dois textos de Rosa, de 1903 e 1906, momento em que a sua crença nas leis do desenvolvimento histórico eram mais duras, e não fale da Rosa da guerra, da prisão, da revolução, dos conselhos. Talvez porque os textos que cita se prestem a atingir, com sua crítica, outros interlocutores ocultos, já que as críticas de Gramsci desferidas contra Rosa, mesmo considerando que os textos não estivessem à mão e pudesse o escritor ser traído pela memória reelaborada, a rigor, não eram corretas, como também aconteceu com outros autores com quem dialogou.

3
GRAMSCI E LENIN

Introdução

Gramsci morreu em abril de 1937, em um ano muito difícil para a Internacional Comunista (IC) e para o Partido Comunista da Itália (PCI). A política de frente popular mostrava os seus limites na luta contra o fascismo e este, por sua vez, consolidava o seu poder político interno e voltava-se para a construção imperial. A Itália já havia ocupado a Abissínia, a guerra civil na Espanha continuava e a Alemanha nazista já se preparava para ocupar a Áustria. A difusão internacional do fascismo arrastava a União Soviética e a IC para uma situação defensiva extrema e quase deixando de existir na prática. Os processos de Moscou – que levaram à eliminação do que restava do original grupo dirigente bolchevique – se desenrolavam naqueles dias sombrios. O Partido Comunista da Polônia, considerado virtualmente tomado por infiltrados, foi dissolvido. O próprio PCI encontrava-se com suspeita de infiltração policial e de pouco afinco na luta contra o "trotskismo", até que teve a sua direção dissolvida em 1938.

Já no editorial de *Lo Stato Operaio* de março/abril de 1937, o PCI era identificado como sendo "o partido de Gramsci e Togliatti" e este, visto como "o chefe do partido". Na verdade, os nomes de Gramsci e Togliatti já apareciam acoplados desde 1936, mas, depois da morte de Gramsci em 1937, essa indicação foi reforçada, decerto visando garantir a legitimidade da direção frente às massas populares da Itália, mas também frente à IC. Nessa conjuntura pouco alvissareira para o movimento comunista, Palmiro Togliatti, que já era reconhecido como o mais importante dirigente comunista italiano, escreveu um artigo "La morte di Antonio Gramsci" para *Lo Stato Operaio*, no qual saudava o companheiro morto como exemplo de "chefe da classe operária". Depois de um comício em homenagem a Gramsci, acontecido em Marselha, em junho de 1937, o dirigente comunista Ruggero Grieco escreveu "Conquistare una nuova democrazia" nesse mesmo número da revista, um documento que dizia estar inspirado em Gramsci, mas que expunha a orientação política geral emanada do VII Congresso da IC (com a qual era bem possível que Gramsci estivesse de acordo, pelo menos nas linhas gerais).

Naquele momento, ser leninista significava fechar fileiras em torno da União Soviética e de sua direção política sem ao menos franzir o cenho. Afirmar então Gramsci como chefe da classe operária e como leninista era um sinal de que o PCI era um partido leninista e, portanto, fiel à direção soviética encarnada em Stálin. Era uma forma de defender o PCI e também a memória de seu líder martirizado no cárcere fascista, mas sobre o qual, em diversos momentos, recaíram dúvidas sérias sobre essa fidelidade.

Na verdade, nos anos seguintes, Togliatti – ou quem quer que fosse dentro do PCI – nunca alimentou dúvidas sobre o leninismo de Gramsci, apenas que era um leninismo italiano, nacional-popular. Assim se conformou a leitura de uma perfeita continuidade entre Gramsci e Togliatti na direção política e intelectual do PCI e desta com o leninismo. Certo que há um sujeito oculto que é Stálin, o que torna a questão bem mais complexa, mas que não será aqui abordada.

O problema a ser tratado aqui não é a relação entre Gramsci e Togliatti mediada por Lenin ou por Stálin, mas a relação intelectual de Gramsci com Lenin, ponto esse também difícil de ser resolvido em um estudo apenas introdutório. Como se verá, as mediações são inúmeras e permitem antecipar que as interpretações extremas – que veem um Gramsci leninista *tout court* ou um autor inteiramente inovador e descolado de Lenin, enfim, um gramscista – não estão corretas. Nessa direção chama a atenção que recente volume que apresenta os resultados de um seminário sobre Gramsci no seu tempo não contenha nada sobre a relação de Gramsci com Lenin e o bolchevismo (Giasi, 2008). Mas, de fato, e como não poderia deixar de ser, Gramsci faz parte de um ambiente cultural e intelectual italiano e europeu bastante complexo e o seu pensamento se compôs de muitas influências e interlocutores, que foram sempre revisadas, num permanente trabalho de reavaliação e de autocrítica.

O decisivo e fundamental encontro de Gramsci com Lenin e com o bolchevismo conta com a plataforma de uma original formação intelectual e política, que partia do meridionalismo e do neoidealismos. Mesmo depois da eclosão do processo revolucionário na Rússia, em 1917, mais do que Lenin, as influências teóricas e políticas sobre a elaboração de Gramsci talvez fossem Georges Sorel e Rosa Luxemburg, além de Karl Korsch.

A Revolução Russa, os conselhos e a aproximação com Lenin

Em 29 de abril de 1917, nas páginas de *Il Grido del Popolo*, em "Note sulla rivoluzione russa", Gramsci tece os seus primeiros comentários sobre a revolução que havia eclodido na Rússia e não faz qualquer referência a Lenin ou ao bolchevismo. A sua empatia com o processo revolucionário é bastante clara, mas o seu respaldo teórico se encontra em Sorel. Com pouca informação, tirada apenas dos jornais, diz que "sabemos que a revolução foi feita por proletários (operários e soldados), sabemos que há um comitê de delegados operários que controla a ação das entidades administrativas, que necessariamente tiveram que se manter no cumprimento dos assuntos ordinários" (Gramsci, 1973, v.1, p.110). Na esteira da concepção soreliana de jacobinismo, diz ainda: "A Revolução Russa ignorou o jacobinismo. A revolução deveu abater a autocracia, não deveu conquistar a maioria com a violência.

O jacobinismo é um fenômeno puramente burguês, que caracteriza a revolução burguesa na França" (ibidem).

Três meses depois Gramsci parece mais bem informado, mas ainda se refere aos bolcheviques como "massimalistas", tal como era chamada a esquerda socialista na Itália. Insiste que na Rússia não há jacobinismo e que

> Lenin na Revolução Russa não teve o destino de Babeuf. O seu pensamento pode convertê-lo em força operante na história. Suscitou energias que não morrem jamais. Ele e seus companheiros bolcheviques estão persuadidos de que a cada momento seja possível realizar o socialismo. São nutridos pelo pensamento marxista. São revolucionários, não evolucionistas. (Gramsci, 1973, v.1, p.116)

Depois da vitória política dos bolcheviques, em 24 novembro de 1917, Gramsci volta a se manifestar, e dessa feita com o polêmico artigo "La rivoluzione contro il 'Capitale'", publicado em *Avanti*.[1] Descreve a situação do seguinte modo:

> A revolução dos bolcheviques se instala definitivamente na revolução geral do povo russo. Os massimalistas que até dois meses atrás eram o fermento necessário para que os acontecimentos não se estagnassem, para que a corrida para o futuro não parasse, dando lugar a uma forma definitiva de assentamento – que seria um assentamento burguês –, se apossaram do poder, estabeleceram a sua ditadura, e estão elaborando as formas socialistas nas quais a revolução deverá finalmente se assentar para continuar a se desenvolver harmoniosamente, sem confrontos demasiado grandes, partindo das conquistas enfim realizadas. (ibidem, p.130)

Esse artigo comprova o apoio entusiasmado de Gramsci ante a Revolução Russa e aos bolcheviques, mas fundamentado nas concepções teóricas que amadurecera até então. Para Gramsci, os bolcheviques não eram marxistas ao modo que se entendia na época entre a maioria do movimento socialista internacional, não faziam um marxismo

---

1 O texto foi censurado e publicado depois em *Il Grido del Popolo*, em 5 janeiro 1918.

de compilação de textos de Marx para conformar dogmas, mas – afirmava então – "eles vivem o pensamento marxista, aquele que não morre jamais, que é a continuação do pensamento idealista italiano e alemão, e que em Marx se havia contaminado de incrustações positivistas e naturalistas" (ibidem, p.131).

Pouco tempo depois, em 26 de janeiro de 1918, Gramsci publica "Constituinte e *soviet*" nas páginas de *Il Grido del Popolo*, no qual reafirma não perceber no bolchevismo uma forma de jacobinismo, insistindo ser esse um fenômeno essencialmente burguês, método de uma minoria para dirigir a maioria com o uso da força, i.e., é uma persistente visão acordada com aquela de Sorel. Nesse texto declara o seu apoio à dissolução da Constituinte na Rússia e a prioridade do soviete, "um primeiro modelo de representação direta dos produtores" (ibidem, p.152).

No decorrer de 1918, a presença de Sorel e do idealismo italiano continua muito presente na reflexão de Gramsci, para quem Marx é o ponto culminante dessa linha de pensamento que vem da filosofia clássica alemã e para quem o jacobinismo – seguindo Sorel – é uma ideologia burguesa, que expressa a vontade de uma minoria violenta. Na Rússia identificava o início de uma nova ordem e de uma nova hierarquia: "Da massa desorganizada e sofredora se passa aos operários e camponeses organizados, aos sovietes, ao partido bolchevique e a um: Lenin. É a gradação hierárquica do prestígio e da confiança, que se formou espontaneamente e que se mantém por eleições livres" (ibidem, p.207).

O atentado à vida de Lenin, ocorrido em fins de agosto de 1918, estimulou Gramsci a escrever um artigo que nos fatos era uma homenagem ao fundador na nova ordem. Aqui ele parece dotado de muito mais informação sobre o processo revolucionário russo, sobre o papel e o pensamento de Lenin. Este agora surge como alguém que aplica o método forjado por Marx, e Gramsci (ao que parece, depois de haver lido o opúsculo de Lenin *As duas táticas da social-democracia na revolução democrática*, de abril de 1905) ainda observa que,

baseando-se no estudo crítico aprofundado das condições econômicas e políticas da Rússia, das características da burguesia russa e da missão histórica do proletariado russo, desde 1905, Lenin havia chegado à conclusão de que, pelo alto grau de consciência de classe do proletariado, e dado o desenvolvimento da luta de classe, toda luta política ter-se-ia transformado em luta social contra a ordem burguesa. (Gramsci, ibidem, p.211)

Nos meses seguintes Gramsci escreveu artigos de solidariedade à Rússia soviética, atacada pela contrarrevolução e pelas forças do imperialismo momentaneamente unificado em torno do desejo de sufocar o poder dos sovietes. Com a fundação da IC, em março de 1919, não restava mais qualquer dúvida de que a melhor solidariedade com os bolcheviques estava em difundir a revolução, em realizá-la na própria Itália.

Em 21 de junho de 1919, por meio de editorial de *L'Ordine Nuovo*, Gramsci (e Togliatti) convoca classe operária de Turim a fazer das comissões internas de fábrica uso da experiência russa e adaptá-las, ao modo do soviete, em "órgãos de poder proletário que substitui o capitalista em todas as suas funções úteis de direção e administração" (Gramsci, 1973, v.2, p.258). O movimento dos conselhos de fábrica – que se estendeu até final de 1920, quando foi derrotado – foi uma experiência decisiva para toda a elaboração teórica de Gramsci. A referência teórica e prática por suposto estava no conjunto do processo revolucionário ocorrido na Rússia, na Hungria, na Alemanha, cuja base organizativa era o conselho e que em muitas formulações deveria se sobrepor ao próprio partido revolucionário.

Um sugestivo artigo de Gramsci indica como a sua teoria política ainda está distante da formulação leniniana de *O Estado e a Revolução*, por exemplo. Em debate contra o anarquismo, Gramsci diz que

> o comunismo se realiza na Internacional proletária. O comunismo será assim só quando e enquanto seja internacional. Em tal sentido, o movimento socialista e proletário é contra o Estado, porque é contra os Estados nacionais capitalistas, porque é contra as economias nacionais, que têm a sua fonte de vida e trazem forma do Estado nacional.

Continua depois: "Mas se na Internacional Comunista serão suprimidos os Estados nacionais, não será suprimido o Estado, entendido como forma concreta da sociedade humana" (Gramsci, 1973, v.1, p.263).

Nessa observação, para Gramsci a noção de Estado antecipa já aquela que seria desenvolvida nos *Cadernos do cárcere*, em que o Estado integral é o objetivo histórico. Mas, de modo geral, pode-se perceber, a elaboração teórica de Gramsci durante o período 1919-1920 sorveu bastante do pensamento de Sorel e também de Rosa Luxemburg no que se refere à ênfase na autonomia e no antagonismo da classe operária em relação ao capital e seu Estado – o chamado "espírito de cisão" –, na importância crucial dada à autoeducação e ao controle da produção, além de certo subestimar do papel do partido.

No segundo semestre de 1920, no entanto, a dificuldade crescente do movimento conselhista para se afirmar e se difundir, as relações conflituosas com a direção do Partido Socialista Italiano (PSI) e com a Confederação Geral do Trabalho (CGT), que preferiam negociar com o patronato, aceleraram o processo de amadurecimento do projeto de cisão orgânica no movimento operário italiano. Decerto, a realização do II Congresso da IC contribuiu para isso e assim as concepções de Lenin e dos bolcheviques ganharam maior incidência, tendo sido de particular importância a leitura do opúsculo de Lenin *Esquerdismo, doença infantil do comunismo*.

Gramsci havia já recebido um elogio significativo de Lenin, no decorrer do II Congresso da IC. Essa passagem foi transcrita por Gramsci e citada no pequeno artigo chamado *Il giudizio di Lenin*, de 20 de agosto de 1920. A citação é essa que se segue:

> no que se refere ao Partido Socialista Italiano, o II Congresso da Terceira Internacional vê como fundamentalmente justas a crítica e as propostas práticas, que foram publicadas como posição da seção turinesa ao Conselho do Partido Socialista Italiano, no jornal *L'Ordine Nuovo* de 8 de maio de 1920 e que correspondem integralmente a todos os princípios fundamentais da Terceira Internacional. (Gramsci, 1954, p.483)

Ainda pelos fins de 1920 – quando já declinava o movimento dos conselhos –, Gramsci escreve uma irônica passagem que indica bem a posição ideológica em que se encontrava, referindo-se ao grupo do *L'Ordine Nuovo* como um todo:

[...] cometemos simplesmente o erro de acreditar que a revolução comunista possa somente ser realizada pelas massas, e que não possa realizá-la nem um secretário de partido, nem um presidente da República a golpes de decretos; parece que essa era também a opinião de Karl Marx e de Rosa Luxemburg e que seja a opinião de Lenin. (ibidem, p.704)

Com Lenin e com a Internacional

A cisão do PSI era um fato descontado, quando em janeiro de 1921 se reuniu o XVII Congresso dessa organização. Lenin e a IC pressionavam pela cisão, mas supunham a exclusão da vertente reformista e a unificação entre comunistas e massimalistas, ainda que essas correntes fossem distintas e heterogêneas. Ao fim a cisão ocorreu com um corte mais à esquerda e apenas os comunistas, eles mesmos divididos em três correntes, fundaram o Partido Comunista.

Desde logo o PCI encarou a difícil tarefa de defrontar-se com o movimento fascista em plena ascensão rumo ao poder. Gramsci entendia fazer difundir as concepções e ideias do grupo do *L'Ordine Nuovo* no seio do partido, mas com Bordiga aprendeu a importância da organização partidária, assim como a ver nos socialistas adversários insidiosos. O problema foi que a nova organização partidária não tinha força suficiente para fazer frente ao fascismo em um momento de derrota da classe operária como um todo.

Nessas condições amplamente desfavoráveis Bordiga decidiu abrir um confronto contra a direção da IC por não estar de acordo com as decisões do III Congresso. Gramsci, pelo contrário, já havia percebido a importância decisiva da inserção internacional do partido a fim de conseguir forças para resistir ao fascismo. Em fins de maio de 1922, como enviado do PCI, Gramsci parte para Moscou, onde permaneceria por cerca de um ano e meio. Nesse período passou a fazer parte da direção da IC, tendo participado de vários eventos importantes e decisivos para a política geral da organização, como para a política particular da Itália. A experiência e a observação daquilo que se fazia na União Soviética aproximaram-no mais ainda do pensamento de Lenin e da cultura política dos bolcheviques.

Gramsci teve um encontro pessoal com Lenin em 25 de novembro de 1922, quando discutiram a situação italiana e a estratégia para mudar a orientação política do PCI. A opinião de Lenin era que a fundação do partido havia ocorrido demasiado à esquerda e que era importante incorporar a fração internacionalista do PSI. Gramsci pensava que o corte à esquerda havia sido necessário, mas que agora se poderia passar à luta contra Bordiga, enquanto a eventual fusão com o PSI estava fora de consideração. Mais tarde, quando já se encontrava em Viena, Gramsci, por meio de intensa correspondência, defendeu essa sua posição, assim como também esclareceu a sua opinião sobre o papel político de Lenin dentro do grupo dirigente bolchevique. Para Gramsci, de fato, Lenin cumpria um papel de mediador e sintetizador entre a direita bolchevique formada por Zinoviev, Kamanev e Stálin, por um lado, e a esquerda de Trotsky, Radek e Bukharin. Gramsci entendia que Lenin e Trotsky haviam aproximado as suas posições em detrimento da direita bolchevique no decorrer de 1917. Sua simpatia pela esquerda no conflito aberto em fins de 1923 era justificada pela importância dada por essa vertente – segundo interpretava ele –, que, na exigência de

> maior intervenção do elemento operário na vida do partido e uma diminuição dos poderes da burocracia, querem, no fundo, assegurar o caráter socialista e operário da revolução e impedir que lentamente advenha aquela ditadura democrática, invólucro de um capitalismo em desenvolvimento, que era o programa de Zinoviev e companheiros ainda em novembro de 1917. (Gramsci, 1992, p.224)

Depois de quase dois anos de ausência, em maio de 1924, Gramsci retorna à Itália como deputado recém-eleito e como principal dirigente do PCI. O que trazia de novo em relação ao momento da partida? Antes de tudo a ruptura expressa com as concepções de Bordiga e um afastamento definitivo em relação a Croce, que havia optado por considerar o fascismo um mal menor diante do bolchevismo. Trazia também certa afinidade com Trotsky em torno do tema da gestão industrial e da preocupação com o fordismo, além da ideia de que a situação revolucionária era persistente desde 1917. O mais importante, porém, era a influência de Lenin, para o qual Gramsci, quando de sua morte, em homenagem escrevera um artigo valorizando a sua capacidade de dirigente:

> O Partido Comunista russo, com seu chefe Lenin, ligou-se de tal modo a todo o desenvolvimento do proletariado russo e, portanto, ao desenvolvimento de toda a nação russa que não é possível nem mesmo imaginar um sem o outro, o proletariado como classe dominante sem que o Partido Comunista fosse partido de governo e, assim, sem que o Comitê Central do partido fosse o inspirador da política de governo, sem que Lenin fosse o chefe de Estado. (Gramsci, 1978, p.14)

De Lenin, Gramsci trouxera a preocupação com a organização partidária, o problema da elaboração estratégica da frente única, a questão da aliança operário-camponesa, o desafio da conquista e manutenção do poder com a construção de um novo Estado, a questão da elevação cultural das massas. Na tradição intelectual da Península Itálica era possível identificar Maquiavel como um autor clássico, que tinha muitas preocupações análogas. Mais tarde, já nos escritos carcerários Gramsci (como se verá) se perguntaria da possibilidade de a tradução das linguagens ser possível ou não para espaços e épocas diferentes, a fim de aproximar Lenin e Maquiavel.

Na práxis política imediata, como principal dirigente partidário, Gramsci endereçou suas energias para a organização e a educação partidária e para o estabelecimento da aliança operário-camponesa. Dessa agenda emergia o problema da hegemonia, entendida como direção política do proletariado. Logo depois da Conferência de Como, acontecida em maio de 1924, Gramsci analisava que

> o nosso partido se colocou explicitamente, pela primeira vez, o problema de fazer-se o partido das mais amplas massas italianas, de fazer-se o partido que realize a hegemonia do proletariado no vasto quadro da aliança da classe operária com as massas camponesas. (ibidem, p.182)

Para a realização dessa tarefa, seguindo ainda a inspiração leniniana, Gramsci procurou sempre aprofundar o conhecimento do modo particular pelo qual o capitalismo havia se implantado na Itália e como havia se desenrolado a sua revolução burguesa. Era preciso também compreender a razão da persistência da influência ideológica do socialismo reformista e do catolicismo sobre as massas populares. Mas em especial era preciso saber da particularidade da questão agrária e camponesa na Itália. Em suma, aqui se apresentava uma questão de método de apreensão crítica da realidade em movimento contraditório no contexto de determinada particularidade. Assim, o que se buscava era traduzir Lenin para a condição histórica concreta da Itália e essa era uma questão essencial de método.

Gramsci observava muitas analogias da Itália com a Rússia. Percebia a concentração regional da indústria e em poucas cidades, a grande massa camponesa localizada nas ilhas e no Sul, a presença nacional da pequena burguesia. A revolução socialista na Itália, portanto, dependeria de se atrair a maioria da pequena burguesia agrária e rural para o lado do proletariado, além do campesinato pobre. Nesse movimento era também de grande importância atrair os intelectuais que com essas massas tivessem algum vínculo. Nota-se aqui a semelhança do movimento feito pelos bolcheviques de atrair uma parcela considerável dos narodiniks (populistas) para o lado da revolução dos sovietes e que teve como implicação o isolamento dos mencheviques (socialistas reformistas).

O III Congresso do PCI estabeleceu a orientação teórica e política para a revolução na Itália, com a sua particularidade nacional. Essencial nesse contexto, apareceu a questão meridional, expressão concreta da questão agrária e camponesa. Em relação à concepção de partido revolucionário, numa primeira aproximação, pode-se dizer que Gramsci absorveu elementos do pensamento de Lenin e do bolchevismo, em particular no que se refere à organização, mas quanto ao vínculo partido/classe e consciência de classe parece que manteve alguma proximidade com Rosa Luxemburg e mesmo Sorel, na manutenção da ênfase no "espírito de cisão" e na organização fabril. Importante lembrar ainda que esse seria um partido voltado para a obra de uma revolução ao mesmo tempo antifascista e anticapitalista, ou seja, uma revolução socialista.

Nos desdobramentos do congresso partidário que bem delineou as preocupações de Gramsci, a questão da crise política na Rússia e o aprofundamento da formulação sobre a questão meridional como particularidade da questão agrária e camponesa na Itália tomaram a maior parte do seu tempo. Sobre a questão russa vale lembrar a importante intervenção que Gramsci redigiu em outubro daquele ano, em particular a crítica feita a oposição de esquerda, quando Gramsci diz se alinhar à "doutrina leninista", encarnadas naquele momento em Bukharin e Stalin. Gramsci escreveu:

[...] impressiona o fato de que a postura do bloco de oposição invista contra toda a linha do CC [Comitê Central], tocando o próprio coração da doutrina leninista e da ação política do nosso partido da União. São o princípio e a prática da hegemonia do proletariado que ficam postos em discussão, são as relações fundamentais de aliança entre operários e camponeses que são conturbadas e colocadas em perigo, i.e., os próprios pilares do Estado operário e da Revolução. (Gramsci, 1978, p. 409-10)

Nessa carta fica bastante claro o afastamento político de Gramsci em relação a Trotsky, e como ele entendia ser a formulação da Nova Política Econômica (NEP) uma estratégia de longo prazo na transição socialista e que se vinculava com a fórmula da frente única, cujo cerne era a aliança operário-camponesa. No entender de Gramsci, essa orientação havia já sido transmitida por Lenin, entre 1921 e 1923.

Lenin nos *Cadernos do cárcere*: hegemonia e tradução das linguagens

A prisão de Gramsci, em novembro de 1926, é apenas um elemento de um momento histórico da maior gravidade: a consolidação do fascismo como regime político, que condensa os interesses das classes proprietárias, e a derrota da chamada "oposição de esquerda" na União Soviética, que colimou na cisão do grupo dirigente bolchevique. Desse momento em diante, Gramsci viu-se obrigado ao silêncio sobre a vida política do partido e da IC. As poucas cartas que podia enviar eram submetidas à censura carcerária.

Quando – já depois da condenação definitiva e o envio ao cárcere de Turi – conseguiu autorização para escrever, a partir de fevereiro de 1929, Gramsci também foi obrigado a redigir cartas e suas anotações de estudo em linguagem frequentemente cifrada, em especial quando se referia aos bolcheviques e ao debate no seio da IC. O nome Lenin aparece apenas em uma referência bibliográfica na página 446 dos *Cadernos do cárcere*, e depois repetida na página 1602. Tratava-se de um livro de certo Vorländer de nome *Von Macchiavelli bis Lenin*. Decerto essa aproximação entre Maquiavel e Lenin era feita também pelo próprio Gramsci.

As referências explícitas a Lenin, nos *Cadernos do cárcere*, na verdade não são muitas e Gramsci o identifica como Ilici ou Vilici (lembrando que o nome de Lenin era Vladimir Ilyich Ulyanov). Lenin é citado com mais frequência no Caderno 7, ainda que depois se repitam referências em outros cadernos e, ao contrário do que se poderia supor, o tratamento dado a Lenin o identifique mais como um filósofo do que um autor tão diretamente vinculado à ação política. Mas isso se explica facilmente, pois, na reflexão de Gramsci, Lenin era visto como o mais importante filósofo da práxis do início do século XX, exatamente por haver pensado e por ter realizado uma transformação histórica de amplo significado universal.

Gramsci sugere que a grande contribuição teórico-prática de Lenin é o desenvolvimento da noção de hegemonia. Partindo da afirmação de Marx, para quem os homens tomam consciência dos conflitos estruturais no terreno das ideologias, Gramsci afiança que uma fase histórica claramente política ocorre quando uma ideologia (ou um complexo ideológico) tende a se impor "determinando além de uma unidade econômica e política, também uma unidade intelectual e moral, sobre um plano não corporativo, mas universal, de hegemonia de um agrupamento social fundamental sobre os grupos subordinados" (Gramsci, 1975b, t.1, Q.4, §38, p.458).

Nesse caso, a noção de hegemonia adquire também um valor gnosiológico

e seria então de considerar por isso como o aporte máximo de Ilici à filosofia marxista, ao materialismo histórico, aporte original e criador. Desse ponto de vista, Illic teria feito progredir o marxismo não só na teoria política e na economia, mas também na filosofia (i.e., tendo feito progredir a doutrina política, teria feito também feito progredir a filosofia). (ibidem, p.465)

Essa passagem é depois reescrita no Caderno 10 e de modo mais claro. Diz então Gramsci:

> [...] o princípio teórico-prático da hegemonia tem também ele uma portada gnosiológica e, portanto, nesse campo é de pesquisar o aporte máximo de Illic para a filosofia da práxis. Ilici teria feito progredir (efetivamente) a filosofia (como filosofia) tanto quanto fez progredir a doutrina e a prática políticas. A realização de um aparato hegemônico, enquanto cria um novo terreno ideológico, determina uma reforma das consciências e dos métodos de conhecimento, é um fato de conhecimento, um fato filosófico. (1975b, t.2, Q.10, §12, p.1249-50)

Para localizar a importância histórica e filosófica da obra de Lenin, Gramsci o coloca na relação com Marx e pergunta: "Marx é o criador de uma *Weltanschauung*, mas qual é a posição de Ilici? É puramente subordinada e subalterna?". Imediatamente segue a resposta: "A explicação está no próprio marxismo – ciência e ação. A passagem da utopia à ciência e da ciência à ação (recordar o opúsculo relativo de Karl Radek). A fundação de uma classe dirigente (i.e., de um Estado) equivale à criação de uma *Weltanschauung*". E segue uma nova pergunta:

> A expressão de que o proletariado alemão é o herdeiro da filosofia clássica alemã: como deve ser entendida – Marx não queria indicar o ofício histórico da sua filosofia feita teoria de uma classe que se faria Estado? Para Ilici isso realmente aconteceu em um território determinado. (ibidem, t.2, Q.7, §33, p.881)

Um pouco depois conclui que Marx e Lenin "exprimem duas fases: 'ciência-ação', que (são) homogêneas e heterogêneas ao mesmo tempo" (ibidem, p.882).

Em outro parágrafo o raciocínio dialético de Gramsci se esclarece. Na dialética igualdade/desigualdade que perpassa a filosofia e o processo histórico real, a igualdade entre os iguais e a desigualdade em relação ao outro,

chega-se assim também à igualdade ou equação entre "filosofia e política", entre pensamento e ação, i.e., a uma filosofia da práxis. Tudo é política, mesmo a filosofia ou as filosofias (confrontar notas sobre o caráter das ideologias e a única filosofia é a história em ato, i.e., a própria vida). (1975b, t.2, Q.7, §35, p.886)

Se filosofia, história e política se identificam, fica explicada a tese do proletariado como herdeiro da filosofia clássica alemã, e mais, "pode-se afirmar que a teorização e a realização da hegemonia feita por Ilici foram também um grande acontecimento 'metafísico'" (ibidem, p.886).

Sempre no Caderno 7, em uma nota muito curta, há uma observação crucial para se apreender a relação de Gramsci e de toda a sua elaboração teórica com a obra de Lenin. Essa nota, depois transcrita com alteração de detalhe no Caderno 11, dizia assim: "Em 1921, tratando de questões de organização, Vilici escreveu e disse (aproximadamente) assim: não soubemos 'traduzir' a nossa língua para as línguas europeias" (ibidem, t.2, Q.7, §2, p.854; t.2, Q.11, §46, p.1468).

Gramsci, partindo da interrogação de ser ou não esse um problema específico da filosofia da práxis, busca assim recuperar essa questão do "traduzir", já posta desde os tempos da Revolução Francesa e da filosofia clássica alemã, já antes posta por Heine e por Hegel, que volta a ser posta por Marx e Engels em *A sagrada família*, em que comparam a linguagem política socialista francesa de Proudhon com a linguagem da filosofia clássica. A ideia é então que essas linguagens são reciprocamente traduzíveis, mas não só isso: se compreende também que a linguagem alemã é teórica e a linguagem francesa é prática, e a filosofia da práxis advém dessa síntese. Para Gramsci, então, percebia-se "a linguagem jurídico-política na França, filosófica, doutrinária, teórica na Alemanha. Para o historiador, na realidade, essas civilizações são traduzíveis reciprocamente, redutíveis uma a outra" (ibidem, t.2, Q.11, §48, p.1470).

Contudo, a questão de Gramsci ia mais longe, pois que perguntava se o problema da tradução das linguagens poderia se referir, para além daquelas que conviviam num mesmo tempo histórico, como aquelas prevalecentes na França e na Alemanha no início do século XIX, também a linguagens diacrônicas. Essa é uma questão decisiva para se enquadrar o próprio pensamento de Gramsci, dado que ele pretendeu traduzir a linguagem de Maquiavel para a Itália do século XX e, ao mesmo tempo, traduzir a linguagem leniniana da Rússia contemporânea para a Itália. O mediador essencial dessa operação, no espaço/tempo, não poderia ser outro senão Marx, como fundador que fora da filosofia da práxis.

A tradução de Lenin para a Itália

Com Maquiavel, Gramsci pensou trazer à baila a "linguagem" de Lenin para a Itália. Desse diálogo, Gramsci destacou toda a importância de fazer dos camponeses protagonistas da história no objetivo de se fundar um novo Estado dotado de amplo consenso social. O problema do príncipe moderno é o problema da formação de uma vontade coletiva e de um programa para a revolução socialista, o que pressupõe uma revolução cultural – a reforma moral e intelectual. Junto a esse problema estão postos os temas relativos aos intelectuais e ao jacobinismo.

Sobre o jacobinismo a formulação de Gramsci passa a ser radicalmente diferente daquela que sustentava na época da guerra europeia (1914-1918), quando então seguia o entendimento que Sorel tinha da questão. Agora, nos *Cadernos*, Gramsci avança uma formulação positiva do jacobinismo, entendendo terem sido os revolucionários franceses do fim do século XVIII a expressão orgânica das massas populares e de suas reivindicações democráticas. A partir dessa constatação, Gramsci observa Maquiavel como um antecipador do jacobinismo, dada a criação por ele feita da imagem de um príncipe que fosse a expressão das demandas populares na Itália.

Se o jacobinismo é agora interpretado como ação de um grupo político dirigente com vínculo orgânico com a classe, o bolchevismo é a sua expressão contemporânea mais significativa. Esse grupo jacobino teria que contar com uma elaboração teórica, intelectual, que desse trânsito às reivindicações do grupo social em ascensão, que fossem intelectuais orgânicos à classe, a fim de que não ocorresse uma superposição aos interesses da classe, para que não ocorresse a visão soreliana de jacobinismo. Daí a necessidade de o príncipe moderno se organizar desde o início como parte da classe e projetar os camponeses na cena histórica, além de ser "o organizador de uma reforma moral e intelectual" (ibidem, t.3, Q.13, §1, C. 13, p.1560). De fato, para a classe operária é indispensável uma direção consciente. No Caderno 3, em oposição a De Man, Gramsci recorda que já na reflexão de Lenin há a indicação de "que em todo movimento 'espontâneo' há um elemento primitivo de direção consciente, de disciplina, que é demonstrado indiretamente pelo fato de que existam correntes e grupos que defendem a espontaneidade como método" (ibidem, t.1, Q.3, §48, p.329). Mas é só a partir da educação e do disciplinamento da atividade espontânea das massas que se pode enfim formar o príncipe moderno, como direção consciente organicamente vinculada à classe.

Ainda um elemento importante que Gramsci trouxe da experiência dos bolcheviques, também ligada à educação e disciplinamento das massas, foi a sua reflexão sobre a escola unitária, presente em particular no Caderno 12. De fato, a teoria e a prática pedagógica que se desenvolvia na União Soviética dos anos 1920 contribuíram bastante para a elaboração de Gramsci sobre o processo educativo, tema sobre o qual havia um acúmulo desde os tempos turineses.

Na elaboração carcerária a incidência maior de Lenin sobre Gramsci deriva mais das últimas reflexões do revolucionário russo, aquelas dos anos 1920. A partir de algumas poucas indicações de Lenin – e alimentado por uma série de outros interlocutores – é que Gramsci pode desenvolver bastante mais um pensamento estratégico voltado para a conquista de hegemonia da classe operária e para a transição socialista. Observa que

> Pode-se dizer que a filosofia da práxis não só não exclui a história ético-política, mas que, de fato, a fase mais recente de seu desenvolvimento consiste de fato na reivindicação do momento da hegemonia como essencial na sua concepção estatal e na "valorização" do fato cultural, de uma frente

cultural como necessária ao lado daquelas meramente econômicas e meramente políticas. (ibidem, t.2, Q.10, §7, p.1224)

Com ajuda de teses antes desenvolvidas por Sorel e por Rosa Luxemburg, Gramsci tenta avançar na ideia posta na fórmula política da frente única, a qual vem conectada com as noções de guerra de posição e de hegemonia. Numa passagem em que opõe Trotsky e Lenin, Gramsci sugere que Bronstein (Trotsky), que aparece como um "ocidentalista", era de fato um cosmopolita, i.e., superficialmente nacional e superficialmente ocidentalista. "Por sua vez Lenin era profundamente nacional e profundamente europeu." Nessa condição Lenin pôde compreender que depois de 1921, com a derrota da revolução socialista internacional e com o desencadeamento de uma série de revoluções passivas, a Rússia deveria implantar uma estratégia particular, nacional-popular, para a transição socialista (que viria a ser a NEP), o que para a Europa corresponderia à frente única, uma guerra de posição enfim. Diz Gramsci: "Parece-me que Ilici havia compreendido que ocorria uma mudança da guerra manobrada, aplicada vitoriosamente no Oriente em 17, à guerra de posição, que era a única possível no Ocidente, [...]" (ibidem, t.2, Q.7, §16, p.866).

Continua ainda e diz que "Isso me parece significar a fórmula da 'frente única', que corresponde à concepção de uma só frente da Intesa [Entente] sob o comando único de Foch". A diferença estava em que

> no Oriente o Estado era tudo, a sociedade era primordial e gelatinosa; no Ocidente entre Estado e sociedade civil havia uma relação justa e no vacilo do Estado se podia logo ver uma robusta estrutura da sociedade civil. O Estado era só uma trincheira avançada, atrás da qual se encontrava uma robusta cadeia de fortalezas e de casamatas; mais ou menos, de Estado a Estado, se entende, mas isso exigia um exato e cuidadoso reconhecimento de caráter nacional. (ibidem)

Para Gramsci, no Ocidente europeu a guerra de movimento e a fórmula da revolução permanente estavam esgotadas depois de 1870 e foram aos poucos substituídas pela guerra de posição na disputa pela hegemonia civil. Gramsci anota então que a estrutura maciça das democracias modernas, seja como organização estatal ou como complexo de associações na vida civil, constitui-se para a arte política como as "trincheiras" e as fortificações permanentes do fronte na guerra de posição: estas tornam apenas parciais o elemento do movimento, que antes eram "toda" a guerra etc. (ibidem, t.3, Q.13, §7, p.1567)

No Oriente russo, dada a debilidade da sociedade civil, a guerra de movimento e a revolução permanente puderam ainda sair vitoriosas em 1917, mas depois de 1921, quando tem início uma série de revoluções passivas movidas pela guerra de posição, já não havia dúvida de que a estratégia política que deveria predominar no Ocidente (e no Oriente russo também) era a da frente única, da guerra de posição e da luta por uma nova hegemonia. Gramsci anota que Trotsky havia intuído essa situação, mas sem aprofundamento, tendo, ao contrário, retomado a sua formulação sobre a revolução permanente, cuja implicação seria assegurar derrotas históricas. Lenin, por sua vez, colocara apenas as primeiras conclusões sobre como o processo revolucionário poderia ser retomado. Percebe-se como Gramsci muda a sua posição em relação ao momento político que vivenciara na União Soviética e como dirigente do PCI, em 1923-1924.

A elaboração carcerária de Gramsci, a partir desse enfoque, pode ser toda ela vista como um esforço de compor uma teoria para a retomada da revolução socialista a partir da estratégia da frente única das classes subalternas, as quais, com a condução de um moderno príncipe, devem travar uma guerra de posição imposta pela classe dominante, no decorrer da qual devem se desenvolver elementos de uma reforma econômica e de uma reforma moral e intelectual, ou seja, os elementos de uma nova sociedade civil e de uma nova hegemonia.

Isso está longe de significar algum tipo de formulação reformista, como se poderia pensar, mas apenas uma estratégia posta pelas condições históricas. Além de haver retomado Lenin e desenvolvido algumas de suas últimas teses, Gramsci, em particular nesse aspecto, retoma e desenvolve uma tese proposta por Engels em 1895, que ajuda a elucidar a questão.

Dizia Engels então:

Passou o tempo dos golpes de surpresa, das revoluções executadas por pequenas minorias conscientes à frente das massas inconscientes. Onde quer que se trate de transformar completamente a organização da sociedade, cumpre que as próprias massas nisso cooperem, que já tenham elas compreendido de que se trata, o motivo pelo qual dão seu sangue e sua vida. [...]. Mas para que as massas compreendam o que é necessário fazer é mister um trabalho longo e perseverante; [...]. (Engels, 1956, p.106)

Algumas linhas antes, dizia da sua convicção de que, devido ao reforço que a dominação burguesa havia alcançado,

Um combate de ruas não pode, pois, ser vitorioso no futuro a não ser que essa inferioridade de situação seja compensada por outros fatores. Por isso, ocorrerá mais raramente no começo de uma grande revolução que no curso do seu desenvolvimento, e será preciso empreendê-lo com forças maiores. (ibidem)

Também Rosa Luxemburg, já em 1919, antecipava uma guerra de posição como melhor estratégia para a revolução na Alemanha. Destacava como na Alemanha a revolução "tem ainda um esforço imenso para cumprir e um longo caminho por percorrer" (Luxemburg, 1976, p.617). A estratégia pensada por Rosa indicava a necessidade da formação de conselhos operários como base de um novo Estado a ser construído aos poucos, pois "a conquista do poder não deverá realizar-se toda de uma vez, mas progressivamente, criando cunhas no Estado burguês, até que se ocupem todas as suas posições e que as defenda com unhas e dentes" (ibidem, p.629).

A obra de Gramsci, em conclusão, busca aprofundar a reflexão teórica e política iniciada com Marx, tendo em vista a revolução socialista. Absorve de modo crítico toda essa tradição revolucionária, incluindo Engels, Rosa Luxemburg e principalmente Lenin, sem, no entanto, deixar de aprender e contribuir para as controvérsias surgidas no seio da IC e no grupo dirigente da Revolução Russa, com destaque para Trotsky e Bukharin. Só assim poderia angariar subsídios para confrontar a alta cultura burguesa da sua época, elemento da maior importância na luta de classes.

4
O JACOBINISMO COMO MEDIAÇÃO ENTRE O PRÍNCIPE DE MAQUIAVEL E O PRÍNCIPE DE GRAMSCI

O problema

Gramsci lamentava que, passados quatro séculos da morte de Maquiavel, os ensinamentos do seu pequeno livro *O príncipe*, produzido em 1513, não tivesse ainda se transformado em senso comum, ou seja, não tivesse ainda sido incorporado pelas massas populares. A propósito, dizia que

> É de observar todavia que a impostação dada por Maquiavel à questão da política (isto é, a afirmação implícita nos seus escritos de que a política é uma atividade autônoma que [tem] seus princípios e leis diferentes daqueles da moral e da religião, proposição que tem um grande porte filosófico porque implicitamente inova a concepção da moral e da religião, isto é, inova toda a concepção do mundo) é ainda discutida e contradita hoje, não conseguiu se fazer "senso comum". (Gramsci, 1975b, t.3, Q.13, §20, p.1599)

Na verdade, isso significava que predominava ainda entre as massas populares a visão que a Igreja Católica difundiu de Maquiavel e sua obra. Para a Igreja, o trabalho científico e literário de Maquiavel afrontava a moralidade cristã e a concepção de poder que dela emanava, de modo que seus escritos foram considerados amorais, cínicos e maléficos (quando na verdade esses eram atributos da Igreja de Roma pelo menos no início do século XVI), como a dizer que o fazer política não era para as massas, para os simples. O liberalismo pode aceitar parcialmente Maquiavel na medida em que este observa a existência do homem como ser egoísta e orgulhoso, que pode bem ser lido como um homem mercador, que antecipa e expressa às virtudes da burguesia e do Estado-nação. Não serve, contudo, um Maquiavel que favorece a violência revolucionária e o disciplinamento dos poderosos.

De Hegel e de Croce é que Gramsci retira elementos para a sua reflexão inicial sobre Maquiavel. O Estado como realização da ética e da liberdade, mas também a ideia da autonomia da política. Mas por que afinal Maquiavel é tão importante para Gramsci? Maquiavel é um personagem central na reflexão gramsciana desde antes da prisão e da elaboração da obra carcerária. O papel decisivo desempenhado secularmente pela Igreja como poder político e ideológico fez com que a questão dos intelectuais e a questão da relação entre intelectuais e povo fossem essenciais para Gramsci, pontos os quais a contribuição de Maquiavel era indispensável. O domínio persistente da ideologia católica sobre as massas populares e o liberalismo moderado das classes dirigentes dificultou muito a possibilidade de uma revolução popular democrática na Itália do século XIX. A situação persistia com o domínio fascista e Maquiavel poderia indicar caminhos para um projeto que transcendesse os problemas e vícios acumulados em duas sucessivas ondas de revolução passiva.

Maquiavel fora um intelectual que se opôs ao poder político e ideológico da Igreja e servia como uma referência muito superior a qualquer outra em solo italiano. A derrota de Maquiavel havia sido a derrota da Itália, que enveredou para um estado de regressão feudal e persistente poder eclesiástico. A derrota dos conselhos de fábrica em 1920 e do Partido Comunista em seguida fazia com que Gramsci dialogasse com Maquiavel sobre as razões de seguidas derrotas, aquela do próprio Maquiavel, do jacobinismo no *Risorgimento* e agora do movimento político revolucionário da classe operária.

Assim que a leitura que Gramsci faz de Maquiavel privilegia a questão da fundação de um novo Estado, a questão da revolução. Desse modo, Maquiavel é não só um ator derrotado na circunstancia histórica concreta da Itália do começo do século XVI, mas é um autor, um filósofo da práxis, que antecipa o jacobinismo francês, que antecipa Marx e Lenin, sendo este último o exemplo contemporâneo de um filósofo da práxis capaz de ser condutor de um processo revolucionário e fundador de um novo Estado. Gramsci interroga Maquiavel do porquê das derrotas na Itália e do porquê das vitórias na França e na Rússia. O ponto de mediação é encontrado no jacobinismo, mediação no espaço e no tempo, pois que apresenta derrotas históricas na Itália e vitórias em tempos e espaços diferentes em outros países. A escolha do tema do príncipe jacobino como objeto deste capítulo se explica, portanto, por ser uma rota possível para subtrair elementos de pendor universal da reflexão gramsciana.

Gramsci, o jacobinismo e a Revolução Russa

O tema do jacobinismo aparece forte para Gramsci a partir do acompanhamento do processo revolucionário na Rússia. Em 1917 Gramsci se encontrava ainda no campo teórico do revisionismo de esquerda, o qual fazia a crítica da ideologia marxista cristalizada na maior parte da Segunda Internacional. Não é demais recordar que o marxismo havia se configurado como ideologia do movimento operário como classe subalterna ao não conseguir superar a alta cultura burguesa e dela ainda incorporar elementos que poderíamos chamar de positivistas em sentido bem amplo. Ainda por dentro da intelectualidade socialista, o neokantismo também teve boa fortuna ao propagar o socialismo como limitado a uma possibilidade ética.

Gramsci, por sua vez, além da influência da filosofia de Croce, se postava bastante perto da concepção de luta de classe de Sorel. Em rápida síntese, para Sorel, o Estado, a burocracia, o Exército, a Igreja, os partidos, a classe política, os intelectuais seriam todos agentes da dominação de classe da burguesia sobre os trabalhadores. Logo, seria necessário alimentar o "espírito de cisão" entre os trabalhadores frente ao capital e seus instrumentos de dominação, frente a tudo que sugerisse política. Assim os trabalhadores se aglutinariam, cultivariam a sua autonomia antagonista e poderiam conceber uma nova forma produtiva e uma nova cultura. O mecanismo fundamental da luta pela aglutinação da classe seria o mito da greve geral.

A diferença era que Gramsci aceitava e mesmo concebia o partido operário com embrião de um novo Estado, ideia que mais tarde, já no cárcere, seria desenvolvida com a fórmula do príncipe moderno. Gramsci se preocupava com a autonomia do Partido Socialista Italiano (PSI) como força antagônica, já que este é "um Estado potencial, que vai amadurecendo, antagonista do Estado burguês, que busca, na luta diuturna com este último e no desenvolvimento da sua dialética interna, criar para si os órgãos para superá-lo e absorvê-lo" (Gramsci, 1973, v.1, p.56).

A leitura que faz Gramsci dos acontecimentos revolucionários na Rússia e da ação dos bolcheviques é marcada por essa visão de fundo, a qual é antijacobina. Jacobinismo então entendido não como o grupo jacobino revolucionário de 1793, como vanguarda das massas, como mediação política orgânica aos desígnios populares, mas, ao modo de Sorel, como um grupo político intelectual que substitui as próprias massas e em seu nome atua, preparando o terreno para uma nova forma de domínio. O entendimento de Gramsci sobre a Revolução Russa, desde os seus momentos iniciais, indica o valor dado à ação do proletariado como ato de cultura, de antagonismo radical, de um recomeço.

Na verdade, o jacobinismo não poderia ter lugar numa revolução que havia sido feita pelo proletariado, o qual havia criado por si mesmo comitês de controle da administração, referindo-se Gramsci aqui aos *soviets*. Mas a revolução revela ser também como um fato de costume, um fato moral, uma ruptura brusca no caminho de um recomeço: a revolução seria uma reforma intelectual e moral. A Revolução Russa nem poderia ser jacobina, porquanto ser o jacobinismo um fenômeno burguês, próprio, portanto, de uma revolução burguesa, que não era o caso russo. O jacobinismo burguês é a autonomização da política, é a disputa pelo poder entre grupos reduzidos, mas, como o processo revolucionário é expressão de tendências universais, é ato de cultura coletiva.

A Revolução Russa seria socialista se considerada a auto-organização das massas, com sua capacidade de se autoeducar e sua experiência de vida comunitária, ainda presente no proletariado agrícola. Gramsci observa a revolução com lentes de Sorel – e de um Sorel leitor de Vico. Gramsci afirma que "na Rússia é um novo costume que a revolução criou. Ela não só substituiu potência por potência, substituiu costume por costume, criou uma nova atmosfera moral, instaurou a liberdade de espírito, além da liberdade corporal" (ibidem, p.111).

As informações sobre a Rússia eram esparsas e muito pouco exatas. Era difícil identificar com clareza as forças políticas em cena, mas mesmo assim Gramsci analisa o governo provisório de Kerensky como moderado e o hoje da revolução. Lênin e os bolcheviques poderiam ser o futuro, mas a realidade era que "a Rússia teve, porém, essa fortuna: a de ter ignorado o jacobinismo" e por isso mesmo "é impossível que se forme minorias despóticas" (ibidem, p.115-7)

Em janeiro do ano seguinte, Gramsci volta a tratar o tema da Revolução Russa, agora com os bolcheviques no poder. Com seus dotes de polemista, Gramsci afirma ter sido a Revolução Russa realizada contra *O capital*, a grande lição apresentada por Marx. De fato, Gramsci já vinha defendendo o caráter socialista da Revolução Russa, mesmo que em País muito atrasado. O atraso relativo não aparecia como uma impossibilidade, pois o fundamental era a vontade coletiva que se organizava. A sua crítica era, na verdade, endereçada às leituras economicistas que predominavam no seio do movimento operário e socialista do tempo. O elogio vai todo para os bolcheviques, críticos duros do economicismo, que de Marx "não renegam o pensamento imanente, vivificador" (ibidem, p.131).

Acontece que nesse texto Gramsci, ao elogiar Lênin e os bolcheviques, mostra com clareza como ele mesmo concebia marxismo: Os bolcheviques, diz ele, "vivem o pensamento marxista, aquele que não morre jamais, que é a continuação do pensamento idealista italiano e alemão, e que em Marx havia se contaminado de incrustações positivistas e naturalistas" (ibidem, p. 131).

Ao escrever logo depois da dissolução da Assembleia Constituinte, Gramsci defende a atitude dos bolcheviques e nega que essa tenha sido uma manifestação de jacobinismo. Para o jovem sardo essa seria uma avaliação superficial, pois que aquela ação "não é só um episódio de violência jacobina", e isso por dois motivos: "o jacobinismo é um fenômeno todo burguês, de minorias tais também potencialmente", algo que não existiria na Rússia devido à forte organização da vontade social coletiva; tratou-se de uma ação de "uma minoria que está segura de vir a ser maioria absoluta, ou até mesmo a maioria absoluta dos cidadãos, não pode ser jacobina, não pode ter como programa a ditadura perpétua" (ibidem, p.152-3).

Ainda que limitado pela pouca informação disponível, é evidente como Gramsci vacila e se refuta a identificar a aparência jacobina com a essência dos acontecimentos e justifica ação dos bolcheviques. Para ele foi desse modo que se reconheceu que "o proletariado russo nos ofereceu um primeiro modelo de representação direta dos produtores: o soviete. Agora a soberania voltou ao soviete" (ibidem, p.152).

Na riquíssima experiência dos conselhos de fábrica nucleada na cidade de Turim, a concepção de Gramsci do espírito de cisão continuou muito presente, mas as suas desconfianças e desconforto em relação ao partido socialista, que havia se enredado nas malhas da política institucional do Estado burguês, só aumentou. A experiência prática de Gramsci, do ponto de vista teórico, o mantinha mais próximo de Sorel e Rosa Luxemburg do que da influência bolchevique, que viria depois mais forte e decisiva em razão mesmo da dura derrota do movimento operário italiano.

A questão do partido revolucionário

O problema para Gramsci agora era juntar a questão da formação de um partido revolucionário com a sua tradição intelectual anterior e de como associar esse ato com a experiência da Revolução Russa. Gramsci e o grupo do periódico *L'Ordine Nuovo* foram parcela minoritária na fundação do Partido Comunista da Itália (PCI), quando prevaleceu a vertente conduzida por Amadeo Bordiga. Contudo, Gramsci foi indicado para compor a delegação italiana no IV Congresso da Internacional Comunista (IC), realizado em Moscou em fins de 1922, mas ali permaneceria por cerca de um ano.

O ano de 1923 foi crucial na elaboração teórica de Gramsci. A experiência adquirida na União Soviética fez com que pudesse agora conhecer melhor a teoria e a prática desenvolvidas pelos bolcheviques e, em particular, por Lenin. Gramsci vivera ali uma parte do esforço da fundação de um novo Estado pela violência revolucionária e a busca permanente pelo consenso das massas populares. Ao observar a realidade italiana, foi apenas em Maquiavel que Gramsci pôde identificar uma abordagem de mérito sobre essa questão. Era então preciso aprender da experiência dos bolcheviques, mas, ao mesmo tempo, reler Maquiavel para que se tivesse uma justa relação entre o particular e o universal, entre o passado e o presente. Nessa fase, a ruptura política com Croce se completa e a posição crítica em relação a Sorel se acentua (ainda que este tivesse apoiado a ação revolucionária na Rússia).

A discussão teórica sobre a organização partidária travada em oposição a Amadeo Bordiga (então o principal dirigente do PCI) foi decisiva para Gramsci enveredar para uma nova interpretação do jacobinismo e formulação de uma teoria da revolução. Bordiga entendia que o partido revolucionário deveria ser o cérebro da classe operária, lócus onde se aglutinariam os revolucionários (sem que importasse tanto a origem social) conscientes do devir histórico e que teriam a tarefa de educar a classe para a revolução. No entanto, a classe só estaria madura para a revolução quando viesse a ser maioria relativa na massa dos trabalhadores. Com isso, Bordiga não concebia qualquer tipo de aliança com outros grupos sociais. Não aceitava, portanto, a aliança operária e camponesa, mas concebia uma organização partidária fortemente inspirada no Lenin de 1903, do opúsculo *Que fazer?*

Gramsci concebia o partido revolucionário de um modo bastante diferente, preocupando-se antes de tudo em evitar a reprodução dos termos dirigentes e dirigidos dentro do partido e dentro da própria classe, uma preocupação derivada de Sorel, mas também de Rosa Luxemburg. Assim, o partido operário deveria ser composto pela fração mais bem preparada da classe, com capacidade teórica e de ação política. Esse partido teria o dever de educar a classe, mas também se educar com a sua experiência de luta e cresceria na medida em que fosse capaz de incorporar cada novo militante revolucionário que se destacasse. Dessa maneira o partido é uma nomenclatura da classe, o partido está organicamente vinculado à classe e dela não pode se descolar, com o risco sério de se burocratizar, de ser envolvido pela institucionalidade liberal-burguesa e de se tornar reprodutor de relações entre dirigentes e dirigidos, como ocorrera com o PSI.

O soreliano espírito de cisão continua presente, mas não é claro o quanto a noção de jacobinismo poderia ter passado por uma reformulação. Todavia, é bastante possível que o jacobinismo francês e o maquiavelismo tenham contribuído para que Gramsci refletisse sobre a questão camponesa na Rússia e na Itália. O tema da aliança operária camponesa, como se sabe, era crucial em ambos os países (além de muitos outros), tanto para a derrubada do poder como para a fundação de um novo Estado. Assim, em 1926, ano em que foi preso, Gramsci tinha suficientemente clara a estratégia da revolução socialista para a Itália, como também do organismo sociopolítico que deveria conduzi-la.

Jacobinismo e revolução passiva

Na abertura dos *Cadernos do cárcere*, datada de 8 de fevereiro de 1929, Gramsci faz uma lista dos temas que gostaria de tratar nos seus estudos enquanto prisioneiro político do fascismo. Nessa lista não consta o nome de Maquiavel, mas é certo que seria esse um personagem importante nos trabalhos sobre a *Formação dos grupos intelectuais italianos*. Logo na décima nota do Caderno 1, Gramsci faz uma primeira referência a Maquiavel apenas indicando a importância que esse autor viria a ganhar no desenrolar da reflexão. De fato, Maquiavel foi citado 511 vezes no conjunto dos *Cadernos*, mas veio a ser o centro da reflexão do Caderno 13, um daqueles por Gramsci identificados como especiais e redigido entre 1932 e 1934. O tema do jacobinismo, por sua vez, está implícito no ponto referente a *O desenvolvimento da burguesia italiana até 1870*, cuja abordagem se concentrou no caderno especial de número 19 (seguindo sempre a edição Gerratana, 1975), no qual é analisado o chamado *Risorgimento* italiano.

É precisamente a discussão sobre os motivos da debilidade e derrota do movimento popular democrático na Itália do século XIX que leva Gramsci a enfrentar o tema do jacobinismo. Ainda sem uma evidente ruptura com a sua visão precedente, de modo genérico Gramsci define o jacobinismo como

> um determinado partido da revolução francesa, que concebia a revolução em um determinado modo, com um determinado programa, sobre a base de determinadas forças sociais e que explicou a sua ação de partido e de governo com uma determinada ação metódica caracterizada por uma extrema energia e resolução, dependentes da crença fanática na bondade e daquele programa e daquele método. (Gramsci, 1975b, t.1, Q.1, §44, p.44; t.3, Q.19, §24, p.2017)

Na Itália um partido desse viés não se concretizou, de modo que a revolução burguesa na península acabou por se realizar com a hegemonia dos liberais moderados, os quais se mostraram capazes de unificar as classes dirigentes e dominantes italianas, de cooptar as direções do movimento popular e de fazer concessões pontuais a suas demandas. Partindo de Vincenzo Cuoco, Gramsci denominou esse movimento histórico como uma revolução passiva, aquela em que a pressão das classes subalternas é insuficiente, por não haver uma vontade coletiva nacional-popular, ou seja, jacobina. De fato, o Partito d'Azione e a liderança de Garibaldi e Mazzini não se mostraram em condições de agir como efetiva direção política jacobina.

Contudo, "se na Itália não surgiu um partido jacobino, as razões devem ser buscadas no campo econômico, i.e., na debilidade da burguesia italiana e na diferente temperatura da Europa" (ibidem, t., Q.1, §44, p.53). Seguindo o raciocínio de Antonio Labriola, Gramsci avança a ideia de que

> a relação de classe criada pelo desenvolvimento industrial com a chegada ao limite da hegemonia burguesa e com a inversão das situações de classes

progressivas induz a burguesia a não lutar a fundo contra o velho mundo, mas a deixar sobreviver a parte de fachada que sirva para velar o seu domínio. (ibidem, t., Q.1, §44, p.54)

Essa situação facilitou que aos moderados coubesse o papel dirigentes do processo, pois, de outra parte, os *azionisti* não foram capazes de se vincular às massas populares ao se recusarem a colocar a solução da questão da terra como cerne da realização de uma revolução nacional-popular. Com isso Gramsci interpreta que na Itália a revolução burguesa se desenrolara ao modo de uma revolução passiva, exatamente porque não fora possível a constituição de uma força jacobina nacional-popular.

Vemos então que Gramsci permanece dentro da sua reflexão a encarar o jacobinismo como uma força de vontade organizada de caráter burguês. No entanto, diferentemente da leitura pregressa, de inspiração soreliana, agora vê no jacobinismo uma força que se vincula organicamente às massas populares em condições de fundar uma nação e de constituir uma hegemonia. O jacobinismo burguês como força revolucionária concreta se esgota em 1848-1850, com a fórmula da revolução permanente. A partir de então por jacobinismo o senso comum tendeu a entender apenas o homem político dotado de energia e vontade ou então como uma análise abstrata e descolada da realidade.

A estratégia jacobina de Maquiavel

Os limites econômicos sociais para o surgimento de uma força jacobina nacional-popular na Itália do século XIX e a forma da revolução passiva como decorrência Gramsci havia já sinalizado. A questão se volta agora para a reflexão sobre ter havido ou não na trajetória histórica da península alguma outra situação concreta similar e, principalmente, se esta havia sido pensada a partir do contexto italiano. Apesar de observar a presença do historicismo de Vico, na contracorrente do pensamento jusnaturalista predominante na Europa da Ilustração e obviamente da regressão feudal conduzida pela Igreja na Itália e alhures, a referência possível deveria estar nos albores da modernidade, no Renascimento e então em Maquiavel. Se não fora possível o jacobinismo na Itália do *Risorgimento*, teria na Itália renascentista havido algo similar, mas que sofrera uma derrota histórica de grandes implicações? Como o mesmo Gramsci indica (e vale a longa citação),

> É necessário considerar Maquiavel, em grau maior, como expressão necessária de seu tempo e como estreitamente ligado às condições e às exigências de sua época, que resultam: 1) das lutas internas da República Florentina e da estrutura particular do Estado, que não sabia se libertar dos resíduos comunal-municipais, i.e., de uma forma bloqueadora de feudalismo; 2) das lutas entre os Estados italianos por um equilíbrio no âmbito italiano, que era obstaculizado pela presença do papado e dos outros resíduos feudais, municipalistas, da forma estatal citadina e não territorial; 3) das lutas dos Estados italianos mais ou menos solidários por um equilíbrio europeu, ou seja, das contradições entre as necessidades de um equilíbrio interno italiano e as exigências dos Estados europeus em luta pela hegemonia. (ibidem, t.3, Q.13, §13, p.1572)

A família Médici se assenhoreou do poder em Florença a partir de 1434, instaurando um poder principesco em lugar da República. Foram anos gloriosos, mas não sem oposição política. A invasão francesa, em 1494, possibilitou a derrocada dos Médici e a restauração da República, não sem antes a cidade passar pela experiência política do monge Savonarola. Apenas com Pier Soderini pareceu a República Florentina resgatar a estabilidade republicana, mas por pouco mais de uma década apenas, até que os exércitos espanhóis viessem a expulsar os franceses da Itália e a impor novamente o domínio dos Médici na cidade, os quais se assenhorearam também do papado no ano seguinte, com Leão X.

Em 1454, a chamada Paz de Lodi estabelecera um relativo equilíbrio entre os Estados italianos depois de longo período de conflitos que se arrastava pelo menos desde o retorno do papado a Roma (1378). A transformação da Itália em terreno de luta entre os Estados territoriais que se formavam na Europa na segunda metade do século XV levou à derrocada esse equilíbrio. Abriu-se então uma nova fase de disputas, as quais, ao fim das contas, deixaram os Estados italianos subordinados ao que acontecia no contexto europeu. Essa fase histórica, do final do século XV às primeiras décadas do século XVI, demarca a emergência da política como campo de ação prática e teórica autônoma, porquanto assiste à condensação do poder político no Estado. Esse processo ocorre ao mesmo tempo que o capital mercantil tende a se autonomizar, mas sem que o poder político econômico da nobreza feudal seja contestado.

Maquiavel é então expressão magna desse período histórico crucial para a Itália, a Europa e o mundo. Nascido em 1459, Maquiavel contou com sólida formação humanista e foi chamado a trabalhar na chancelaria da República Florentina em 1498. Foi, assim, homem de Estado entre 1498 e 1512, ou seja, enquanto durou o governo de Soderini. Com o retorno dos Médici ao poder, Maquiavel viu-se obrigado a se tornar um intelectual *stricto sensu*, um estudioso e escritor, sem ter nunca escondido a sensação de exílio interno, de cárcere.

Durante esse período, mais do que qualquer outro, Maquiavel deu-se conta da situação histórica em que se encontrava a Itália e talvez a Europa toda. A segunda metade do século XV assistiu à emergência de três grandes Estados territoriais: a Espanha, com a junção de Aragão e Castela e com a conquista de Granada; a França depois da vitória na Guerra dos Cem Anos; e a Inglaterra depois da chamada Guerra das Duas Rosas. A organização de Estados territoriais indicava o caminho a ser seguido também para a Itália.

Em fins do século XV era a Itália a região mais avançada de Europa em termos de comércio, de produção manufatureira de luxo e de padrão cultural. O impacto que a expansão oceânica traria – e que Portugal já conduzia – ainda não era possível de ser descortinado. Mesmo no começo do século XVI a própria Espanha, que começava já a se atirar para a aventura americana, permanecia sendo uma potência mediterrânea com fortes interesses na Península Itálica. A geopolítica europeia então apontava para o fortalecimento da França e da Espanha, esta ainda aliada ao frágil Império Germânico por razões dinásticas, e da Inglaterra, que tentava romper laços com as outras duas potências. O Império Germânico sofria do mesmo problema da Itália: era sede de um poder universal que contrariava qualquer eventual empenho de unificação e de formação de um Estado territorial.

Na Itália era Maquiavel quem melhor percebia que o destino histórico da península dependeria da sua capacidade de se tornar um Estado territorial em condições de fazer frente às outras potências que se formavam na Europa. A situação ficou nítida desde 1494, a partir de quando a Itália foi feita território em disputa e campo de batalha entre exércitos estrangeiros.

Considerando a fundamental existência do papado como poder universal, a presença de ocupantes estrangeiros e a disputa entre frações da nobreza feudal dentro e entre as cidades-Estados, tinha-se um cenário de incrível dificuldade para que se pudesse ao menos supor a formação de um vetor que endereçasse a unificação do território. Por outro lado, tinha-se a virtual dissolução da servidão feudal e a ânsia de ascensão da burguesia mercantil, que indicavam possíveis forças de respaldo a uma ação política com o fito fazer da Itália uma monarquia ao estilo francês ou espanhol.

É bastante possível que Maquiavel tivesse clareza desse cenário de incrível dificuldade, mas também de necessidade. Caso a Itália não viesse a se constituir uma monarquia forte para garantir a unidade e a independência do território, o declínio econômico e cultural seria inevitável. Como evitar que o ciclo da história novamente se fechasse no retorno à anarquia?

Sem dúvida vale a pena referir que para Maquiavel a história se desenrolava por ciclos de ascensão e queda, mas não ao modo de inevitáveis círculos sucessivos. Na verdade, para Maquiavel a subjetividade humana era elemento decisivo na história e esta, denominada *virtu* quando referida à ação política bem-sucedida na condução da *fortuna*, a realidade em movimento. Ou seja, a *virtu*, a vontade humana bem direcionada por um dever ser, poderia retardar o movimento do declínio histórico objetivamente inexorável. Essa era então a questão posta diante de Maquiavel: como constituir uma vontade que revertesse a tendência ao declínio, vislumbrada nas condições concretas da Itália do começo do século XVI?

Eram duas as possibilidades presentes: o desencadeamento de uma reforma religiosa ou uma iniciativa político-militar de longo alcance, de clara visão estratégica. A reforma religiosa parecia improvável, apesar da experiência de Savonarola na própria Florença de Maquiavel. A reforma religiosa desencadeada na Alemanha ocorreu depois da redação de *O príncipe*, em 1513, mas, de qualquer maneira, ainda que tenha mobilizado os camponeses, não foi capaz de unificar a Alemanha. Mais desejável e também viável seria uma iniciativa político-militar que unisse os italianos contra a ocupação estrangeira, mesmo porque havia dois grandes exemplos contemporâneos bem-sucedidos: Castela e Aragão haviam se unido para promover a expulsão dos granadinos muçulmanos e antes ainda a França se unira para derrotar os ocupantes ingleses. Em ambos os casos um poder político e militar fora consolidado, com o poder real fortalecido e a formação de exércitos que incluíam camponeses.

Sabe-se que Maquiavel buscava lições nos antigos e nos modernos para que pudesse encontrar orientações políticas que tivessem um caráter científico e que pudesse ter validade na definição de um dever ser. A questão política fundamental que está posta n'*O príncipe* é a fundação de um novo Estado, concretamente o Reino da Itália. Mas como fazer isso?

Haveria de surgir uma liderança política e militar em condições de organizar um exército popular, na verdade um exército de camponeses, com a capacidade de unificar a Itália e expulsar os estrangeiros. Isso teria, todavia, de ser um produto da *fortuna*, do movimento das coisas, que poderia gestar uma vontade organizada com a *virtu* de conhecer e conduzir a *fortuna* em direção a um projetado dever ser. O príncipe concreto poderia ser algum dos governantes existentes na Itália, mas o mais desejável era que fosse um aventureiro já em posse de armas e com um embrião de exército capaz de gerar uma vontade coletiva. Esse seria o processo de fundação de um novo Estado, ou, nas palavras de Maquiavel, de um *Principado Novo*.

Nas condições em que estava a Itália no momento da conclusão do livro, Maquiavel imaginava que pudesse caber à família Médici a possibilidade de alcançar essa glória, já que dominava Florença, Roma e a Romanha. De todo modo, o príncipe poderia ser qualquer um, desde que significasse a união dos povos italianos.

Na conclusão dessa pequena joia da literatura política, Maquiavel resvala em dois enganos, dos quais poderia estar ciente, mas que a necessidade contingente o impeliu a cometer. Maquiavel avaliava estar a *fortuna* favorável e que a família Médici poderia dispor da necessária *virtu*. Esperançoso, assim se manifestava:

> Consideradas, portanto todas as coisas acima discutidas, e pensando comigo mesmo se, no presente, na Itália, correriam tempos para se honrar um novo príncipe, e se haveria matéria que oferecesse ocasião a alguém prudente e virtuoso de nela introduzir forma que fizesse honor a ele e bem a universidade de homens daquela, parece-me que tantas coisas concorram em benefício de um príncipe novo que não sei de um tempo que fosse mais adequado para isso. (Machiavelli, 1969, p.115-6)

Maquiavel morreu em 1527, num cenário de consolidação da presença estrangeira, de pequenos Estados e, principalmente, do poder do papado, muito preocupado em imunizar a Itália das heresias protestantes. Foi então Maquiavel um ator político derrotado, mas que deixou uma obra extraordinária.

Com essa leitura sintética do significado d'*O príncipe*, no contexto do seu tempo histórico, podemos dizer que está presente um jacobinismo antes do seu tempo próprio? Os jacobinos franceses, com a sua visão de mundo e com a sua paixão política, puseram em prática um programa revolucionário que ia além dos interesses da burguesia, pois encarnavam a vontade coletiva de um povo/nação que emergia em dura oposição ao poder hierárquico sedimentado desde as origens da época feudal. Os jacobinos estavam vinculados de forma orgânica às demandas dos camponeses, dos trabalhadores urbanos, do pequeno comércio, propugnavam a fundação de um novo Estado, que fosse uma república democrática. A sua derrota foi em parte a derrota daqueles que seriam preparados para serem as novas classes subalternas da época burguesa, dentro do Estado liberal representativo.

Nas palavras de Gramsci:

Os jacobinos foram, portanto, o único partido da revolução em ato, não só enquanto representavam as necessidades e as aspirações imediatas das pessoas físicas atuais que constituíam a burguesia francesa, mas representavam o movimento revolucionário no seu conjunto, como desenvolvimento histórico integral, porque representavam também as necessidades futuras e, de novo, não só daquelas determinadas pessoas físicas, mas de todos os grupos nacionais que deveriam ser assimilados ao grupo fundamental existente. (Gramsci, 1975b, t.3, Q.19, §24, p.2028)

Em que senso o príncipe de Maquiavel poderia ser então considerado jacobino? Ora, no sentido de que seria a expressão de uma vontade coletiva em formação, no sentido de que seria a expressão concreta de um programa, o qual colocaria os camponeses como protagonistas da história, como povo em armas, com o objetivo de se fundar um novo Estado. Era, no entanto, um príncipe jacobino pré-burguês, dado que não vislumbrava o fim da nobreza, apenas supunha a concentração do poder do Estado na figura de um monarca, talvez de modo análogo ao que ocorrera na França. Talvez ainda se possa avaliar se a imagem do príncipe de Maquiavel não estava bem mais afeita à de um césar, que viesse a restaurar a ordem, referindo-se a uma imagem clássica da antiga tradição romana.

O mito príncipe e um novo jacobinismo

Para Gramsci, porém, o aspecto jacobino do príncipe teve que ser realçado por conta da conexão histórica feita com o *Risorgimento*. O jacobinismo na Itália, do Renascimento e do *Risorgimento*, o que precedeu e o que se seguiu à Revolução Francesa foi derrotado. Uma derrota em dois tempos e que havia impedido a formação de uma Itália unificada republicana e democrática. A Itália chegava à época burguesa depois de uma regressão feudal de mais de dois séculos e depois de uma revolução passiva que preservava muito do passado.

É claro, portanto, que Gramsci não faz um estudo desinteressado sobre a obra de Maquiavel. O seu objetivo é pensar a atualidade do jacobinismo e a atualidade do príncipe, por certo então usado como uma metáfora. Passada a época das revoluções burguesas de caráter democrático jacobino, tendo restado apenas as revoluções burguesas ao modo de revoluções passivas, a utilidade do termo jacobino na práxis política demandaria uma alteração/ampliação do seu significado. O jacobinismo agora deveria estar acoplado a uma ação política revolucionária de cariz democrático socialista.

Mas o movimento teórico que Gramsci empreende é de grande complexidade. O jacobinismo não pode ser agora entendido *stricto sensu* como uma práxis política revolucionária dos albores da época burguesa. Agora o jacobinismo deve ser visto como um intelectual coletivo organicamente vinculado a uma classe que almeja a hegemonia. A práxis política revolucionária do bolchevismo era então a encarnação do jacobinismo moderno, pós-burguês, ou melhor, antiburguês. Assim, o Partido Comunista seria a expressão de uma vontade coletiva orientada para a fundação de um novo Estado, o qual seria ordenador da hegemonia da classe do trabalho. O Partido Comunista, associado a outros institutos sociais criados pelas classes subalternas, seria o príncipe moderno.

Ainda que se leve na devida consideração que a teoria do partido revolucionário de Lenin não se congelou em 1903, no *Que fazer?*, mas passou por mudanças de acordo com o fluir do tempo, em particular na fase revolucionária e de construção do Estado soviético, o problema não é tão simples. O fato é que o partido bolchevique, o Partido Comunista, tal como formulado por Lenin, não equivale ao príncipe moderno, não é mera adaptação da formulação leniniana. Talvez possa ser considerado como uma tradução, no senso em que entendia Gramsci, ou seja, a possibilidade da tradução das linguagens científica, filosófica e política de uma cultura particular a outra dentro de uma mesma universalidade, tanto no tempo quanto no espaço. Para Gramsci "parece que se pode dizer de fato que só na filosofia da práxis a 'tradução' é orgânica e profunda, enquanto de outros pontos de vista muitas vezes é um simples jogo de 'esquematismos' genéricos" (ibidem, t.3, Q.11, §47, p.1468).

Assim, a formulação gramsciana do príncipe moderno teve que pressupor não só as distintas particularidades da formação social italiana (e ocidental) como considerar a sua tradição cultural e intelectual.

Nesse caso é certo que Maquiavel é referência decisiva, mas que precisa dialogar com o presente, com Lenin certamente, mas também com as formulações teóricas/práticas revolucionárias em França e Alemanha. Por conta disso é que Gramsci estabelece um diálogo privilegiado com Maquiavel e com Sorel na formulação da imagem do príncipe moderno, sem, é claro, que outras contribuições fundamentais sejam desconsideradas, como a de Lenin e a de Rosa Luxemburg, com todas as eventuais divergências que atingiram esses autores em momentos distintos. Todavia esses autores pouco aparecem, a não ser de modo sub-reptício, nessa discussão. Como já destacado, é especialmente no Caderno 13 que Gramsci entabula esse decisivo diálogo, durante o qual a um só tempo interpreta ou reinterpreta Maquiavel e critica Sorel, aponta a correção e também o limite de seu pensamento.

Logo nas primeiras linhas do Caderno 13, Gramsci convoca (de modo não tão explícito) Vico e a ideias da filosofia vivente e Sorel com a imagem do mito, para estabelecer um diálogo interpretativo com Maquiavel. Diz então Gramsci: "O caráter fundamental d'*O príncipe* é não ser um tratado sistemático, mas um livro 'vivo' no qual a ideologia política e a ciência política fundem-se na forma dramática do 'mito'" (ibidem, t.3, Q.13, §1, p.1555).

Para Gramsci, o príncipe é a expressão simbólica de uma vontade coletiva em construção, uma representação que unifica um movimento em direção a um dever ser, a um projeto histórico. Então,

> *O príncipe*, de Maquiavel, poderia ser estudado como um exemplo histórico do "mito" soreliano, isto é, de uma ideologia política que se apresenta não como fria utopia nem como raciocínio doutrinário, mas como uma criação da fantasia concreta que atua sobre um povo disperso e pulverizado para despertar e organizar sua vontade coletiva. (ibidem, p.1555-6)

A sugestão de Gramsci é que o mito se esvai tão logo a vontade coletiva se concretiza e vislumbra o príncipe também como a sua expressão concreta, sua representação efetiva e real. Assim, o povo se faz protagonista da história, se faz vontade organizada no príncipe, que conduz o processo histórico em direção a um fim determinado.

O JACOBINISMO COMO MEDIAÇÃO...

Na análise de Gramsci, no evolver do livro, príncipe, povo e autor são distintos, mas na conclusão tornam-se uma única materialidade: a vontade coletiva dotada de *virtu* para condicionar uma *fortuna* eventualmente favorável. Se no decorrer do livro Maquiavel mostra como o príncipe deve conduzir o povo a fundação de um novo Estado,

> na conclusão, o próprio Maquiavel se faz povo, confunde-se com o povo, mas não com um povo "genericamente" entendido e sim com o povo que Maquiavel convenceu com seu tratamento precedente, do qual ele se torna e se sente consciência e expressão, com o qual ele se identifica: parece que todo o trabalho "lógico" não é mais do que uma autorreflexão do povo, do que um raciocínio interior que se realiza na consciência popular e acaba num grito apaixonado, imediato. (ibidem, p.1556)

Essa passagem indica como o mito do príncipe se faz a realidade da vontade coletiva popular, como se articulam subjetividade e objetividade, como a vontade se organiza para determinar o movimento do real. Gramsci permanece observando o diálogo entre Maquiavel e Sorel sempre em busca do esclarecimento de suas próprias posições teóricas e políticas. A rebeldia imediata, dispersa, aos poucos se eleva, se organiza, se faz coletiva ao se orientar pela sinalização do príncipe. A vontade coletiva que se forma é antagônica à ordem existente, mas essa vontade coletiva desde já se faz outra coisa, até que explode na proposta e na ação concreta de uma nova ordem, de um novo Estado, quando a vontade coletiva se identifica e se confunde com o príncipe, com a razão dotada de paixão.

No entanto, interfere Gramsci, Sorel anda correto somente até certo ponto, já que não entende a necessidade do príncipe. Sem dúvida Sorel estava certo ao defender o "espírito de cisão", isto é, o antagonismo frente à ordem social fundada na exploração, mas a perspectiva do mito da greve geral era limitada, pois esse seria o ápice da ação prática de uma vontade coletiva já atuante no sindicato. Para Gramsci, a greve geral seria apenas

> uma "atividade passiva" por assim dizer, ou seja, de caráter negativo e preliminar (o caráter positivo é dado somente pelo acordo alcançado nas

vontades associadas) de uma atividade que não prevê uma fase própria "ativa e construtiva". Em Sorel, portanto, chocavam-se duas necessidades: a do mito e a da crítica do mito, uma vez que "todo plano preestabelecido é utópico e reacionário". A solução era abandonada ao impulso do irracional, do "arbitrário" (no sentido bergsoniano de "impulso vital"), ou seja, de "espontaneidade". (ibidem, p.1556-7)

Gramsci então contesta a maneira espontaneísta com a qual Sorel encara o mito, ou seja, como algo que se esgota na espontaneidade. Essa visão se explica porque Sorel temia a recomposição do poder político em outros termos, mas o fato é que termina por negar também qualquer possibilidade de previsão na qual subjetividade e objetividade se entrelacem, na qual paixão e ciência se encontrem. Em suma, Sorel nega a necessidade do mito príncipe, o que faz com que Gramsci interrogue:

> Mas pode um mito ser "não construtivo", pode-se imaginar, na ordem de intuições de Sorel, que seja produtor de realidades um instrumento que deixa a vontade coletiva na fase primitiva e elementar de sua mera formação, por distinção (por "cisão"), ainda que com violência, isto é, destruindo as relações morais e jurídicas existentes? Mas essa vontade coletiva, assim formada de modo elementar, não deixará imediatamente de existir, pulverizando-se numa infinidade de vontades singulares, que na fase positiva seguem direções diversas e contrastantes? E isso para não falar que não pode existir destruição, negação, sem uma implícita construção, afirmação, e não em sentido "metafísico", mas praticamente, isto é, politicamente, como programa de partido. (ibidem, p.1557)

O mito príncipe, na contemporaneidade, conclui Gramsci, deve ser o partido revolucionário, que se articula em torno de uma previsão e de um programa. Mas, diz ainda Gramsci,

> O moderno príncipe, o mito príncipe não pode ser uma pessoa real, um indivíduo concreto, só pode ser um organismo; um elemento complexo da sociedade no qual já tenha tido início a concretização de uma vontade coletiva reconhecida e afirmada parcialmente na ação. Esse organismo já

está dado pelo desenvolvimento histórico e é o partido político, a primeira célula na qual se sintetizam germes de vontade coletiva que tendem a se tornar universais e totais. (ibidem, p.1558)

O partido então atua não exatamente sobre uma consciência dispersa, mas é produto de uma vontade coletiva que já se encontra em construção. A massa trabalhadora já está a caminho de se fazer classe e de se fazer partido, uma vontade coletiva que busca a hegemonia. Observe-se, porém, como o mito príncipe se dissolve no momento em que a nova vontade coletiva se impõe historicamente e coloca em prática o seu programa. Diz Gramsci:

> Assim, porque cada partido não é mais que uma nomenclatura de classe, é evidente que, para o partido que se propõe a anular a divisão em classes, a perfeição e a completude consistem no não mais existir porque não existem mais classes e portanto as suas expressões. (ibidem, t.3. Q.14, §70, p.1732-3)

O moderno príncipe deveria realizar a imensa tarefa histórica que o século XVI não foi capaz de articular, qual seja, a confluência de um renascimento cultural com uma reforma moral e intelectual, que criasse uma nova ordem, dessa feita o socialismo. A sua completa realização implicaria o fim do mito príncipe e da própria política enquanto relação entre dirigentes e dirigidos.

5
GRAMSCI E A EDUCAÇÃO DO EDUCADOR

Introdução

A fundação da revista *L'Ordine Nuovo* aconteceu num cruzamento turbulento de águas que agitavam a Europa e a Itália ao fim da guerra imperialista de 1914-1918. Formados no ambiente de uma cultura humanista e livresca, na qual se destacava o influxo de Benedetto Croce, os fundadores da revista – com Gramsci à frente – percebiam a necessidade de agir no processo revolucionário que envolvia o continente. Essa nova conjuntura, inaugurada com a eclosão na Rússia da revolução socialista internacional, alterou, na prática, as condições de se pensar (e agir) sobre os problemas de organização da educação e da cultura. A revista nascia, contudo, com o objetivo de "promover o nascimento de grupos livremente constituídos no seio do movimento socialista e proletário para o estudo e a propaganda dos problemas da revolução comunista" (Gramsci, 1973, v. 1, p.19).

Até esse momento, a reflexão de Gramsci esteve voltada para a crítica do sistema escolar italiano, que enfatizava o ensino técnico destinado aos trabalhadores em busca de emprego ou então o ensino humanista destinado à pequena burguesia, cujo objetivo era compor os diversos escalões da administração pública do Estado liberal-burguês. O desafio era pensar uma escola socialista unitária, que articulasse o ensino técnico-científico ao saber humanista. Essa seria uma chave para que os trabalhadores pudessem perseguir a sua autonomia e desenvolver uma nova cultura, antagônica àquela da burguesia. A luta dos trabalhadores para garantir e aprofundar a cultura, para se apropriar do conhecimento, traria consigo o esforço e o empenho para garantir a autonomia em relação aos intelectuais e o seu poder despótico.

Os intelectuais são elementos importantes na configuração de uma hierarquia de domínio sobre os trabalhadores, que só pode ser rompida a partir de uma reflexão própria dos trabalhadores sobre a cultura. Daí a ênfase de Gramsci na proposta da criação de uma Associação de Cultura. Assim que

> em Turim, dado o ambiente e a maturidade do proletariado, poderia e deveria surgir o primeiro núcleo de uma organização de cultura marcadamente socialista e de classe, que seria, junto ao partido e à Confederação do Trabalho, o terceiro órgão do movimento de reivindicação da classe trabalhadora italiana. (ibidem, v. 2, p.143)

As classes dirigentes e os seus intelectuais são o inimigo a ser identificado. Contra eles devem ser criados uma nova cultura e um novo processo educativo. A influência de Sorel é notável na defesa da autonomia do mundo operário e do antagonismo diante do capital, cuja subjetividade deve se manifestar de forma material. A presença do "espírito de cisão" se apresenta desde logo na recusa da escola do Estado e da Igreja. Gramsci se debatia, no entanto, com a impotência das instituições da classe operária (o sindicato e o partido, antes de tudo) em operar essa educação para a emancipação, em organizar a autoeducação dos trabalhadores, pois, para ele,

> o proletariado é menos complicado de quanto pode parecer. Formou-se uma hierarquia espiritual e intelectual espontaneamente, e a educação intercambiável opera onde não pode chegar a atividade dos escritores e

dos propagandistas. Nos círculos, nos feixes, nas conversações diante das oficinas se esmiúça e se propaga, tornada dúctil e plástica a todos os cérebros, a todas as culturas, a palavra da crítica socialista. (ibidem, v. 2, p.189)

Mesmo depois da eclosão da Revolução Russa e da enorme efervescência cultural que tomou conta das fábricas e do espaço público, com a formação de inúmeros grupos de estudo e de pequenas publicações, a solução para o problema da educação autônoma do trabalho ainda não se deixara perceber. Tanto que L'Ordine Nuovo começou as suas atividades como uma resenha de cultura socialista, como um transmissor de certa cultura já acumulada, mas subalterna.

Autoeducação e liberdade

A guinada em direção à práxis ocorreu em fins de junho de 1919. Ficara claro que a autoeducação dos trabalhadores, a educação para a liberdade, não dependia, ou dependia menos, do sindicato e do partido e muito mais dos próprios trabalhadores. Inseridos no processo produtivo da riqueza social, os trabalhadores fabris eram já dotados de certo conhecimento profissional específico. O trabalho tecnicamente qualificado e produtivo deveria se vincular a um conhecimento mais amplo de cultura científica e humanista, não só para poder gerenciar o processo produtivo, mas a própria administração pública de um novo Estado operário e socialista. Assim é que os trabalhadores, no seu próprio processo de autoeducação, gerariam os seus intelectuais e seus educadores, educando assim o sindicato e o partido.

O organismo fundamental da democracia operária – já o demonstrara a revolução socialista na Rússia e na Hungria – era o conselho. Na Itália, em Turim, o conselho de operários e soldados de Petrogrado poderia ser traduzido nas comissões internas das fábricas, que seriam a escola de direção e administração do processo fabril, mas também de educação político-cultural da classe operária dotada de um "espírito de cisão". A grande vantagem da democracia operária de base e da instituição da comissão interna de fábrica era o seu essencial caráter público, que contrastava com sindicato e partido, instituições do Estado burguês, conformadas em caráter privado.

A liberdade do trabalhador deveria ocorrer a partir do espaço da fábrica, local onde cumpre o seu papel universal de produtor da riqueza social. A liberdade deveria eclodir onde os grilhões do capital se faziam sentir de maneira mais intensa. O partido e o sindicato são associações voluntárias de caráter contratual, dispostos no direito burguês. Portanto, para Gramsci, a liberdade do homem encontra o seu fundamento no estilhaçar das amarras que prendem a sua atividade de produtor aos interesses do capital. Particularmente da sua atividade de produtor dotado de conhecimento técnico capaz de controlar o processo produtivo na fábrica moderna.

A liberdade encontra-se na difusão do espaço público e, se o sindicato e o partido não se submeterem ao controle do espaço público gerado pela atividade emancipadora dos trabalhadores – servindo como instituições também de caráter educativo –, podem, sim, se transformar em aparelhos burocráticos privados dentro da ordem do capital e agentes da dominação burguesa. Os intelectuais que a classe forma podem, a qualquer momento, se voltar contra ela mesma!

Mas atenção! O movimento de autoeducação das massas, o predomínio do espaço público são característicos de um momento revolucionário. De fato, o movimento dos conselhos que eclodia em Turim era uma frente da revolução socialista internacional. Difícil, senão impossível, imaginar o *L'Ordine Nuovo* como agente de organização e educação das massas operárias fora do contexto revolucionário. Em outra situação, de indiscutível dominação burguesa, é mais provável que continuasse sendo uma resenha de cultura socialista. A guinada na orientação editorial e política da revista foi ela mesma o produto da educação ministrada pela classe operária aos seus educadores. A virtude destes foi a imediata assimilação da lição e o seu engajamento completo na tarefa autodesignada.

Em torno ao *L'Ordine Nuovo* se formaram comissões de cultura, guiadas pela ideia de um soviete de cultura proletária, cujos entusiastas foram, em grande medida, os jovens socialistas. Mas o núcleo essencial dessa atividade, visando à construção do trabalho livre associado, é o conselho de fábrica, pois é no processo produtivo mesmo que se encontra o fundamento do processo de autoeducação e de autoemancipação do trabalho. Tanto o movimento da classe pode educar o educador que, diz Gramsci,

> até agora os comunistas italianos tatearam no escuro. As massas proletárias italianas, como todas as massas proletárias do mundo, compreenderam que a "máquina" da revolução é o sistema dos conselhos, compreenderam que o processo de desenvolvimento da revolução é assinalado pelo surgimento dos conselhos, da coordenação e sistematização dos conselhos: compreenderam que o processo de desenvolvimento da revolução é assinalado pelo fato de que as massas populares reconhecem no sistema de conselhos o órgão de governo das massas dos homens e da produção industrial e agrícola e determinam com a sua indiferença, com essa sua passagem de psicologia política, a atrofia das formas políticas atuais, a morte histórica da democracia burguesa. (ibidem, v. 2, p.73)

O conselho deve então ser a base e o fundamento do Estado operário e socialista, das suas instituições sociais. Assim, a escola no Estado de transição deve ser uma escola do trabalho que se emancipa, uma escola que constrói e organiza o trabalho livre associado. Nessa escola, a ação laboriosa disciplinada se articula ao conhecimento da técnica, da ciência e da vasta cultura humanista. O método e o princípio pedagógico se fundamentam no processo produtivo fabril, coletivo e solidário.

A escola organizada pelo *L'Ordine Nuovo* começou a funcionar em fins de 1920, quando o movimento dos conselhos de fábrica começava já a declinar, vítima dos ataques convergentes do Estado, dos nascentes grupos fascistas e da indiferença criminosa dos reformistas do sindicato – a Confederação Geral do Trabalho (CGT) – e do partido – Partido Socialista Italiano (PSI). A escola do trabalho do *L'Ordine Nuovo* não tinha a intenção de preparar os trabalhadores para um mundo a eles estranho. Pelo contrário, a ideia era a de reforçar o princípio de solidariedade e de saber-fazer que era próprio do seu cotidiano de produtores, de incorporar o aprendizado já adquirido no espaço público gerado pela greve, pelo comício, pelo debate. O primeiro passo é, portanto, aceitar que o educador se deixe educar. O método, a disciplina e a solidariedade próprios do mundo da fábrica deveriam ser a base da escola do trabalho.

No entanto, o objetivo da escola do trabalho era educar o proletariado para a autogestão da produção e para a administração pública, entendida como autogoverno. Na escola do trabalho é que também seriam lapidados os intelectuais gerados pela própria classe operária, em condições de criar uma nova cultura, distinta e contraposta à da intelectualidade burguesa e mesmo reformista. Logo, a escola do trabalho encontra o seu método e o seu fundamento na ação dos produtores, mas o seu objetivo é contribuir para a construção do homem comunista, do trabalhador livre associado. Para isso, é imprescindível o controle da produção e do instrumento de trabalho, o que implica conhecimento técnico e científico.

Educar o educador

A derrota do movimento dos conselhos de fábrica trouxe como implicação o fim dessa fase do *L'Ordine Nuovo* e da experiência do grupo político que lhe dava alento. O momento revolucionário de 1919-1920 foi um rico experimento de autoeducação e de educação do educador por parte dos trabalhadores. A clausura do sindicato e do partido operário mostrou a insuficiência dessa ação política educativa. Tratava-se agora, consumada a derrota, de fazer frente à ofensiva do capital, sendo necessário, para isso, construir um novo instrumento político, que conduzisse os trabalhadores à resistência e lhes possibilitasse reorganizar suas forças para o eventual contra-ataque.

O sindicato e o partido operário tinham desempenhado fielmente o seu papel de instâncias privadas e contratuais dentro do Estado burguês. Haviam negociado com o patronato e com o Estado às expensas dos conselhos de fábrica; haviam atuado pela estabilização da ordem social e política; haviam saído em defesa da democracia parlamentar e se oposto à democracia operária dos conselhos. Mas tiveram que pagar o seu preço, e alto. Em janeiro de 1921, o PSI sofre a sua primeira cisão orgânica e que seria o início da fragmentação das instituições sociais da classe operária no seu recuo diante do ataque concentrado do fascismo em ascensão. Surge o Partido Comunista da Itália (PCI), já que havia a necessidade sentida e já tardia da fundação de um novo instrumento de luta pela defesa da autonomia operária.

Finda a época revolucionária – embora não fosse essa a leitura que fazia qualquer das vertentes que convergiram para a formação do PCI –, a apreensão dos ensinamentos emanados da espontaneidade operária se fazia muito mais difícil. A escola do trabalho associado passaria então por um processo profundo de desmantelamento, pois a ofensiva do capital, cujo instrumento era o fascismo, teria desdobramentos no próprio processo produtivo fabril. O "americanismo", que Gramsci entendia ser a escola da inventividade, da laboriosidade e da autodisciplina, foi absorvido pelo fascismo como rígida disciplina do processo de trabalho.

A derrota demonstrava, dentre tantas outras coisas, que a classe operária não se encontrava preparada para se fazer Estado: faltavam os quadros para a administração do processo produtivo e para a administração pública. Mas a classe trabalhadora, ainda que derrotada, contava com forças e quadros suficientes para se fazer Partido revolucionário, completando a cisão orgânica com os reformistas.

No entanto, um problema grave era também apresentado pela composição do novo Partido Comunista. A maioria dos seus aderentes era de seguidores do grupo político que se formara em torno do periódico napolitano *Il Soviet*, no qual prevalecia a orientação de Amadeo Bordiga, reforçada ainda por elementos que vinham de setores "massimalistas" do PSI. A formação cientificista e naturalista de Bordiga o predispunha a conceber a classe operária como um organismo em desenvolvimento, dotado de um órgão específico que concentraria a ciência da classe: o partido revolucionário. Esse órgão deveria organizar a classe e difundir o conhecimento científico.

Aqui não há lugar para a espontaneidade operária, como não há lugar para alianças sociais com outras camadas de trabalhadores de extração pré-capitalista, como os camponeses. Tanto que essa fração tendia a ver com suspeita o movimento dos conselhos, identificando um viés "sindicalista-revolucionário". A revolução se confunde com um processo de longo prazo, durante o qual a ação do capital proletariza amplas massas enquanto o partido organiza e educa essas mesmas massas para a tomada do poder político e a construção de um novo Estado. O trabalho do grupo do *L'Ordine Nuovo* seria agora educar o educador. Ao PCI deveria ser transmitida a lição apreendida da espontaneidade das massas, da experiência concreta dos conselhos de fábrica como embrião de um Estado operário. Dizia Gramsci então que "a constituição do Partido Comunista cria as condições para intensificar e aprofundar a nossa obra", pois "poderemos nos dedicar inteiramente ao trabalho positivo, à expansão do nosso programa de renovação, de organização, de redespertar das consciências e das vontades". Destacava ainda "que o programa do nosso movimento não se preocupa com as maiorias senão quando estas criam as condições para organizar, para educar, para difundir convicções, para coordenar vontades e ações" (ibidem, v. 2, p.172).

Ocupando as instalações do *Avanti*, de Turim (o jornal do PSI), a partir de janeiro, *L'Ordine Nuovo* passa a ser diário. O trabalho agora é de resistência frente à ofensiva do capital, que instrumentaliza o movimento fascista. O surgimento do PCI ocorre em meio a sérias dificuldades, pois, além da necessidade de se criar condições para resistir ao avanço do fascismo – para o que era necessário compreendê-lo –, era preciso disputar a direção do movimento operário, conseguir o suporte da maioria da classe. Isso implica uma decidida ação educativa, uma educação política revolucionária de longo alcance. Mas estaria o partido educador suficientemente preparado ele mesmo para tal tarefa?

Gramsci e o grupo do *L'Ordine Nuovo* eram francamente minoritários no interior da nova formação política e os problemas eram demasiado grandes. Compreender e enfrentar o fascismo não era tarefa fácil, como fácil não era conseguir a maioria na derrotada classe operária. Ademais, o PSI mantinha vínculo estreito com a Internacional Comunista (IC), que entendia promover uma fusão entre as duas organizações, deixando de fora apenas a ala social-reformista. Com tantas ameaças e dificuldades pairando sobre o PCI, Gramsci preferiu se submeter à maioria do partido, que seguia a orientação de Bordiga, e enfatizar, ainda uma vez, o problema da cisão orgânica e político-cultural com os socialistas, em vez de abrir outro campo de luta, pelo controle e pela direção do partido. Esse trabalho seria mais lento, de mais longo alcance, e sem muito alarido.

O aprendizado do educador

Um momento crucial para a formação teórica e intelectual de Gramsci começou quando foi enviado para a União Soviética, em maio de 1922, antes da ascensão do fascismo ao governo do Estado. Gramsci teve então a oportunidade de observar os esforços do Estado operário na construção de uma escola do trabalho, de acompanhar debates sobre o "americanismo" e sobre a organização do processo de trabalho, segundo a experiência taylorista e fordista. Fundamental foi mesmo o encontro com o bolchevismo e com Lenin, considerando que a tradução da revolução socialista internacional para as condições da Itália havia sido feita mais pelas lentes da cultura antagonista da Europa ocidental. Gramsci voltava agora ao papel de educando, pois o impacto da obra de Lenin e de outros bolcheviques seria indelével a partir de então na sua obra teórico-prática. Mas seria a marca da criatividade e da crítica a principal lição assimilada.

Armando-se do instrumental teórico oferecido pelo bolchevismo, Gramsci percebeu a necessidade e amadureceu a perspectiva de abrir a luta pela condução do comunismo italiano se confrontando com a concepção de Bordiga e também com a leitura de Tasca. Ambas traziam aspectos de submissão à tradição socialista italiana, que deveriam ser superados e que poderiam ser sintetizados na concepção da relação entre intelectual e massa, do destaque entre as instâncias do ser e do movimento. Na prática política, Gramsci definiu a sua posição contrastando a investida de Bordiga e de Tasca. O primeiro era favorável à formação de uma corrente de esquerda internacional que fosse contra a política de frente única defendida pela IC e também contra a fusão ou mesmo aliança com os socialistas, enquanto o segundo era favorável à política de frente única que canonizava a aliança e a fusão com os socialistas.

Gramsci, por sua vez, defendeu a manutenção dos laços com o grupo dirigente da IC, a incorporação ao PCI de elementos da esquerda socialista e era favorável à política de frente única, mas não com os socialistas, pois tanto o PSI quanto a CGT eram, na verdade, instituições assimiladas ao Estado burguês. Entendia ainda que a fórmula política da frente única deveria unificar a classe operária e selar uma aliança fundamental com o proletariado agrícola e com o campesinato, para o que os intelectuais meridionalistas liberais deveriam contribuir decididamente.

No entanto, não se tratava de fazer predominar o antigo grupo do *L'Ordine Nuovo* no PCI, mas sim de construir um novo grupo dirigente capaz de criar um "sistema educativo" novo e adequado às condições. Esse grupo dirigente deveria educar a si mesmo na medida em que se fazia, superando o espírito de grupo, e, ao mesmo tempo, deveria ser capaz de assimilar a melhor expressão de cultura e ação política geradas no seio da própria classe trabalhadora. Além de se autoeducar, o educador deveria continuar sendo educado pelo educando. Assim, e somente assim, os riscos regressivos, do ponto de vista cultural e político, presentes nas diferentes posições de Bordiga e de Tasca, poderiam ser superados numa nova síntese teórica.

A posição política defendida por Gramsci foi beneficiada pela repressão fascista, que afetou dramaticamente o grupo dirigente original do PCI, e pela insistência de Bordiga em se opor às diretrizes da IC, entregando a direção partidária à fração de Tasca. Por outro lado, a derrota dos fusionistas do PSI acabou empurrando apenas a ala mais à esquerda dessa agremiação para o seio do PCI. Ainda em Moscou foi tomada a decisão de criar um órgão de massa, que levaria o título de *L'Unità*, voltado para a difusão da política de frente única e da palavra de ordem do governo operário-camponês.

O jornal, assim como toda a política do partido, segundo Gramsci, deveria

> dar importância especialmente à questão meridional, isto é, à questão na qual o problema das relações entre operários e camponeses se põe não só como um problema de relação de classe, mas também e especialmente como um problema territorial, isto é, como um dos aspectos da questão nacional. (Gramsci, 1992, p.130)

Foi em Viena, para onde fora mandado pela direção da IC, que Gramsci amadureceu as suas ideias das relações educativas entre intelectuais e massa, que deveriam se consubstanciar em um progresso intelectual de massas, sendo um substrato imprescindível para se conceber uma ideia de partido revolucionário e de revolução socialista. Além do *L'Unità*, Gramsci resolveu dar vida a uma revista quinzenal que retomasse o título de *L'Ordine Nuovo* e que seria, assim, uma terceira série. Essa publicação estaria, em alguma medida, voltada "para a educação dos companheiros mais qualificados e responsáveis para determinar um movimento de simpatia pelo nosso partido em certos ambientes de intelectuais" (ibidem, p.147).

Para a apresentação da revista, a sugestão de Gramsci era que fosse dito que

> *L'Ordine Nuovo* se propõe a suscitar nas massas de operários e camponeses uma vanguarda revolucionária, capaz de criar o Estado dos conselhos de operários e camponeses e de fundar as condições para o advento e a estabilidade da sociedade comunista. (ibidem, p.169)

Além do *L'Unità*, um jornal voltado para as massas, e da *L'Ordine Nuovo*, uma revista voltada para educar e selecionar a vanguarda operária, Gramsci sugeriu também a elaboração de um anuário da classe operária e a publicação de uma biblioteca de textos fundamentais, que seriam o instrumento para uma escola de partido. Essa escola, devido às condições difíceis impostas pela reação fascista, poderia assumir o formato de escola por correspondência.

Gramsci pensou ainda na criação de outra revista, com um perfil mais estritamente intelectual, que poderia ter o nome de *Crítica Proletária* e cujo objetivo seria o de estabelecer uma crítica à cultura dominante. Como esse amplo projeto demandava organização e recursos, Gramsci conseguiu apenas parcialmente alcançar os objetivos propostos.

No contexto político de disputa dentro do PCI, Gramsci considerava que o *L'Ordine Nuovo* teria um papel decisivo a cumprir. Deveria não só demonstrar a necessidade do governo operário e camponês nas condições nacionais, como também indicar os problemas ligados à organização da fábrica. A sustentação da revista deveria estar estreitamente vinculada ao levantamento de recursos para colocar em ação "um curso por correspondência de organizadores e propagandistas do partido". Na concepção de Gramsci,

> o curso por correspondência deve se transformar na primeira fase de um movimento pela criação de pequenas escolas de partido, atuando para criar organizadores e propagandistas bolcheviques – não maximalistas – que tenham cérebro, além dos pulmões e garganta. (Gramsci, 1978, p.23)

Gramsci evitava qualquer manifestação utópica e percebia que o primeiro passo a ser dado para a emancipação espiritual dos trabalhadores seria a formação dessas pequenas escolas. Os militantes mais velhos e experientes deveriam passar as suas experiências para pequenos grupos de cerca de uma dezena de novos militantes. Quadros políticos bem formados eram indispensáveis para se conseguir guiar a maioria da classe operária e para desorganizar o PSI – entendido sempre como instituição incorporada à ordem burguesa.

O material pedagógico da escola de partido deveria ser composto por opúsculos tratando das questões elementares do marxismo, a explicação da necessidade do governo operário-camponês, a partir das condições concretas da Itália, e um manual do propagandista contendo as informações sobre a realidade econômica e política da Itália. A ideia era ainda publicar uma edição do *Manifesto comunista*, além de passagens de outras obras de Marx e Engels.

A educação da vanguarda

Esse projeto de educação concomitante da vanguarda operária e das massas começou a ser empreendido tão logo Gramsci retornou à Itália, agora como deputado e principal dirigente do PCI. O jornal e a revista tiveram um sucesso significativo, sempre considerando as imensas dificuldades postas pela repressão fascista. A escola tomou mais tempo para ser posta em andamento, mas não resta dúvida de que seria um elemento a mais para preparar a militância para os debates do III Congresso do PCI, a ser realizado no início de 1926.

Gramsci nota com precisão que experiências de escola proletária nunca tiveram sucesso ou saíram de iniciativas isoladas de poucos que não conseguem "combater e superar a aridez e infecundidade dos restritos movimentos 'culturais' burgueses". E isso por conta da "ausência de vínculos entre as 'escolas' projetadas ou iniciadas com um movimento de caráter objetivo" (ibidem, p.49).

Pelo contrário, o relativo sucesso da escola do *L'Ordine Nuovo* de 1920 se explica pelo vínculo existente entre movimento e processo educativo, cuja implicação mais forte é a possibilidade de o educador ser educado pelo movimento, um movimento conjunto de autoeducação das massas e de progresso intelectual coletivo. O limite daquela experiência foi o envolvimento de poucos e não de todo o movimento e de um partido, o que debilitou a capacidade de elaboração teórica coletiva.

O novo empreendimento de Gramsci em organizar uma escola para militantes do proletariado se confrontou com a iniciativa do fascismo, recém-empossado no poder, no campo da reforma da educação e da escola. A reforma Gentile acentuava e explicitava a dualidade do sistema educativo italiano, ao reservar um ramo clássico-humanista para as classes dirigentes – para o qual estaria vedado o acesso para "os débeis e os incapazes" – e outro ramo de base profissionalizante, voltado para as massas, que colimava na especialização precoce da força de trabalho.

O desafio cultural e educativo que Gramsci se propunha a enfrentar era enorme, mas só poderia ser efetivamente resolvido quando a classe operária formasse os seus próprios intelectuais. O desafio se via acrescido agora pelo fato de não haver um movimento operário com condições favoráveis para criar e desenvolver suas próprias instituições.

Em oposição à concepção burguesa de educação, Gramsci indicava que "nem um 'estudo objetivo', nem uma 'cultura desinteressada' podem ter lugar nas nossas filas: [...]". Dizia ainda Gramsci, referindo-se ao partido,

somos uma organização de luta, e nas nossas filas se estuda para acrescentar, para afinar a capacidade de luta de cada um e de toda a organização, para compreender melhor quais são as posições do inimigo e as nossas, para poder adequar melhor as nossas ações de cada dia. Estudo e cultura não são para nós outra coisa que a consciência teórica dos nossos fins imediatos e supremos, e do modo que podemos conseguir a traduzi-los em ação. (ibidem, p.49-50)

Era de suma importância educar um grupo dirigente da classe operária nas condições de refluxo e de terror em que se vivia, pois esse grupo dirigente deveria estar preparado para dirigir o processo revolucionário. Tal grupo dirigente era também importante para administrar o Estado proletário e para educar massas crescentes de trabalhadores no sentido da emancipação, sem que estas voltassem a cair sob a influência das velhas ideologias. Assim que a tarefa de preparação para dirigir a revolução e administrar o Estado proletário deveria ser enfrentada desde já. Um grupo dirigente capacitado era imprescindível também porque "a retomada do processo revolucionário e especialmente a sua vitória despejam grande número de novos elementos para as suas fileiras", quando surge o problema de "impedir que o núcleo central do partido seja submerso e desagregado pelo ímpeto da nova onda", que chega sem a devida preparação (ibidem, p.52).

O drama concreto a ser enfrentado de imediato era educar a vanguarda em condições tremendamente desfavoráveis de ilegalidade e perseguição. Um sério agravante a ser considerado era o fato de que o marxismo jamais havia sido objeto de um estudo mais sério e sistemático por parte das direções do movimento operário, permanecendo na esfera de reflexão da intelectualidade burguesa, a não ser a notável exceção de Antonio Labriola. A solução prática que pareceu ser a única possível nas circunstâncias foi propor uma escola por correspondência.

O curso, enfim implantado a partir de abril de 1925, foi pensado para se desenvolver em três séries de lições, a primeira das quais sobre a teoria do materialismo histórico, tendo por referência o livro de Bukharin, o *Tratado sobre o materialismo histórico* (note-se que esse livro seria objeto de severa crítica de Gramsci, anos depois, nos seus *Cadernos do cárcere*). A segunda parte do curso seria centrada em temas de política geral, que passariam por noções de economia política, formação e desenvolvimento do capitalismo, história do movimento operário, a guerra e a crise capitalista, a Revolução Russa, a transição etc. A terceira parte seria dedicada às questões próprias do PCI, como a doutrina, o programa e a organização revolucionária, de acordo com a orientação da IC. Como material de suporte e complemento, seriam publicados fascículos mensais sobre temas específicos, como a questão sindical, a questão camponesa e outros.

Uma primeira avaliação do curso indicou problemas na forma de exposição, que tendia a ser muito absoluta e enfática. O plano geral deveria ser mais restrito, com temas mais específicos e tratamento mais elementar. O risco era transmitir aos alunos a ideia de que as noções transmitidas eram verdades adquiridas e indiscutíveis e não "isso que deveria ser ainda elaborado, demonstrado, [que] deveria ser ainda objeto de exame e de discussão" (ibidem, p.58).

Muitos dos problemas apontados tinham fundamentos nas condições de existência da própria classe operária e eram de difícil resolução, agravados pelo fato de a escola funcionar por correspondência. Nesse tipo de escola não era possível levar na devida conta a diversidade dos alunos, em termos de idade, de origem, de formação anterior, de experiência social, o que obrigava a se partir de um abstrato tipo médio de aluno. O resultado é que as lições ganhavam um caráter mecânico e absoluto. Por isso mesmo, dizia Gramsci: "O melhor tipo de escola é, sem dúvida, a da escola falada, não o de escola por correspondência". Na escola falada o professor pode visar ao objetivo de "fazer viver coletivamente a escola de modo que ocorra um contínuo desenvolvimento de cada um e que tal desenvolvimento seja contínuo e sistemático" (ibidem).

Mas a educação precede a escola. A mais importante iniciativa é a da autoeducação, o autodidatismo, depois de que "a escola acelera a formação, é o sistema Taylor da educação, dá um método, ensina a estudar, habitua a uma disciplina intelectual, [mas] não pode substituir o espírito de iniciativa no campo do saber" (ibidem, p.59).

A relação entre a escola e a experiência de vida, no entanto, é muito diferente conforme a classe social. Para os jovens da burguesia, por serem da classe dominante, a escola serve para treiná-los, para adequá-los, para se portarem e se verem como dominantes. A escola de classe da burguesia – que na Itália se expressava na sequência ginásio-liceu-universidade – deve agir para formar a classe dirigente e o seu eventual fracasso é o fracasso dessa classe. Por outro lado, "para a classe operária, o Estado burguês organizou um particular tipo de escola: a escola popular e a escola profissional, que é voltada para manter a divisão de classe, a fazer com que o filho de operário seja também ele um operário" (ibidem, p.60).

O conhecimento científico, nas condições instauradas sob o domínio burguês, está fora do alcance da classe operária, que fica submetida a um conhecimento fragmentário, derivado da prática profissional, e a uma baixa autoestima, própria dos dominados. Daí a necessidade de essa classe criar instituições próprias que organizem o conhecimento. Pode ser o sindicato ou o partido ou uma escola propriamente dita, mas esta é sempre "completa e esclarece as experiências concretas da vida vivida, dá uma direção, habitua a generalizar, a raciocinar melhor e rapidamente" (ibidem, p.59).

Percebe-se então a enormidade do desafio para que se chegue a uma escola orgânica do trabalho, a uma escola unitária. A escola por correspondência para a educação da vanguarda operária não podia ser mais do que uma pequena semente de duvidosa germinação, cujo escopo era criar uma intelectualidade orgânica da classe operária.

Forjar os intelectuais da classe operária

A urgência maior para o desenho estratégico que Gramsci vinha elaborando era forjar uma sólida maioria no III Congresso do PCI, que se avizinhava. De fato, a escola por correspondência e as viagens de Gramsci para acompanhar os encontros partidários locais e regionais fizeram o seu efeito. Com o respaldo de uma grande maioria partidária, Gramsci e seus mais próximos colaboradores conseguem delinear uma estratégia para a revolução socialista na Itália, cujo ponto de arranque seria a unificação da classe operária e a aliança com o proletariado agrícola e com o campesinato pobre. Essa frente única das classes subalternas deveria produzir uma nova sociabilidade e uma nova cultura para se opor ao fascismo e ao liberalismo, de modo que a revolução antifascista fosse também uma revolução anticapitalista.

É nesse contexto que aparece com toda a clareza a necessidade de se educar e de se preparar o educador das massas, o partido revolucionário. A fim de estruturar a frente única, o partido deveria subtrair a base de influência dos socialistas na classe operária, desorganizando essa agremiação, o que demandaria capacidade orgânica na fábrica e no sindicato, isto é, capacidade intelectual e organizativa. A visão mecânica e positivista da burguesia, que impregnava o operariado, deveria ser batida. Para isso, seria necessária uma massa crescente de intelectuais orgânicos da classe operária, que tivessem o mais estreito vínculo com o processo de trabalho, pois lhe caberia conduzir o necessário controle social da produção, fundamento do objetivo revolucionário.

Além disso, era necessário selar a aliança com o campesinato, submetido ao tacão do latifúndio e da ideologia religiosa. A influência do Partido Popular (católico) e de outras agremiações políticas vinha perdendo fôlego no sul do país, devido à consolidação do fascismo e do seu vínculo com a Igreja Católica. Era esse o problema que Gramsci vinha analisando nos meses que precederam a sua prisão.

No esboço que ficou conhecido como "Alguns temas da questão meridional", Gramsci procurou identificar as formas e os instrumentos que mantinham os trabalhadores rurais sob aquela brutal submissão. A sólida sobrevivência de características feudais obrigou Gramsci a deslocar sua análise para a dimensão político-estatal e intelectual. Ele percebe que há uma autonomia relativa dos grandes intelectuais, que transcendem as fronteiras nacionais com o seu cosmopolitismo, cujo exemplo maior é Benedetto Croce. O fundamental, no entanto, é a existência de uma massa de pequenos intelectuais vinculados à burguesia rural e que compõe a burocracia estatal e o clero. É esse tipo de intelectual "que também localmente, na vila e no burgo rural, exercita a função de intermediário entre o camponês e a administração em geral" (Gramsci, 1995, p.175).

Para alcançar o objetivo da frente única da classe operária com o campesinato a estratégia definida por Gramsci indicava a necessidade de uma inserção importante do partido revolucionário entre o proletariado agrícola e o campesinato, com a elevação cultural e incorporação a suas fileiras de militantes oriundos dessas frações sociais. Mas o mais importante, pelo menos em um momento inicial, era selar a aliança com os intelectuais meridionais liberal-revolucionários, que percebiam e reconheciam a importância nacional da classe operária e o papel que poderia desempenhar na luta pela emancipação das massas camponesas do Sul.

Percebe-se então como a dialética entre o educando e o educador na reflexão de Gramsci, resguardando sempre o trabalho como fundamento da sociabilidade emancipada do homem, ganha sempre novas dimensões. Gramsci parte da escola do trabalho, na qual prevalece a autoeducação, mas que possibilita um largo aprendizado a quem se pretende educador, pois é aqui que se localiza a via para a emancipação do trabalho. De qualquer modo, essa via já é a revolução em ato.

Quando a revolução se vê derrotada, é preciso encontrar meios para a educação da vanguarda operária, particularmente no caso em que essa vanguarda se revestia de uma discutível concepção de processo revolucionário. Nesse momento, a disposição em aprender com a experiência dos bolcheviques foi muito pertinente.

Uma vez forjada, ainda que de maneira muito embrionária, essa vanguarda, a dialética do educador e das massas, tendo em vista um progresso intelectual, não só enriquece e organiza a classe operária, que produz os seus intelectuais. Essa vanguarda, esses intelectuais, deve se capacitar para gerir o processo produtivo e para administrar o Estado operário, mas tem também que se relacionar com aliados, sem o que não se compõe a frente única das classes subalternas na luta antifascista e anticapitalista e não se cria uma nova cultura de organização do trabalho livre associado.

6
A EDUCAÇÃO COMO FORMA DE REPRODUÇÃO DA HEGEMONIA E O SEU AVESSO

Escola, intelectuais e domínio de classe

A preocupação de Gramsci com a cultura e com a escola existiu desde muito cedo, ainda na Sardenha. Os estudos clássicos e a tradição cultural da sua região de origem ocuparam muito do tempo do jovem Gramsci, ainda que a sua relação com a escola tenha sido muito conflituosa e difícil, posto ser esta bastante pobre e retrógrada, sufocando o desenvolvimento do seu gosto pelas ciências naturais e pelo trabalho artesanal. Este escrito busca apenas mostrar alguns elementos que comprovam como os temas da escola, da educação e da cultura foram elementos permanentes no desenvolvimento da teoria social e política de Gramsci.

Quando se encaminhou para a universidade, em Turim, 1911, Gramsci se dedicou ao estudo de Linguística e de Filosofia. Logo se tornou um intelectual militante, alimentado por um lado pela concepção neoidealista de Benedetto Croce e de outro pelo socialismo, para o qual fora atraído por conta da sua permanente simpatia com os trabalhadores, com os explorados e submetidos. Assim, os problemas centrais da sua reflexão sobre os temas da cultura, da escola, dos intelectuais estavam presentes desde o início da sua formação intelectual e militante, tendo sido mesmo o motivo da sua ação política e cultural.

Gramsci alimentava forte aversão pelo catolicismo e principalmente pela escola jesuítica, pela disciplina imposta, pela hierarquia. De alguma maneira essa forma de organização do saber se reproduzia na universidade estatal, para a qual em diversas ocasiões Gramsci endereçou o seu desprezo e sua ironia, tanto que não concluiu o curso universitário, seja por essa razão, seja por dificuldades pessoais de finanças ou de saúde.

De fato, Gramsci constatava que aquela organização da cultura e da escola apenas reproduzia a divisão social existente entre dominantes e dominados, sendo então imprescindível antes de tudo que os oprimidos tomassem conhecimento da sua situação, assim como da igualdade fundamental do gênero humano. E isso só seria possível por iniciativa própria, pela escola da vida, pela escola do trabalho, já que "é através da crítica da civilização capitalista que se formou ou está se formando a consciência unitária do proletariado, e crítica quer dizer cultura e não evolução espontânea e naturalista" (Gramsci, 1973, v. 1, p.70). Contra a escola que fazia da cultura um privilégio, Gramsci afirmava que

> Ao proletariado é necessária uma escola desinteressada. Uma escola em que seja dada à criança a possibilidade de formar-se, de fazer-se homem. De adquirir aqueles critérios gerais que servem de desenvolvimento do caráter. Uma escola humanista, em suma, como entendiam os antigos e os mais recentes homens do Renascimento. Uma escola que não hipoteque o futuro da criança e constrinja a sua vontade, a sua inteligência, a sua consciência em formação a mover-se por um trilho e estação prefixada. (Gramsci, 1973, v. 1, p.83)

Gramsci lamentava o fracasso da experiência intentada em Turim de Universidade Popular, por conta da sua concepção filantrópica, mas pensava sempre ser essencial uma organização autônoma de cultura popular, de autoeducação e progresso intelectual das massas. Assim, a proposta de uma Associação de Cultura, surgida sempre em Turim, em fins de 1917, foi vista por Gramsci com muita simpatia. Para ele, essa associação deveria ser claramente socialista e de classe e complementaria os já existentes sindicato e partido, ou seja, as organizações política e econômica do proletariado. Nessa associação seriam discutidas questões filosóficas e de caráter moral, visando um questionamento dos costumes e valores arraigados. Entendia que essa proposta indicaria uma colocação para os intelectuais do partido e que, "realizando esse instituto de cultura, os socialistas dariam um golpe certeiro na mentalidade dogmática e intolerante da educação católica e jesuítica" (Gramsci, 1973, v. 1, p.142).

Percebe-se então que Gramsci, nos anos da guerra e do primeiro impacto da Revolução Russa, entendia com clareza a necessidade de a classe operária se organizar e se educar de forma autônoma e antagônica frente ao Estado e ao capital. A escola existente reproduzia a ordem existente, mas a própria burguesia não cumpria o papel de educador, deixando essa função para a burocracia estatal e para a Igreja (para os seus intelectuais). Para Gramsci, considerando a sugestão de Sorel, os intelectuais e os políticos seriam todos representantes da ordem do capital e cuidavam da reprodução do seu domínio de classe. Todos esses temas, que seriam depois desenvolvidos nos *Cadernos do cárcere*, já estavam, portanto, no universo de preocupações de Gramsci.

A escola do trabalho e os novos intelectuais

A experiência realmente espetacular de autoeducação da classe operária, de autonomia e antagonismo, na qual intelectuais revolucionários como Gramsci se envolveram de forma orgânica, ocorreu com o movimento dos conselhos de fábrica, nos anos 1919-1920. Dessa feita, os intelectuais e os operários se educaram reciprocamente. O periódico *L'Ordine Nuovo*, fundado por Gramsci e outros jovens intelectuais socialistas, se esforçou para dotar o movimento de cultura, de teoria e de direção consciente, enquanto eles mesmos aprendiam da escola do trabalho.

A ação política desse grupo se orientava pela concepção de que o processo de criação de uma nova ordem antagônica ao capital tem os seus fundamentos no próprio processo produtivo do capital. A reorganização do processo produtivo, a autogestão e o controle operários são a base sobre a qual se eleva um novo Estado e uma nova cultura. Numa situação revolucionária, e apenas nesta, o problema da educação do educador pela classe que se prepara para assumir o poder pode se colocar, pois nessa situação, mesmo com muitos limites, a classe gera seus intelectuais e seus dirigentes, que se somam aos intelectuais de formação que se postam ao lado dos explorados em revolta e contribuem para a sua elevação cultural e para a emancipação do trabalho. O conselho operário é visto como o fundamento do novo Estado, pois organiza a produção e a cultura, assim como a gestão do espaço público e também o controle de seus próprios intelectuais. Então, essa escola só é possível como elemento do Estado de transição para uma nova ordem, como elemento de constituição e consolidação dos trabalhadores livres associados.

Gramsci localizava o problema essencial da educação burguesa do seu tempo na separação entre ensino para o trabalho manual e educação de cultura humanista e indicava como possibilidade de solução um processo de aquisição do conhecimento que unificasse o conhecimento e controle do mundo natural com a elevação cultural e moral possível com a filosofia, as letras e as artes. A escola de cultura criada pelo grupo de *L'Ordine Nuovo*, em novembro de 1919, era portadora dessa concepção de escola unitária, de escola integral.

A experiência russa de cultura proletária e de escola do trabalho incidiu nas elaborações de Gramsci, mas é muito provável que com mais intensidade após a experiência decisiva do ano de 1923, o qual passou na Rússia, como representante do Partido Comunista da Itália (PCI) junto aos órgãos dirigentes da Internacional Comunista (IC). Ali pôde constatar, seguindo a orientação de Lenin e dos bolcheviques, como a educação técnica e científica para o trabalho era inseparável da educação cultural mais geral. Lenin clamava pela necessidade de uma revolução cultural, sem a qual a Rússia não poderia enfrentar o seu atraso material. Sem um crescimento cultural enorme e decisivo, qualquer projeto de desenvolvimento econômico e social do novo Estado estaria fadado ao fracasso.

Nesse mesmo ano o recém-empossado governo fascista, com o ministro Giovanni Gentile, fez aprovar uma reforma da educação na

Itália. Ao contrário do que observava na União Soviética, Gramsci garantia que essa reforma fascista em verdade realçava a tradicional distinção entre educação para o trabalho manual e educação para o trabalho intelectual. As escolas técnicas endereçavam seus formandos para a fábrica e as escolas clássicas para o Estado, para a atividade política e administrativa, reproduzindo a divisão social do trabalho. Na verdade, o escopo era já assimilar o americanismo em versão disciplinadora e impositiva. Gramsci também se deu conta de como os intelectuais italianos, segundo a região, tinham orientação diferente: no Sul a educação era idealista, humanista, clássica, mas os trabalhadores manuais não tinham acesso; no Norte predominava já a educação científica e positivista, mas jovens da pequena burguesia e setores de trabalhadores podiam frequentar as escolas técnicas.

A instauração do fascismo e o novo enquadramento do trabalho como se prospectava significaram a funda derrota do movimento operário. A experiência do "biênio vermelho" mostrou como a classe operária não fora ainda capaz de criar os seus próprios intelectuais, como sindicato e partido, como instituições contratuais próprias da democracia burguesa, voltaram-se contra a classe, como a mesma classe operária não foi capaz de difundir o movimento dos conselhos para outras cidades e outras camadas sociais, mormente o campesinato.

O partido como produto da autoeducação das massas

A situação, no começo de 1921, exigia que a medida já tanto postergada de cisão completa com o reformismo e a fundação de um partido revolucionário fosse levada a cabo. A fundação do Partido Comunista implicava a criação de um instrumento aglutinador da parte melhor, mais disciplinada e consciente da classe operária. O objetivo imediato era fazer frente à ofensiva do capital em crise, mas, em perspectiva, deveria ser um instrumento político decisivo para a emancipação do trabalho. Assim, era fundamental que o partido desenvolvesse o papel de educador das massas.

Era razoável, no entanto, duvidar que esse novo partido tivesse já o preparo suficiente para servir de educador se ele mesmo não fosse educado. A classe operária de Turim, que levara a frente à experiência dos conselhos de fábrica, fora derrotada e os intelectuais que formara enquanto vanguarda e que se juntaram ao grupo do *L'Ordine Nuovo* eram minoria no novo partido. Essencial, de início, era garantir a efetiva cisão com o reformismo e provavelmente por essa razão Gramsci decidiu apoiar Amadeo Bordiga na direção do novo partido que se formava. Quando, porém, a pressão da IC em favor de uma aproximação com o Partido Socialista Italiano (PSI), ou até mesmo pela fusão, correu o risco de se tornar uma intervenção aprovada por aqueles, como Angelo Tasca, que via com bons olhos a unificação das duas organizações, Gramsci, já em Moscou, decidiu por abrir batalha. Gramsci, contra Bordiga, aceitou a política de frente única sugerida pela IC, mas fez uma nova interpretação, que mantinha forte o tema da cisão frente ao reformismo socialista, opondo-se então a Tasca. Era agora necessário forjar um grupo político que fizesse dessa posição a do partido todo. Tratava-se então de educar o partido educador.

Em Viena, por meio de cartas, Gramsci agregou um grupo inicial e amadureceu a proposta educativa a ser realizada por meio de publicações diferenciadas: *L'Ordine Nuovo*, como revista, contribuiria na formação de quadros capacitados teoricamente, o jornal *L'Unità* difundiria a orientação política do partido, centrada na frente única e na aliança operário-camponesa, e uma revista de *Crítica Proletária*, preocupada com a crítica cultural e a luta ideológica. Esse conjunto de publicações seria ainda completado com um anuário voltado à classe operária, com textos explicativos.

Quando Gramsci voltou à Itália, em maio de 1924, já como deputado e principal dirigente do PCI, na medida das dificuldades buscou colocar em prática esse plano educativo, que encontrou num curso de formação política por correspondência o complemento decisivo. De qualquer maneira, Gramsci nunca perdeu de vista que a educação precede a escola e que a escola presencial é fundamental. Mas a mais importante iniciativa é sempre a da autoeducação, o autodidatismo, depois de que "a escola acelera a formação, é o sistema Taylor da educação, dá um método, ensina a estudar, habitua a uma disciplina intelectual, mas não pode substituir o espírito de iniciativa no campo do saber" (Gramsci, 1978, p.59).

No período em que foi dirigente máximo do PCI e deputado, Gramsci desenvolveu a sua concepção de partido como educador das massas em contraposição à orientação antes imprimida por Bordiga, o qual entendia ser a organização política o cérebro da classe, que, formada por intelectuais revolucionários, se dedicaria a disciplinar, organizar e transmitir a ciência marxista aos trabalhadores. Gramsci pensava que o partido devesse surgir a partir da melhor parte da classe, aquela mais disciplina e intelectualizada e que se dedica a apanhar os impulsos de espontânea rebeldia da classe a fim a de oferecer-lhe uma direção estratégica rumo à emancipação, para o que é necessária uma educação científica e cultural autônoma.

Na medida em que a classe educa o partido e o partido educa a classe num processo organizativo e cultural de grande monta, a classe se faz partido e se prepara para se fazer Estado. Os elementos de mediação nesse processo encontram-se na fórmula política da frente única, na aliança com o campesinato e na questão da criação de um novo grupo intelectual e político que enfrente a organização cultural da ordem burguesa. O princípio pedagógico emancipatório é então fundado no trabalho, é político-cultural e profundamente dialético. A escola não pode então ser tão desinteressada como antes Gramsci chegou a pensar.

Os intelectuais orgânicos da burguesia

Nos *Cadernos do cárcere*, mesmo mantendo a forma não sistematizada que já era marca do seu pensamento, Gramsci retomou e rediscutiu toda a problemática sobre a cultura, a educação e os intelectuais. Pode-se dizer que essa problemática perpassa toda a obra carcerária de Gramsci.

A escolarização é um produto da revolução burguesa. A hegemonia burguesa para ser forte e implantada no conjunto da vida social exige a difusão da escola e a expansão da vida intelectual. Mas a escola laica e pública é produto de certa forma de revolução burguesa, aquela jacobina. Em locais, como a Itália, onde a revolução burguesa assumiu a forma de revolução passiva, a escola também teve que conviver com a organização escolar religiosa e com a gestão burocrática do sistema escolar e isso teve implicações na escolarização das camadas subalternas e na hegemonia burguesa.

Gramsci reconhece a função progressiva da escola e a importância do grupo social dos intelectuais, os principais responsáveis pela hegemonia:

> O enorme desenvolvimento tomado pela atividade e pela organização escolar (em sentido amplo) nas sociedades saídas do mundo medieval indica a importância assumida no mundo moderno pelas categorias e funções intelectuais: como se procurou aprofundar e dilatar a "intelectualidade" de cada indivíduo, também se procurou multiplicar as especializações e afiná-las. Isso resulta das instituições escolares de graus diversos, até os organismos para a promoção da chamada "alta cultura", em cada campo da ciência e da técnica (a escola é o instrumento para elaborar os intelectuais de vários graus). A complexidade da função intelectual nos diversos Estados pode ser medida objetivamente pela quantidade de escolas especializadas e pela sua hierarquização; quanto mais extensa é a "área" e quanto mais numerosos os "graus" "verticais", tanto mais complexo é o mundo cultural, a civilidade, de um determinado Estado. (Gramsci, 1975b, t.3 Q.12, §1, p.1517)

Assim, a escolarização promovida pela época burguesa em muito contribuiu para combater o folclore e a superstição e também para difundir a noção de trabalho vinculada ao controle das forças da natureza por meio da ciência. Mas certo é que a escola, no seu conjunto, está voltada para a reprodução das relações sociais, para a reprodução da divisão social do trabalho que gera as classes sociais antagônicas. Dito de outra maneira, a escola contribui para a divisão entre trabalho manual e trabalho intelectual, entre os simples e os cultos, entre subalterno e dirigente, entre dominado e dominante. A escola então é um elemento importante na constituição do conformismo social, da hegemonia de uma classe sobre outra ou, para sermos explícitos, da dominação política e econômica. Então se pode dizer, sempre com Gramsci, que a escola, a pedagogia, é política e cultura ao mesmo tempo.

Na verdade, a escola é apenas um aparato especializado na educação, na formação de intelectuais, mas esse papel pedagógico de reprodução da dominação e da hegemonia é cumprido por uma série de instituições, que compõem o aparato cultural de hegemonia. Em diversas passagens dos *Cadernos* são elencadas algumas dessas instituições, que incluem, além da escola, também bibliotecas, clubes, sindicatos, Igreja, jornais, livros, revistas, livrarias, teatro, museus, pinacotecas, zoológico, Exército, arquitetura, nomenclatura das ruas etc., tudo o que tem implicação na organização da cultura e, enfim, na conformação da produção e dos processos e do gerenciamento do trabalho.

Isso significa – como já havia sugerido Sorel – que há toda uma camada de intelectuais que se ocupam da reprodução do mundo social adequado à acumulação do capital. Essa camada intelectual se expressa como representação política e cultural do domínio de classe da burguesia. De tal modo fica impossível cindir pedagogia de política, dado ser, ambas, partes constitutivas da hegemonia, ao modo de supraestrutura da sociedade civil, cujo fundamento, é bom lembrar, encontra-se no processo produtivo do capital ampliado.

Mas o capital se utiliza de intelectuais surgidos das entranhas da época feudal, a começar dos clérigos, mas que depois se desenvolveram e se multiplicaram como artistas, professores, filósofos, literatos, cientistas e outros. Mas "como essas várias categorias de intelectuais tradicionais sentem com 'espírito de corpo' a sua ininterrupta continuidade histórica e a sua 'qualificação', assim se colocam como autônomos e independentes do grupo social dominante; [...]" (ibidem, p.1515).

Colocando-se acima dos interesses dos grupos sociais antagônicos, na verdade, esses intelectuais contribuem muito para a reprodução da ordem, para a sua naturalização. Acabam assim se submetendo aos intelectuais orgânicos. Diz Gramsci:

> Cada grupo social, nascendo sobre o terreno originário de uma função essencial no mundo da produção econômica, cria junto, organicamente, uma ou mais camadas de intelectuais que lhe dão homogeneidade e

consciência da própria função, não só no campo econômico, mas também naquele social e político. (ibidem, p.1513)

O intelectual orgânico do capital é antes de tudo o empresário capitalista, mas são necessários outros especialistas, como o economista, o administrador, o engenheiro, o urbanista, o novo jurista, o jornalista etc. Percebe-se então como, partindo do processo produtivo do capital, a necessidade de organização de certa sociabilidade exige a escolarização e a formação de intelectuais organicamente vinculados. Mas

a relação entre os intelectuais e o mundo da produção não é imediata, como acontece para os grupos sociais fundamentais, mas é "mediada", em diversos graus, por todo o tecido social, pelo complexo das superestruturas, do qual exatamente os intelectuais são "funcionários". (ibidem, p.1518)

Gramsci sugere que os intelectuais orgânicos do capital encontram-se, em primeiro lugar, na sociedade civil, "ou seja, no conjunto dos organismos vulgarmente ditos privados", e depois na "sociedade política ou Estado", e cuidam do consenso e da dominação (ibidem). Com isso, há uma ampliação enorme do conceito de intelectual: os organizadores de um clube esportivo, os militantes de um partido político e o conjunto da administração pública são, nessa leitura, entendidos como intelectuais. Resulta disso que a contradição inerente ao capital, que nucleia o movimento dialético da sociedade civil, se reproduz em todas as instâncias da sociabilidade e do domínio político de classe, conformando assim o bloco histórico capitalista e o Estado burguês.

O programa da reforma moral e intelectual

Constatada a força da hegemonia burguesa, a sua capacidade de reprodução, por meio da educação que produzia o conformismo social, mas também produzia uma massa de intelectuais orgânicos à ordem, Gramsci se perguntava sobre como transformar o mundo dos homens, como vislumbrar a emancipação humana e alcançar a unidade do gênero humano. A resposta estava sugerida pela necessidade de uma reforma moral e intelectual de grande alcance. Decerto que essa reforma teria o seu fundamento na reordenação radical das forças produtivas do trabalho, posto que a nova hegemonia, aquela fundada no trabalho em processo de emancipação, teria que ter a sua materialidade forjada a partir do processo produtivo, mas só se completaria com o progresso intelectual de massas e a difusão da filosofia da práxis como novo senso comum.

Para pensar a reforma intelectual e moral com esse contorno, Gramsci se utilizada como metáfora das noções de Renascimento e de Reforma, eventos histórico-concretos dos albores do mundo burguês. O Renascimento foi um evento de grande padrão cultural e artístico, mas não foi capaz de criar uma cultura popular ou mesmo de respaldar a criação de um Estado unitário italiano. Isso por terem-se mantidos os intelectuais atados à nobreza e à instituição eclesial. Ou seja, o Renascimento não foi capaz de ultrapassar o mundo feudal. Por outro lado, a Reforma luterana e calvinista criou uma cultura popular que contribuiu para a formação de Estados nacionais e do próprio capitalismo, ainda que tenha demorado muito para criar uma alta cultura, tal como foi enfim a filosofia clássica alemã de Kant a Hegel.

A derrota do projeto de Maquiavel de fazer das massas camponesas as protagonistas históricas no processo de unificação da Itália contribuiu fortemente para delimitar o Renascimento como fenômeno das camadas sociais dominantes, apartado do povo. Maquiavel foi um jacobino antes do tempo, mas faltou-lhe o respaldo de uma massa popular composta ao modo de vontade coletiva nacional-popular. A efetiva reforma moral e intelectual que deu origem ao mundo burguês foi o Iluminismo materializado na Revolução Francesa e vinculado à filosofia clássica alemã. Assim, só na virada do século XVIII ao século XIX é que a equação que originou o mundo burguês se configurou de modo pleno.

Nas palavras de Gramsci:

> A reforma luterana e o calvinismo criaram uma cultura popular, e só em períodos sucessivos uma cultura superior; os reformadores italianos foram estéreis de grandes sucessos históricos. A filosofia moderna

continua o Renascimento e a Reforma na sua fase superior, mas com os métodos do Renascimento, sem a incubação popular da Reforma, a qual criou as bases sólidas do Estado moderno nas nações protestantes. (ibidem, t.1, Q.4, §3, p.423)

Essa reflexão sugere o perfil que deveria definir a reforma moral e intelectual voltada para a formação humana onnilateral que envolveria todo o gênero humano. Um Renascimento capaz de criar um homem completo, sugerido na imagem de Leonardo da Vinci, somado a um filósofo tal qual a Reforma gerou ao modo da filosofia clássica alemã, que em Hegel encontrou o seu apogeu. Isso tudo consagrado por grande base de massa, tal como nos albores da Reforma.

A filosofia da práxis criticou e superou esse conjunto social e cultural, que deu vida ao mundo burguês e a sua hegemonia. Deveria ser, portanto, a filosofia da práxis o instrumento fundamental para a realização da reforma moral e intelectual que superaria a hegemonia burguesa e o capitalismo, o cindido mundo dos homens. A filosofia da práxis é filosofia que se faz política, mas que também se faz pedagogia e daí economia. Uma reforma moral e intelectual com essas proporções demanda uma ação contínua, política e pedagógica, na totalidade da vida social. A questão de fundo se coloca, enfim, na relação entre intelectuais e massas. O Renascimento italiano não foi capaz de alcançar as massas, a Reforma protestante alcançou as massas, mas só gerou uma alta cultura muito tempo depois, que então, porém, apareceu dissociada da cultura popular. O vínculo entre intelectuais e massas se expressou somente no jacobinismo francês, no momento mais radical da revolução burguesa.

Agora, porém, tratava-se de realizar uma reforma moral e intelectual que superasse o mundo burguês, para o que era necessário agir política e pedagogicamente. A reforma moral e intelectual em ato seria o príncipe moderno, um organismo totalizante que aprende da ação espontânea das massas, mas as educa e organiza ao mesmo tempo, oferecendo uma direção consciente. O partido revolucionário é aquele que forja e organiza os intelectuais gestados pela luta operária e que na sua ação política e pedagógica desenvolve a reforma moral e intelectual. Assim, o príncipe moderno deve ser um elemento complexo de sociedade no qual já tenha início a concretização de uma vontade coletiva reconhecida e afirmada parcialmente na ação. Esse organismo está já dado pelo desenvolvimento histórico e é o partido político, a primeira célula na qual se reassumem os germens de uma vontade coletiva que tendem a serem universais e totais. (ibidem, t.3, Q.13, §1, p.1558)

Gramsci parte de alguns pressupostos essenciais para a realização da reforma moral e intelectual que concretize o homem emancipado: a espécie humana é fundamentalmente una e, portanto, todos são a um só tempo trabalhador e intelectual. A divisão social do trabalho e a divisão entre dirigentes e dirigidos é um fenômeno histórico (e assim a própria política enquanto prática de dominação), que pode e deve ser superado. O problema, no entanto, do ponto de vista histórico e político, é de grandíssima dimensão, pois se trata de enfrentar e superar a alta cultura burguesa e, paralelamente, promover um imenso progresso intelectual de massas. Seguindo o raciocínio de Rosa Luxemburg e de Sorel, Gramsci tenta explicar a derrota da revolução socialista e sugere que

> o marxismo tinha duas tarefas: combater as ideologias modernas na suas formas mais refinadas e esclarecer as massas populares, cuja cultura era medieval. Essa segunda tarefa, que era fundamental, absorveu todas as forças, não só "quantitativamente", mas "qualitativamente"; por razões "didáticas" o marxismo se confundiu com uma forma de cultura um pouco superior à mentalidade popular, mas inadequada para combater as outras ideologias das classes cultas, enquanto o marxismo originário era exatamente a superação da mais alta manifestação cultural do seu tempo, a filosofia clássica alemã. (ibidem, t.1, Q.1, §3, p.422-3)

Assim, não fora possível realizar um Renascimento e uma Reforma ao mesmo tempo. Num primeiro momento o fato a ser reconhecido era que, difundido entre setores populares, havia um marxismo vulgar, que mal superava o senso comum – tal como a Reforma nas suas origens –, e havia o marxismo dos intelectuais e dirigentes, por sua vez submetido a várias intrusões advindas da alta cultura burguesa, tais como eram o neokantismo e o positivismo.

Na verdade, para Gramsci o florescimento cultural de massa ocorreria somente quando o moderno príncipe tivesse se alargado tanto que tivesse antecipado uma nova hegemonia e assumisse o poder. O Estado operário, que é um Estado de transição, seria expressão de um novo bloco histórico, conduzido pela hegemonia do trabalho e que criaria uma nova cultura, uma nova organização da cultura e o progresso intelectual de massas, envolto pela filosofia da práxis e tendo por objetivo a criação do homem onnilateral e plenamente emancipado. A superação da divisão social do trabalho e de toda hierarquia seria a condição mesma para se alcançar o Estado ético político. Por Estado ético político deve se entender o comunismo, a forma da sociabilidade humana na qual predomina a ética e a pura administração das coisas, na qual não há mais Estado político como expressão da sociabilidade composta por dominantes e dominados.

Escola e Estado de transição

Elemento essencial para a reforma moral e intelectual, ou seja, para a revolução socialista, era a difusão da filosofia da práxis como nova visão de mundo que superasse as excrescências religiosas e também a visão ideológica das ciências desenvolvidas em favor da acumulação do capital. Ainda que a educação preceda e envolva a escola, a instituição pedagógica, no Estado de transição, deve ocupar uma posição de enorme destaque, na medida em que está vinculada também com o problema dos intelectuais e da organização da nova cultura, ou seja, da construção e consolidação da hegemonia operária.

Nas suas reflexões, Gramsci considera várias experiências pedagógicas que se desenvolviam em diversos países europeus, como a Alemanha ou a Inglaterra, mas o efetivo contraponto é feito entre a organização escolar da Itália e a experiência soviética, sem deixar de lado o americanismo, que se destaca exatamente por produzir intelectuais vinculados à notável base industrial dos Estados Unidos. A experiência italiana tradicional dedicava a escola elementar para os futuros trabalhadores manuais, a escola média para a formação técnica da pequena burguesia e a escola clássica para a formação dos intelectuais das classes dirigentes. A reforma fascista da escola preservou a organização da escola voltada para a reprodução da força de trabalho destinada ao capital e para a formação dos intelectuais das classes dominantes. Assim, a escola preserva o seu papel de instituição reprodutora da hegemonia burguesa. Foram muitas as críticas feitas por Gramsci a esse padrão escolar.

Mas, a menos que a escola seja inteiramente autônoma frente ao Estado e ao capital, não pode escapar ao seu papel de reprodução da hegemonia burguesa. Ou então que a escola seja uma instituição pública de um novo Estado voltado contra o capital e a divisão social do trabalho. Gramsci se pergunta: "Pode ocorrer uma reforma cultural, ou seja, a elevação civil das camadas deprimidas da sociedade, sem uma precedente reforma econômica e uma mutação nas posições sociais e no mundo econômico?" (ibidem, t.3, Q.13, §1, p.1561).

Quando Gramsci propõe um esquema de escola unitária ou de escola integral, na verdade trata-se de um esboço de organização escolar para um possível período de transição que viesse a suceder o fascismo. A escola unitária ou de cultura geral deve preparar os jovens para a vida social e por isso deve ser efetivamente pública, com despesas a cargo do Estado, incluindo vasta infraestrutura. Nos anos iniciais de estudo deveriam ser adquiridas "as primeiras noções do Estado e da sociedade, como elementos primordiais de uma nova concepção de mundo contra as noções dadas pelos diversos ambientes sociais tradicionais, ou seja, das concepções que podem ser chamadas de folclóricas" (ibidem, t.3, Q.12, §1, p.1535).

No desenrolar da escola unitária os valores da autodisciplina intelectual e da autonomia moral seriam desenvolvidos num ambiente de vida coletiva e ativa. O fundamental é que

> o advento da escola unitária significa o início de novas relações entre trabalho intelectual e trabalho industrial não só na escola, mas em toda a vida social. O princípio unitário se refletirá por isso em todos os organismos de cultura, transformando-os e dando-lhes um novo conteúdo. (ibidem, p.1538)

Para Gramsci a unificação das organizações culturais existentes na Itália serviria para integrar o trabalho acadêmico com a vida coletiva, ao mundo da produção e do trabalho. Ora, o princípio gramsciano de que todos os homens são trabalhadores e todos os homens são também intelectuais indica o horizonte da emancipação humana, do desenvolvimento da personalidade, na superação da separação entre trabalho manual e intelectual. A conquista plena das forças materiais pelo homem coletivo exige essa superação.

Esse processo longo de superação da cisão entre trabalhador intelectual e trabalhador manual deve ocorrer a partir já da escola, mas se desdobrar no processo produtivo e na organização do trabalho. A autodisciplina intelectual, a autonomia moral, a atividade criativa devem facilitar a organização da produção em moldes científicos e sob controle operário. Trabalho e cultura se complementam na escola e se tornam uma só.

A escola e a vida social tendem a se confundir na criação de uma nova sociabilidade humana, emancipada, na qual se difunde a filosofia da práxis como novo senso comum. Desse modo é que a hegemonia operária se constrói e poderá assimilar o "americanismo", não mais como forma de exploração capitalista, mas como um equilíbrio que "poderá tornar-se interior se for proposto pelo próprio trabalhador e não imposto de fora, proposto por uma nova forma de sociedade, com meios apropriados e originais" (ibidem, t.3. Q.22, §11, p.2166).

7
GRAMSCI E O TRABALHO COMO FUNDAMENTO DA HEGEMONIA

Hegemonia e sociedade civil: conceitos difusos

A categoria da hegemonia é uma das chaves de entrada no complexo universo que Gramsci constrói nos seus *Cadernos do cárcere*, ainda que não seja a única. Na verdade, a preocupação maior com essa categoria só se mostrou mais acesa nos anos 1970, quando se antecipava a estratégia "eurocomunista" de disputa do Estado por meio da democracia burguesa e se preparava a chamada edição crítica dos *Cadernos do cárcere*.

Na mesma ocasião, muito se discutiu sobre o conceito de sociedade civil na obra carcerária do revolucionário sardo, problema que não pode ser dissociado do anterior e até por isso é considerado uma chave alternativa. A leitura que veio a preponderar e a criar certo senso comum foi proposta por Norberto Bobbio, ainda nos anos 1960, que via a sociedade civil, em Gramsci, como elemento das supraestruturas (Bobbio, 1969, p.75-100).[1]

---

[1] A exposição de Norberto Bobbio no encontro científico organizado pelo Istituto Gramsci em 1967 é um marco decisivo nesse debate.

Nesse caso a luta pela hegemonia só teria pertinência na dimensão supraestrutural, no campo da política e da cultura, vinculando-se com o tema da democracia e da reforma moral e intelectual. A noção de "hegemonia na sociedade civil", assim definida e cara ao senso comum, era uma traição ao percurso teórico de Gramsci, pois essa interpretação trazia como implicação a cesura de Gramsci com Marx e com Lenin. Marx percebia a sociedade civil como dimensão essencial organizada a partir das relações sociais de produção do capital. A anatomia da sociedade civil (da totalidade social) deveria ser buscada no processo de acumulação do capital, mas certo é que a anatomia não esgota a totalidade do ser social.

Então, a leitura reducionista de hegemonia e de sociedade civil servia muito claramente para definir os contornos da política e da cultura dentro dos marcos da institucionalidade liberal-burguesa e para ocultar o seu significado mais profundo, presente na obra gramsciana, indicativo de revolução e luta de classes. E isso se fazia escamoteando a dimensão da exploração do trabalho e da luta pela emancipação social. O que se deixava para trás era o princípio básico dos escritos gramscianos de que a sociedade civil e a hegemonia dizem respeito à totalidade social em processo contraditório, cujo fundamento se encontra na produção da vida material realizada por meio do trabalho do homem social. A preocupação maior de Gramsci com o momento da subjetividade foi confundida com subjetivismo, culturalismo ou politicismo.

Frente única e hegemonia

Desde a experiência dos conselhos de fábrica de Turim, em 1919-1920, e da publicação do *L'Ordine Nuovo*, era bastante evidente o empenho de Gramsci em vincular, diretamente, na prática, economia, política e cultura. A autogestão do processo produtivo seria possível por meio do conhecimento dos processos técnicos, mas a gestão da coisa pública, do novo Estado que deveria brotar dos conselhos, exigiria uma qualificação cultural e uma mudança profunda no conjunto da vida social.

O interesse pelos novos processos de trabalho surgidos nos Estados Unidos e que se intentava utilizar na União Soviética, notadamente o chamado taylorismo, já estavam presentes nessa época e permaneceram por toda a vida, tendo colimado no Caderno 22 da obra carcerária. Assim, pode ser notada a continuidade da elaboração teórica de Gramsci, do período do *L'Ordine Nuovo* até o fim dos *Cadernos do cárcere*, no que se refere ao trabalho social como fundamento material último da hegemonia.

Embora houvesse já presente um acúmulo teórico herdado de Sorel, de Rosa Luxemburg e dos conselhistas alemães, o fato é que Gramsci começa efetivamente a construir o conceito de hegemonia como desdobramento da reflexão desenvolvida sobre a fórmula teórico-política da frente única. Ainda que as questões pertinentes a esse enfoque teórico já se encontrassem em Rosa Luxemburg, não resta dúvida de que a inspiração maior veio de Lenin, particularmente da reflexão sobre o período subsequente à derrota da revolução socialista internacional, o início da política de frente única na Internacional Comunista e da Nova Política Econômica (NEP) na União Soviética (Del Roio, 2005).

A noção de hegemonia tem sua origem na Grécia antiga quando se referia à supremacia de uma pólis no complexo sociocultural. No seio do marxismo russo a mesma noção surgiu em fins do século XIX para significar a supremacia de um grupo social e político. Lenin fez uso do conceito na análise da particularidade da revolução democrático-burguesa de 1905. Na ocasião, Lenin pensava uma revolução burguesa sob condução da classe operária respaldada pela massa camponesa e pela pequena burguesia urbana. Nesse caso, hegemonia significa principalmente hegemonia política, capacidade de direção do movimento social, mas não pode deixar de ser, do mesmo modo, capacidade ideológica e de elaboração programática. Hegemonia constitui uma forma em movimento no processo de conquista do poder político.

A situação histórica com a qual Lenin se defrontou a partir de 1921 comportava analogias com essa reflexão precedente apenas com a enorme diferença de agora se encontrar no poder. O problema concreto era como construir a hegemonia da classe operária dentro de um Estado cuja base produtiva encontrava-se devastada e no qual a imensa maioria da força de trabalho era rural. Colocava-se o problema da transição socialista a partir do atraso e por meio de um capitalismo monopolista de Estado dirigido pelo partido operário. Era indispensável um máximo de consenso no processo de transformação revolucionária das relações sociais e de avanço das forças produtivas. Necessário era formar uma nova classe operária de alta qualificação técnica, mas também culta e convencida do projeto socialista, assim como era preciso educar as massas camponesas não só na utilização de métodos científicos de plantio, como de máquinas, além de promover uma elevação cultural de grande monta.

A aliança operário-camponesa é o pressuposto da transição socialista sob o máximo consenso e é o ponto de partida da hegemonia da classe operária socialista em construção. O vínculo entre trabalho social e hegemonia é muito claro. A demanda que vincula processo produtivo e educação técnico-científica é evidente, pois que era central na vida pública da União Soviética no decorrer dos anos 1920. A relação estreita entre economia e cultura constituía o cerne da hegemonia em construção, i.e., do processo de transição socialista. O taylorismo gerado no mais avançado Estado capitalista (que eram os Estados Unidos) deveria ser adequado à transição socialista, a sua finalidade de exploração do trabalho deveria servir para o surgimento de uma classe operária disciplinada e consciente dos objetivos do trabalho social.

Gramsci esteve em Moscou em 1923 para representar o Partido Comunista da Itália (PCI) junto à Internacional Comunista (IC). Foi nessa ocasião que tomou contato mais estreito com a formulação teórica de Lenin e de outros bolcheviques e pôde também observar mais de perto o esforço que se fazia para recompor a devastada economia russa. Constatou a importância que se dava à educação como parte constitutiva desse gigantesco empenho e o quanto se debatia sobre uma educação socialista na Rússia revolucionária. Pôde então perceber também quanto das reflexões e da atividade da escola criada nos desdobramentos do movimento dos conselhos de fábrica de Turim podiam ser vistos ali.

Dos acirrados debates que envolveram os comunistas italianos com a IC, por conta de sua orientação política contrastante com aquela da linha política geral estabelecida a partir do III Pleno do Comitê

Executivo da IC (CEIC), de junho de 1923, Gramsci deu início à sua própria formulação da política de frente única. A teorização de Gramsci alcançou uma profundidade que nenhum outro personagem ou organismo da IC conseguiu atingir. Manteve a perspectiva da cisão com a ordem do capital e com o antagonismo na luta social que trazia de suas heterogêneas influências políticas anteriores, fosse Sorel, Rosa ou Bordiga, mas agora com Lenin conseguia dar um salto teórico de grande significado.

Frente única, para Gramsci, não era nem podia ser um mero aglomerado temporário de forças políticas que visassem um objetivo comum de curto alcance. A frente única deveria conter o embrião da nova ordem, deveria unificar a classe operária para a luta contra o capital e, ao mesmo tempo, para a fundação de uma nova vida social. Mais ainda, a frente única deveria se ampliar para toda a massa de trabalhadores, para o proletariado agrícola e para o campesinato, no caso específico da Itália. Na frente única estava em construção uma nova hegemonia e esta demandava a formação de uma nova cultura, de modo que a frente única desenvolveria uma atividade principalmente política, mas ao mesmo tempo econômica e cultural, em última instância filosófica, já que transformadora do mundo.

Essa formulação progrediu bastante entre 1923 e 1926, o tempo em que Gramsci esteve à frente do partido, alcançando um ponto de relativa maturidade com o III Congresso do PCI, realizado em janeiro de 1926, e, principalmente, com o texto inacabado de análise da questão meridional. De fato, Gramsci se dedicava a um estudo sobre as leituras existentes na Itália sobre o problema meridional, mas foi ilegalmente detido em 8 de novembro de 1926, antes de dar o ensaio por concluído. Na verdade, Gramsci faz nesse escrito uma avaliação do papel dos intelectuais na reprodução do bloco agrário meridional e como uma parte desses intelectuais poderia se passar para a frente única e atrair consigo o campesinato. Certo que mesmo dentro da frente única a hegemonia política e cultural estaria em disputa, assim como esteve na Rússia, entre marxistas e narodiniks.

Nesse texto Gramsci afirma que, desde 1920, "os comunistas torineses tinham-se posto concretamente a questão da 'hegemonia do proletariado', ou seja, da base social da ditadura proletária e do Estado operário". Isso indicaria a consciência prática de que

> o proletariado pode se tornar classe dirigente e dominante na medida em que consegue criar um sistema de alianças de classe que lhe permita mobilizar contra o capitalismo e o Estado burguês a maioria da população trabalhadora, o que significa, na Itália, nas relações de classe reais existentes, na medida em que consegue obter o consenso das amplas massas camponesas. (Gramsci, 1978, p.158)

Estava posta a questão da construção de um novo poder, mas para que este se consolidasse era necessário que

> o proletariado, para ser capaz de governar como classe, deve despir-se de todo resíduo corporativo, de todo preconceito ou incrustação sindicalista. O que significa isso? Que não só devem ser superadas as distinções que existem entre as profissões, mas ocorre, para conquistar a confiança e o consenso dos camponeses e de algumas categorias semiproletárias da cidade, superar alguns preconceitos e vencer certos egoísmos que podem subsistir e subsistem na classe operária enquanto tal, mesmo quando no seu seio desapareceram os particularismos de profissão. (ibidem, p.166)

E também

> devem pensar como operários membros de uma classe que tende a dirigir os camponeses e os intelectuais, de uma classe que pode vencer e pode construir o socialismo só se ajudada e seguida pela grande maioria desses estratos sociais. (ibidem)

Assim Gramsci propunha a questão da frente única e da construção de uma nova hegemonia. A incidência do pensamento de Lenin e da experiência da NEP soviética era muito clara. Mas, como ocorre com todo o seu universo categorial, nos *Cadernos do cárcere* há uma ampliação e reelaboração de significados.

Lenin e a hegemonia como categoria teórica

No Caderno 10, no qual discute a filosofia de Benedetto Croce, Gramsci deixa bastante clara a inspiração leniniana do seu uso da categoria de hegemonia, ao rebater a acusação de que a filosofia da práxis se restringiria ao momento econômico e não levaria em consideração o momento ético-político. Diz Gramsci a propósito, seguramente recordando a experiência da NEP e a estratégia da frente única:

> [...] pode-se dizer que não só a filosofia da práxis não exclui a história ético-política, mas que, ao contrário, a sua fase mais recente de desenvolvimento consiste na reivindicação do momento da hegemonia como essencial na sua concepção estatal e na "valorização" do fato cultural, da atividade cultural, da frente cultural como necessário junto àqueles meramente econômicos e meramente políticos. (Gramsci, 1975b, t.2, Q.10, §7, p.1224)

Pouco mais à frente, Gramsci reconhece que a grande virtude de Croce estava precisamente em destacar a importância dos fatos de cultura no "momento da hegemonia e do consenso como forma necessária do bloco histórico concreto". A importância dessa indicação de Croce pode ser comprovada pelo fato de que, em coincidência de tempo,

> o maior teórico moderno da filosofia da práxis [Lenin], no terreno da luta e da organização política, com terminologia política, em oposição às diversas tendências "economicistas", reavaliou a frente de luta cultural e construiu a doutrina da hegemonia como complemento da teoria do Estado-força e como forma atual da doutrina quarentoitesca [de 1848] da "revolução permanente". (ibidem, t.2, Q.10, §12, p.1235)

Com isso, Gramsci reconhecia que a questão da hegemonia de início se colocava como problema da política, mas simplesmente porque a realidade na qual Lenin estava envolvido assim o exigia, pois que hegemonia, quando consumada, se refere ao conjunto do bloco histórico, à totalidade social em movimento. Lembrava então que

A esse propósito é ainda útil e fecundo o pensamento expresso por [Rosa] Luxemburg sobre a impossibilidade de se afrontarem certas questões da filosofia da práxis enquanto não se tenham ainda feito *atuais* para o curso da história geral ou de um dado agrupamento social. À fase econômico-corporativa, à fase de luta pela hegemonia na sociedade civil, à fase estatal correspondem atividades intelectuais determinadas que não se podem improvisar ou antecipar arbitrariamente. Na fase de luta pela hegemonia se desenvolve a ciência da política; na fase estatal todas as superestruturas devem se desenvolver, sob pena de dissolução do Estado. (ibidem, t.2, Q.11, §44, p.1493)

O significado de hegemonia deve, portanto, ser determinado, não servindo uma definição ou conceituação do termo. Por isso mesmo é que nos *Cadernos* pode ser observada uma quantidade grande de significados para a palavra hegemonia, às vezes distintos. É fato que, em Lenin, na maior parte de sua elaboração, hegemonia tinha o significado de hegemonia política, de capacidade de organizar e dirigir a luta política. Na fase de construção do novo Estado, porém, a hegemonia teria que dar conta da totalidade social, da organização da produção, das relações civis, da cultura e da ética, até mesmo nas relações internacionais. Assim, "toda relação de hegemonia é necessariamente uma relação pedagógica e se verifica não só no interior de uma nação, entre as diversas forças que a compõem, mas no inteiro campo internacional e mundial, entre complexos de civilizações nacionais e continentais" (ibidem, t.2, Q.11, §43, p.1331).

O que não pode ser posto em dúvida é que a hegemonia tem seu fundamento último no processo de produção da vida material e nas relações de trabalho que configuram o bloco histórico. Mas o processo produtivo é organizado por intelectuais organicamente vinculados a uma classe determinada, que persuadem os trabalhadores a movimentar a produção com sua força vital, pela força ou pelo consenso. Engenheiros, economistas e administradores compõem um corpo de intelectuais vinculados à burguesia de forma mais direta, mas toda hegemonia é composta por uma variedade de funções intelectuais estabelecidas por meio de uma série de mediações que perpassam o complexo das superestruturas da sociedade civil e do Estado, organizando em última instância o processo produtivo do bloco histórico e formatando a sua força de trabalho.

Há, por conseguinte, graus diversos de organicidade do vínculo intelectual com a classe hegemônica, desde o organizador direto e imediato da produção ao intelectual tradicional que se incorporou ao bloco histórico e reproduz a ética política que serve de invólucro da hegemonia. Essa malha cultural e institucional cumpre a tarefa de educar as massas para determinado tipo de aparato produtivo, para o que busca inculcar costumes e valores morais adequados. A decorrência lógica dessa avaliação é que a classe operária, a fim de conquistar a hegemonia, deve ser capaz de gerar uma massa de intelectuais orgânicos que atuem contra o bloco histórico existente e que organizem a produção sob a forma de trabalho coletivo e, em seguida, associado.

Hegemonia burguesa e revolução passiva: a particularidade italiana

Gramsci insere o conceito de hegemonia também num contexto temporal e geopolítico, em oposição ao conceito de revolução permanente, e reputa essa formulação à Lenin. A Revolução Francesa de 1789-1799 teria oferecido na prática o substrato para a formulação teórica da revolução permanente, até mesmo como concebida por Marx. Essa concepção predominou até os eventos revolucionários de 1848-1849 e foi marcada por uma forma de luta que pode ser identificada como guerra de movimento e como ideologia jacobina. Essa forma de luta e de ideologia só se esgotou definitivamente em 1870-1871, quando da derrota da Comuna de Paris e da unificação de Alemanha e Itália. Nessa fase predominavam elementos de fluidez nas relações sociais, mas "no período depois de 1870, com a expansão colonial europeia, todos esses elementos mudam, as relações organizativas e internacionais do Estado ficam mais complexas e massivas e a fórmula quarentoitesca da 'revolução permanente' vem elaborada e superada na ciência política na fórmula de 'hegemonia civil'" (ibidem, t.3, Q.13, §7, p.1566).

Para Gramsci, nos Estados que ingressaram na fase imperialista a luta de classe se transmutava na disputa pela hegemonia civil, quando a guerra de movimento se transforma em guerra de posição. Significa que o desenvolvimento capitalista, a sociedade civil burguesa, havia ganhado muito em complexidade, tendo gerado superestruturas complexas que derivavam das necessidades da gestão da grande empresa e da organização das classes em luta, o que implicava a mudança na forma do conflito social. A revolução permanente, contudo, teria validade ainda para aquelas regiões nas quais a sociedade civil burguesa era ainda embrionária, assim como fora na Revolução Francesa até 1848 e mesmo na Rússia de 1917.

A hegemonia burguesa surge, por suposto, das revoluções burguesas. Para Gramsci o exemplo mais sólido de hegemonia se expressa no jacobinismo da Revolução Francesa. Os jacobinos foram a expressão de uma reforma moral e intelectual laica, a expressão das demandas populares, tendo estabelecido assim um vínculo profundo entre intelectuais e massas, indispensável para a configuração da hegemonia. O problema que Gramsci se colocou foi sobre as razões que impediram uma revolução burguesa de tipo jacobino na Itália, ou seja, o porquê de não ter se estabelecido uma hegemonia jacobina no processo revolucionário na península e sim uma hegemonia "moderada". Aqui a categoria da hegemonia só pode ser compreendida na medida em que se desdobra e implica outras categorias. A hegemonia jacobina se associa diretamente a revolução permanente e guerra de movimento na construção de uma expressão histórica nacional-popular.

A contraparte desse processo é a revolução passiva da qual o *Risorgimento* foi expressão. Na sua origem, o *Risorgimento* foi possível por conta de uma mudança geopolítica importante na Europa na metade do século XVIII, com a ascensão da Prússia como potência que rompia o bipolarismo estabelecido entre Áustria e França. Em seguida, como desdobramento da Revolução Francesa, a Itália foi invadida, o que provocou reações diferentes entre as classes dirigentes peninsulares, mas uma quase indiferença entre as massas populares. Seguindo uma sugestão de Vincenzo Cuoco, Gramsci percebeu esse processo como revolução passiva, apenas ampliou o significado dessa categoria para todo o período que se seguiu até depois da unificação da Itália. Precisamente na análise desse processo Gramsci comprova a hegemonia do grupo político moderado. Anotou então que

> Os moderados representavam um grupo social relativamente homogêneo, o que explica o porquê da sua direção haver sofrido oscilações relativamente limitadas (em todo caso segundo uma linha de desenvolvimento organicamente progressiva), enquanto o assim chamado Partito d'Azione não se apoiava especificamente em nenhuma classe histórica e as oscilações sofridas pelos seus órgãos dirigentes em última análise se compunham segundo os interesses dos moderados: quer dizer que o Partito d'Azione foi guiado pelos moderados. (ibidem, t.3, Q.19, §24, p.2010)

A ação hegemônica dos moderados – intelectual, moral e política – conseguiu atrair para o seu campo número sempre maior de elementos intelectuais e políticos surgidos no seio dos aliados e mesmo dos adversários, em processo que pode ser designado como "transformismo". Enquanto o Partito d'Azione não conseguiu se vincular às massas populares, particularmente os camponeses, e definir um programa concreto, o fundamento material da hegemonia dos moderados era palpável na

> identidade real entre representado e representante, i.e., os moderados eram uma vanguarda real, orgânica, das classes altas, porque eles mesmos pertenciam economicamente às classes altas: eram intelectuais e organizadores políticos e ao mesmo tempo chefes de empresa, grandes agricultores ou administradores de posses, empreendedores comerciais e industriais etc. (ibidem, p.2012)

Dessa análise Gramsci extrai o seguinte critério metodológico, que aponta o fundamento teórico da hegemonia:

> [...] a supremacia de um grupo social se manifesta em dois modos, como "domínio" e como "direção moral e intelectual". Um grupo social é dominante dos grupos adversários os quais tende a "liquidar" ou a submeter mesmo com a força armada e é dirigente dos grupos afins e aliados. (ibidem, p.2010)

Esse critério metodológico se completa com outro que é assim enunciado:

[...] não existe uma classe independente de intelectuais, mas cada grupo social tem um grupo intelectual próprio ou tende a formá-lo; porém os intelectuais da classe historicamente (e realisticamente) progressiva, nas condições dadas, exercitam um poder de atração que acaba, em última análise, por subordinar os intelectuais dos outros grupos sociais e assim criar um sistema de solidariedade entre todos os intelectuais com ligações de ordem psicológica (vaidade etc.) e muitas vezes de casta (técnico-jurídicas, corporativas etc.) (ibidem, p.2012)

No entanto, a hegemonia somente é tal enquanto fundada em dada materialidade definida no processo produtivo. A hegemonia se expressa na economia e na cultura, sob mediação da política, que organiza o conjunto da vida social.

Hegemonia e revolução passiva: fascismo italiano e americanismo-fordismo

O impacto da guerra imperialista e da revolução socialista internacional, com a crise orgânica do poder político dominante na Itália, propiciou uma nova revolução passiva que tomou a forma do fascismo, uma forma que se identifica facilmente como "revolução-restauração". Gramsci avalia o fascismo como uma forma de recomposição da hegemonia burguesa na Itália – uma forma que apresenta contradições e limites – que apresenta significativa debilidade. Particularmente no Caderno 22 essa avaliação é feita em contraposição ao chamado americanismo-fordismo, por sua vez uma possível revolução passiva plena de potencialidades.

A debilidade do fascismo como revolução passiva que recompunha a hegemonia burguesa tinha razões históricas bem discerníveis e que podiam ser buscadas em toda uma sequência de estratos históricos e sociais vindos, a rigor, desde a Antiguidade romana, passando pelo longo e ainda não superado domínio da Igreja. A detenção das comunas medievais na fase econômico-corporativa e a derrota do projeto desenhado por Maquiavel de formação de uma monarquia absoluta na Itália renascentista implicaram um longo período de regressão feudal, que foi superado apenas parcialmente pelo *Risorgimento*. Parcialmente porque a revolução burguesa ocorreu, como já observado, na forma de uma revolução passiva com hegemonia dos moderados.

O persistente problema histórico era a dissociação entre intelectuais e massas populares, entre alta cultura e trabalhadores. A hegemonia liberal era frágil, pois dependia muito dos grandes intelectuais meridionais e da massa de intelectuais locados na administração pública, assim como do clero. A materialidade da hegemonia era frágil também pela sobrevivência de cidades que não contavam com uma produção econômica de base industrial, resultando na sobrevivência e reprodução de camadas sociais parasitárias.

O fascismo surgiu da derrota do movimento operário italiano com objetivo de recompor a hegemonia burguesa, mas, na leitura de Gramsci, o fez como nova revolução passiva, como cesarismo regressivo voltado para a defesa dos interesses das camadas parasitárias. Nessa forma de revolução passiva a recomposição da hegemonia exigia presença de um forte aparato estatal, com largas esferas jurídicas e policiais, além da contribuição de institutos conservadores tradicionais, como a Igreja. As supraestruturas coercitivas eram elementos indispensáveis nessa variante de revolução passiva e de recomposição da hegemonia.

Além da recomposição da hegemonia burguesa no terreno nacional, na sequência da derrota da revolução socialista internacional, havia o problema da hegemonia no campo internacional. Nesse cenário se colocava a relação entre Europa e América e a importância que advinha de uma leitura acurada do americanismo-fordismo. Para Gramsci, o americanismo-fordismo era um empreendimento de grande envergadura, "o maior esforço coletivo verificado até agora para criar com rapidez inaudita e com uma consciência do fim jamais vista na história um tipo novo de trabalhador e de homem" (ibidem, t.3, Q.22, §11, p.2165).

A força do americanismo encontrava-se antes de tudo na composição demográfica racional, que não permitia a presença significativa de camadas sociais parasitárias. Na América "não existem classes numerosas sem uma função essencial no mundo produtivo, i.e., classes absolutamente parasitárias" (ibidem, t.3, Q.22, §2, p.2141). Ademais, a América não contava com uma arraigada tradição cultural que tivesse criado uma supraestrutura garantidora de grupos parasitários. Gramsci então concluía:

> Porque existiam essas condições preliminares, já racionalizadas pelo desenvolvimento histórico, foi relativamente fácil racionalizar a produção e o trabalho, combinando habilmente a força (destruição do sindicalismo operário de base territorial) com a persuasão (altos salários, benefícios sociais diversos, propaganda ideológica e política habilíssima) e conseguindo fincar toda a vida do país na produção. A hegemonia nasce da fábrica e para ser exercida não tem necessidade de mais que uma quantidade mínima de intermediários profissionais da política e da ideologia. (ibidem, p.2145-6)

A particularidade em questão indicava que "na América a racionalização determinou a necessidade de elaborar um novo tipo humano, conforme o novo tipo de trabalho e de processo produtivo", mas esse novo tipo humano, esse novo trabalhador, ainda se encontra em fase de adaptação psicofísica, o que não lhe teria por ora possibilitado colocar "a questão fundamental da hegemonia". Na América não existia ainda uma classe operária propriamente dita, pois suas formas de luta eram corporativas e não tinham vivido os desdobramentos da Revolução Francesa, políticos, mas também econômicos (ibidem, p.2146-7).

Gramsci notava que os esforços de introdução do método Taylor de organização do trabalho na Europa, em particular na Itália, tenderia a agravar as contradições existentes, porquanto a americanização ao estilo fordista era muito difícil. Isso porque

> a americanização requer um ambiente dado, uma dada estrutura social (ou uma vontade decidida de criá-la) e um certo tipo de Estado. O Estado é o Estado liberal, não no sentido do liberalismo alfandegário, mas no sentido mais fundamental da livre-iniciativa e do individualismo econômico que

chega com meios próprios, como "sociedade civil", pelo mesmo desenvolvimento histórico, ao regime de concentração industrial e do monopólio. (ibidem, t.3, Q.22, §6, p.2157)

Gramsci era muito cético no que concerne à possibilidade de o americanismo se sobrepor à Europa por meio do fascismo, mesmo se a reflexão teórica de Fovel se transformasse em força material, se a hipótese da racionalização produtiva por meio do corporativismo viesse a vingar. Havia uma contradição entre o fascismo e o americanismo, assim como havia contradições no seio de cada uma dessas experiências históricas.

Na América, por meio dos altos salários e outras medidas, os trabalhadores suportavam a duras penas o processo de adaptação psicofísica às novas formas de produzir. Mas, na análise de Gramsci, os altos salários eram próprios da fase de implantação e tenderiam depois a cair quando se tivesse completado o período adaptativo do trabalho. Por outro lado, o trabalhador feito parte do maquinismo teria mais tempo para pensar e eventualmente desenvolver sua subjetividade até o ponto de colocar o problema da hegemonia.

Fosse pela hegemonia do capital, muito provavelmente, ou pelo avesso, com a hegemonia operária, era certo que o problema crucial era perceber

> se a América, com o peso implacável da sua produção econômica (ou seja, indiretamente) constringirá ou está constringindo a Europa a um revolvimento do seu eixo econômico-social demasiado antiquado, o que ocorreria mesmo, mas com ritmo lento e que de imediato se apresenta como um contragolpe da "prepotência" americana, ou seja, se está se verificando uma transformação das bases materiais da civilização europeia, isso que a longo prazo (e não muito longo, porque no período atual tudo é mais rápido que nos períodos passados) levará a um arrastão da forma de civilização existente e ao forçado nascimento de uma nova civilização. (ibidem, t.3, Q.22, §15, p.2278-9)

Para Gramsci, como se vê, o americanismo-fordismo constituía uma forma de imperialismo que tenderia a se sobrepor à Europa e particularmente ao fascismo, agravando as contradições sociais tanto na própria América como principalmente na Europa. De outro lado, o americanismo-fordismo materializaria uma nova força de trabalho com condições de se dotar de subjetividade antagônica. Ou seja, o americanismo-fordismo provocava um deslocamento geopolítico de hegemonia e ao mesmo tempo criava as condições materiais para que uma nova classe operária, ainda em processo de definição, viesse a postular a hegemonia e a construir uma nova civilização socialista.

De uma hegemonia a outra: trabalho e cultura com a mediação da política

O economicismo sindicalista é para Gramsci uma ideologia e uma forma de conceber a organização e a luta social de uma classe operária em condições subalternas. É a expressão hegemônica do liberalismo refletido na organização e na ideologia operárias porquanto concebe sociedade civil e Estado, economia e política como organicamente distintos. O resultado é que o economicismo liberal é uma ideologia que preserva os interesses das classes dominantes, mas ocorre o contrário "enquanto se refere a um grupo subalterno, o qual, por meio dessa teoria, é impedido de tornar-se dominante, de se desenvolver para além da fase econômico-corporativa para elevar-se à fase de hegemonia ético-política na sociedade civil e dominante no Estado" (ibidem, t.3, Q.13, §18, p.1590).

A pesquisa de Gramsci está voltada para a análise das formas particulares de hegemonia burguesa com a clara finalidade de encontrar o caminho para a construção da hegemonia operária. Daí o seu interesse pela cultura e história das classes subalternas, não para louvá-las, mas para encontrar nelas fragmentos de rebeldia e antagonismo ao poder político-econômico estabelecido e para incorporar essa experiência na frente única anticapitalista. Da rebeldia "espontânea" das massas é que se deve partir para a construção da nova hegemonia, mas na passagem de um extremo a outro – da opressão que fundamenta a rebeldia até a nova hegemonia operária e socialista – o caminho é longo e muitas são as mediações.

Gramsci identifica três momentos de homogeneidade, autoconsciência e organização dos grupos sociais em direção à hegemonia. Destes, "o primeiro e mais elementar é o econômico-corporativo", que redunda no sindicato profissional em se tratando de trabalhadores. Prosseguindo, Gramsci indica que

> um segundo momento é aquele em que se atine a consciência da solidariedade de interesses entre todos os membros do grupo social, mas ainda no campo meramente econômico. Já se põe nesse momento a questão do Estado, mas apenas no terreno da obtenção de uma igualdade político-jurídica com os grupos dominantes, já que se reivindica o direito de participar da legislação e da administração e mesmo de modificá-las, de reformá-las, mas nos quadros fundamentais existentes. (ibidem, t.3, Q.13, §17, p.1583-4)

Da rebelião espontânea se passa à defesa de interesses particularistas e pode-se alcançar uma consciência organizada reformista, predominando ainda a visão econômico-corporativa, a ideologia sindical economicista. Por fim,

> Um terceiro momento é aquele em que se adquire a consciência de que os próprios interesses corporativos, em seu desenvolvimento atual e futuro, superam o círculo corporativo, de grupo meramente econômico, e podem e devem tornar-se os interesses de outros grupos subordinados. Essa é a fase mais estritamente política, que assinala a passagem nítida da estrutura para a esfera das supraestruturas complexas; é a fase em que as ideologias geradas anteriormente se tornam "partido", [...], determinando mais que a unicidade dos fins econômicos e políticos, também a unidade intelectual e moral [...], criando assim a hegemonia de um grupo social sobre uma série de grupos subordinados. (ibidem, p.1584)

A construção de uma nova hegemonia na vida social, efetivamente fundada no trabalho produtivo, pressupõe uma ampla e profunda reforma moral e intelectual, a autotransformação do homem social. Mas "uma reforma moral e intelectual não pode deixar de estar ligada a um programa de reforma econômica; mais precisamente, o programa de reforma econômica é exatamente o modo concreto através do qual se apresenta toda reforma moral e intelectual" (ibidem, t.3, Q.13, §1, p.1561).

Desse modo a construção da hegemonia se confunde com um amplo processo pedagógico, cuja exigência primordial é a formação de intelectuais orgânicos do grupo social que se apresenta como dirigente da nova ordem em construção. O agente dessa transformação é – na metáfora gramsciana – o príncipe moderno, "a primeira célula na qual se sintetizam germes de vontade coletiva que tendem a se tornar universais e totais" (ibidem, p.1558).

O príncipe moderno surge como partido operário, como partido do trabalho, mas, na medida em que se projeta da produção para as supraestruturas complexas, transforma a base produtiva, a cultura e a si mesmo. De organizador da frente única anticapitalista, o príncipe moderno transforma a vida social, a base material e as relações sociais, tendendo a se confundir com a frente única e a se fazer Estado, ainda que a supremacia permaneça por muito tempo em mãos do trabalho produtivo, pois este é a base e o fundamento da hegemonia. A política aparece como mediação entre trabalho produtivo e trabalho intelectual, enquanto a supraestrutura da hegemonia do trabalho ainda é indistinta. Assim, toda política deve ser econômica e cultural ao mesmo tempo, voltada para o progresso intelectual de massas e para a superação de toda relação de domínio, com a reabsorção do Estado pela sociedade civil.

8
GRAMSCI E A EMANCIPAÇÃO DO SUBALTERNO

Introdução

Grande número de categorias (re)elaboradas por Gramsci nos seus *Cadernos do cárcere*, de uma ou outra maneira, nos últimos decênios caiu no uso comum dentro e fora da academia, ainda que com significados muito diferentes daqueles usados pelo intelectual revolucionário originário da Sardenha. Assim, não é tão simples saber de que se trata quando lemos referências sobre temas ligados a hegemonia e a sociedade civil, por exemplo. Seja pelo caráter de *work in progress* da obra de Gramsci, seja mesmo pela sua fragmentação ou ainda pela sua enorme complexidade, ela foi disposta para muitos usos. Essa característica indica uma riqueza e uma possível permanência no tempo, mas também abre a possibilidade de ser apropriada ou decomposta por outras vertentes culturais e políticas nas quais Gramsci não poderia se reconhecer.

Certamente a apropriação ou interpretação de maior impacto político e cultural foi feita com o conceito de sociedade civil. Um conhecido e influente texto de Norberto Bobbio, de 1967, apresentou uma leitura da noção de sociedade civil em Gramsci como se essa fosse apenas uma parte das supraestruturas, de modo que haveria uma diferença fundamental em relação ao uso do mesmo termo em Hegel e principalmente em Marx, para quem a sociedade civil seria identificada com a infraestrutura. Essa interpretação, a rigor, coloca Gramsci no campo teórico do liberalismo e até por esse motivo mesmo teve grande repercussão na disputa hegemônica, contribuindo para fazer do teórico marxista um autor quase inócuo desse ponto de vista. De fato, Bobbio foi um autor importante na indução da chamada crise do marxismo na Itália de fins dos anos 1970 aos anos 1980 (Bobbio, 1969, p.75-100).

Outra expressão de cunha gramsciana que caiu em uso nas ciências políticas e sociais é indicada por classes subalternas ou grupos sociais subalternos, cujo estudo tornou-se uma tendência bastante influente na literatura científica. Desde os anos 1950, quando da primeira publicação dos *Cadernos do cárcere*, a antropologia ou ciência do folclore, como se denominava, fez uso de Gramsci para avançar nos estudos e na interpretação da cultura popular. E. de Martino iniciou uma trajetória de estudos sobre as classes subalternas e sobre o folclore, particularmente do sul da Itália, que alimentou o debate sobre esse ponto até os anos 1970 (Angeli, 1995).

A difusão da obra de Gramsci pelo mundo anglo-americano num momento de refluxo da influência de seu pensamento na Itália e de fragmentação do movimento político e cultural de crítica da economia política do capitalismo, que o movimento operário parecia encarnar, possibilitou que seu pensamento fosse reapropriado e reordenado segundo uma perspectiva fortemente culturalista. Uma dessas posturas, vinculada aos assim chamados *cultural studies*, tende a observar a cultura como elemento determinante, enquanto outra – que não exclui a primeira –, de clara inspiração pós-moderna, tende a encarar a fragmentação das classes subalternas como um pressuposto metodológico e como identidade histórica marcada de positividade (Buttigieg, 1999, p.193-204).

Muitos desses estudos, na verdade, se referem à perspectiva teórica acoplada à elaboração de Foucault ou Derrida. Autores de grande importância que ampliaram o campo de estudos sobre os grupos sociais subalternos são Raymond Williams e Edward Thompson, e mais recentemente Edward Said e Stuart Hall. Importante assinalar a formação do grupo dos *subaltern studies* formado por intelectuais indianos como Ranajit Guha e Gayatri Spivak. Mais do que discutir a diferença entre esses autores ou avaliar a contribuição de cada um, cabe assinalar como o uso da categoria de "subalterno" se amplia enormemente. Parte-se de Gramsci como pressuposto, do camponês meridional particularmente, mas se vai adiante com o mundo colonial e pós-colonial, o migrante, o refugiado (Curti, 2006, p.17-26).

Não há dúvida de que a perspectiva universalizante de Gramsci sugere mesmo para o capitalismo contemporâneo uma ampliação e diversificação da categoria de subalterno, como teremos ocasião de discutir. Afinal, subalterno, do ponto de vista etimológico, significa apenas o outro inferior ou inferiorizado. Mas o que deve ser por agora destacado é que parte significativa desses estudos decorre de pressupostos teórico-metodológicos que se colocam num campo bastante distante de Gramsci, que partia de pressupostos muito diferentes, quando não antagônicos a esses. Para Gramsci a determinação essencial encontra-se nos fundamentos materiais da realidade em movimento contraditório. Dizer que a cultura ou a política está em toda parte da vida social, inclusive na economia, não é o mesmo que negar a determinação em última instância da reprodução da vida material dentro do complexo de determinações que compõe a totalidade.

A vida fragmentada das classes subalternas era vista por Gramsci como uma característica da própria situação social em que se encontram esses agrupamentos, submetidos à exploração e a opressão. Mas essa condição deve ser superada historicamente, pois, na medida em que essas classes deixam de ser subalternas e passam a disputar a hegemonia, ganham organicidade e a perspectiva da totalidade. É patente a diferença entre a visão conservadora em que incorrem o culturalismo e o pós-modernismo, limitados à defesa da identidade e dos direitos particulares, e a visão revolucionária de Gramsci.

Claro que Gramsci não poderia prever o uso que foi feito dessa categoria de classes subalternas, mas isso não resolve a questão do motivo pelo qual ele passou a utilizá-la, aparentemente em detrimento das noções mais consagradas no âmbito do marxismo, como proletariado, classe operária, campesinato. Certamente que a hipótese de que seria para contornar eventuais problemas com a censura carcerária não é uma explicação razoável. Talvez seja mesmo mais tentador afiançar que se tratou de um desenvolvimento na sua elaboração, que partiu da especificidade da questão operária em direção a níveis sempre mais altos de complexidade e generalidade, sempre em busca de explicação para a materialidade da esfera subjetiva antagônica no decorrer da História.

Em busca dos elementos que poderiam compor uma nova sociedade civil anticapitalista, a indeterminação e a fluidez sugeridas pela expressão classes ou grupos subalternos poderiam ser enriquecedoras.

De um meridionalismo a outro, com a mediação da classe operária

A experiência dos conselhos de fábrica foi culminância de uma vivência intensa de Gramsci na "Turim operária e socialista". A luta operária por melhores condições de vida e o seu esforço para desenvolver a sua autoeducação e a sua formação cultural à revelia da burguesia, tudo isso envolveu Gramsci em toda a profundidade do seu ser. A reflexão teórica que se desenrolou da experiência dos conselhos, particularmente pelas páginas do *L'Ordine Nuovo*, estimulou em Gramsci a concepção de uma revolução que nascia da autonomia e da auto-organização do processo fabril por iniciativa dos trabalhadores, na qual os conselhos se constituiriam nos fundamentos de uma democracia operária. A influência de Sorel é patente em Gramsci, mas também a de Karl Korsch e a de Rosa Luxemburg quanto à ênfase posta na auto-organização dos trabalhadores e na centralidade da fábrica na luta política e social. Em Turim se desenrolava, na verdade, o último capítulo da revolução socialista internacional originada na Rússia dos czares e que se difundira pelos chamados impérios centrais (Alemanha e Áustria-Hungria) (Del Roio, 2005, cap. 1).

A derrota da revolução socialista internacional colocou a diversidade nacional em primeiro plano, como Lenin destacara precocemente em 1920 (Lenin, 1976, p.1-100). Foi paulatinamente, mas principalmente a partir de 1923, que Gramsci passou a buscar (e assim até o final de sua vida) as razões da derrota do *biennio rosso* e os novos caminhos da revolução socialista na Itália e no mundo. Ampliando sempre o seu ângulo de visão, encarando novos e sempre mais complexos problemas, Gramsci jamais deixou de conceber a centralidade do trabalho na reprodução da vida social e da fábrica na reprodução do capital, ainda que alguns intérpretes desse autor pretendam o contrário.

Já em 1919, Gramsci, numa perspectiva fortemente marcada pela guerra e pela revolução socialista internacional, notava que o campesinato se tornava uma força motriz da revolução socialista, seja na Rússia, seja na Itália. Percebia então que

> quatro anos de trincheira e de exploração do sangue mudaram radicalmente a psicologia dos camponeses. Essa mudança se verificou principalmente na Rússia e é uma das condições essenciais da revolução. O que o industrialismo não determinou com seu normal processo de desenvolvimento foi produzido pela guerra. (Gramsci, 1995, p.93)

O marxismo de Gramsci se desenvolve em paralelo a esse novo meridionalismo. Mesmo preservando a consciência da importância da questão camponesa, Gramsci se entrega à experiência dos conselhos de fábrica, defendendo ao máximo a centralidade da fábrica e do trabalho industrial na questão da transformação revolucionária, considerando ser esse o nicho principal da exploração do trabalho e da reprodução do capital. A derrota operária e as circunstâncias da fundação do Partido Comunista da Itália (PCI), em meio ao avanço do fascismo, tornaram incontornável a situação de submissão de Gramsci diante da perspectiva teórica de Bordiga.

Bordiga seguia de alguma maneira a tradição socialista de desprezar a questão camponesa, insistindo na exclusividade da classe operária como força da revolução. Ainda que originário de Nápoles, ele entendia que a revolução socialista seria obra, precisamente, de um partido revolucionário dotado de conhecimento científico da História, o qual deveria difundi-lo entre a classe operária a fim de que esta cumprisse a sua tarefa de derrubar o capitalismo. Quanto ao campesinato, importava que se transformasse o mais rápido possível em proletariado, de modo que havia apenas a questão do capitalismo na Itália, mas não uma questão meridional como particularidade da questão agrária e camponesa.

A partir de 1923, quando Gramsci abriu luta contra Bordiga pela direção do PCI, por conta das dificuldades no enfrentamento com o fascismo e principalmente pelos problemas de grandes dimensões que os comunistas italianos encontravam no seu relacionamento com a Internacional Comunista (IC), ocorreu enfim o encontro com a teoria política de Lenin. O meridionalismo original de Gramsci facilitou em muito a compreensão e *tradução* do pensamento de Lenin para as circunstâncias concretas da Itália. Ademais, a política de frente única sugerida pela IC e a palavra de ordem do "governo operário-camponês" acabaram de propiciar para Gramsci uma nova leitura da questão meridional e da relação entre a classe operária e o campesinato.

Em fins de 1923, completada a ruptura com Bordiga, Gramsci já tinha a clareza da importância da questão meridional como questão nacional e da conexão que esta mantinha com a política de frente única que a IC procurava desenvolver desde 1921, ainda que de forma titubeante. Lamentava então o fato de que:

> Nós não conhecemos a Itália. Pior ainda: faltam-nos os elementos adequados para conhecer a Itália, assim como é realmente, de modo que nos encontramos na impossibilidade de fazer previsões, de nos orientarmos; de estabelecer linhas de ação que tenham certa probabilidade de serem exatas. Não existe uma história da classe operária italiana. Não existe uma história da classe camponesa. (Gramsci, 1964, p.268-9)

Sem o conhecimento da história da particular luta de classes que forjou o capitalismo italiano seria impossível a realização de uma frente única antifascista e anticapitalista, assim como a formulação de um projeto revolucionário centrado na classe operária e na aliança operário--camponesa. A relativa ignorância do processo histórico era agravada pelo invólucro ideológico imposto pelas classes dominantes italianas e que alcançava em cheio a classe operária industrial do Norte por meio de certa concepção sociológica positivista, particularmente conservadora e discriminatória em relação ao campesinato. O próprio campesinato meridional, por sua vez, era mantido submisso por meio da religião católica e do domínio clerical.

Contudo, durante o período em que desempenhou o papel de dirigente político no movimento operário italiano (e internacional), Gramsci não pôde mais que conhecer a classe operária italiana pela sua ação política e cultural, e num momento histórico muito particular de eclosão revolucionária seguida de uma queda histórica de graves proporções. O movimento dos conselhos de fábrica – concluído com séria derrota – foi seguido pela marcha triunfante do fascismo. A fase de resistência ao fascismo que se consolidava enquanto regime foi marcada pelo esforço de separar a classe operária da tradição cultural e política do socialismo italiano, enquanto este representava a sua subordinação dentro do campo ideológico da burguesia e responsável, em alguma medida, pela derrota recente.

Uma das matrizes da formação cultural de Gramsci é o meridionalismo, uma concepção político-cultural difusa e multifacetada, que teve em Gaetano Salvemini uma personalidade de ponta. Salvemini era um socialista cuja concepção destoava em muito daquela que prevalecia no Partido Socialista Italiano (PSI), exatamente por perceber no campesinato meridional um potencial voltado para a transformação social. No entanto, assim como Croce, Salvemini prestou entusiasmado apoio à participação da Itália na guerra, o que fez com que Gramsci dele se afastasse. No pós-guerra, por meio de jovens intelectuais que travam contato com o mundo operário, começa a se formar um novo meridionalismo, de caráter revolucionário, que indica no campesinato meridional uma força social propulsora de mudanças indispensáveis.

Na qualidade de deputado comunista e de principal dirigente do PCI, Gramsci encontrava-se então tomado pelo empenho de desenhar a estratégia da frente única para a Itália, que deveria encontrar na aliança operário-camponesa o núcleo gerador da revolução socialista. A fórmula política da frente única foi a chave para que Gramsci não só traduzisse Lenin para a particularidade da Itália, mas que pudesse encontrar um novo lugar para o campesinato na estratégia revolucionária. Esse sujeito revolucionário, tão importante quanto o peso econômico e demográfico que desempenhava, foi mais tarde – nos

Cadernos do cárcere – colocado num conjunto denominado como "classes subalternas".

No ensaio inacabado de 1926, na verdade um aprofundamento das teses do III Congresso do PCI, realizado em Lyon no início daquele mesmo ano, Gramsci aborda a questão meridional como particularidade da questão agrária na Itália, como elemento da questão nacional, seguindo o método leniniano e fazendo, portanto, a sua *tradução*. Publicado em Paris no começo de 1930 – com o título de "Alguns temas da questão meridional" –, o texto estava de fato voltado para atrair o novo meridionalismo, cujos intelectuais observavam no campesinato do Sul a força propulsora decisiva de uma revolução de caráter nacional e democrático, mas percebiam também a importância do operariado setentrional nesse processo (Gramsci, 1995).

Gramsci se colocava já o problema da unificação das classes subalternas da Itália como uma contribuição à unificação do gênero humano. A questão meridional é então, de fato, uma questão internacional. A reflexão de Gramsci, na mesma medida em que particulariza/nacionaliza a questão meridional italiana, a internacionaliza. A unificação das classes subalternas da Itália, contudo, deve unificar a classe operária dentro de uma perspectiva político-cultural que reconheça a necessidade da aliança com o campesinato, num contexto internacional de atualidade da revolução socialista.

Um conjunto de fragmentos ideológicos sistematizados na forma de reformismo impedia a unificação da classe operária na perspectiva apregoada por Gramsci e também impedia a aliança operário-camponesa. Já a canalização da rebeldia camponesa em direção à ação política transformadora das suas condições sociais só poderia ocorrer em caso de fratura na burocracia estatal e no bloco intelectual que dava sustentação àquela ordem social. Daí se segue a necessária crítica aos grandes intelectuais meridionais que elaboram a hegemonia burguesa na Itália, com Croce em primeiro lugar.

Na verdade, o debate travado entre Gramsci e a revista *Quarto Stato* era não só uma luta pela conformação da frente única e da aliança operário-camponesa como uma disputa pela hegemonia no interior da coalizão das forças revolucionárias, situação na qual os intelectuais e a cultura desempenhariam papel essencial. É patente a analogia dessa disputa entre aliados com a disputa ocorrida no processo revolucionário russo entre os marxistas bolcheviques e os neonarodiniks.

Esse problema ganhava destaque ainda maior na reflexão de Gramsci porquanto eram os intelectuais tradicionais, o meridionalismo conservador, a preservar o bloco agrário, e com ele o domínio dos industriais e banqueiros do Norte. Assim que, graças à mediação de um bloco intelectual conservador, "o Mezzogiorno pode ser definido como uma grande desagregação social; os camponeses, que constituem a grande maioria da sua população, não têm nenhuma coesão entre si" (ibidem, p.174).

A possibilidade de uma revolução camponesa, dada a incapacidade de essa camada gerar intelectuais orgânicos, estava em forjar uma aliança com a classe operária por meio dos intelectuais meridionalistas liberal-revolucionários da estirpe de Piero Gobbetti ou Guido Dorso, aos quais – junto com os comunistas – caberia cindir o bloco intelectual meridional e lutar contra o capitalismo, aliando o campesinato à classe operária.

Da aliança operário-camponesa às classes subalternas

Gramsci, um meridionalista de novo tipo, que do Mezzogiorno só conhecia a Sardenha natal, extraordinariamente passou a ter ciência da enorme diversidade cultural da Itália meridional apenas no cárcere, do seu caráter de rebeldia pré-política, de como era real a "desagregação social", mas de como muitas mediações estavam presentes. Em carta enviada ainda em 1926, da prisão de Ústica, Gramsci falava a Tania da possibilidade de "fazer observações de psicologia e de folclore de caráter único". Dizia que "quatro divisões fundamentais existem: os setentrionais, os centrais, os meridionais (com a Sicília), os sardos". Notava que os sardos viviam apartados dos outros grupos, que os setentrionais não se organizavam, os romanos se organizavam bem e que "os meridionais são organizadíssimos, ao quanto se diz, mas entre eles há subdivisões:

o Estado napolitano, o Estado pugliano, o Estado siciliano" (Gramsci, 1996, p.19).

Agora Gramsci já começa a notar importantes mediações na "desagregação social" dos subalternos, particularmente do Mezzogiorno. Havia diferenças culturais e valorativas que distinguiam as diversas regiões de origem dos segregados, o que seria um impeditivo para se colocar toda a Itália meridional dentro de um mesmo enquadramento. As observações de Gramsci continuavam e ele classificava até mesmo os prisioneiros políticos: "Os mais calmos, serenos e comedidos são os camponeses, depois vêm os operários, depois os artesãos, por fim os intelectuais, entre os quais ocorrem explosões imprevisíveis de loucura absurda e infantil" (Gramsci, 1996, p.32).

Mais tarde, aprofundando as suas observações, Gramsci escrevia que eram quatro os Estados da marginalidade meridional, acrescentando o Estado calabrês aos três antes enunciados. Mas dessa vez, quase como uma nova descoberta, narrava que "os sicilianos são um caso à parte; há mais semelhanças entre um calabrês e um piemontês do que entre um calabrês e um siciliano" (Gramsci, 1996, p.70).

Foi o início da vida de prisioneiro uma experiência que provocou em Gramsci o renovado interesse por temas que ocupavam sua mente de estudante universitário em Turim, temas ligados à antropologia linguística, ao folclore, à cultura italiana. As observações "etnográficas" que teve ocasião de fazer no cárcere ofereceram também um material empírico bastante rico para pensar a complexidade dos grupos subalternos da Itália. Podemos dizer então que essa pesquisa de campo forçada – em que se misturavam prisioneiros políticos de diversas origens com marginais também de origens bastante diferentes – sugeriu a Gramsci que as classes subalternas eram um universo muito amplo e complexo. Dar-se conta dessa realidade era imprescindível a fim de se realizar uma política revolucionária capaz de unificar esses grupos e elevá-los culturalmente a um nível superior de consciência crítica.

Essas observações que Gramsci identificava como sendo atividade "bizantina" certamente contribuiu para a formulação do projeto de pesquisa que pretendia desenvolver no cárcere. Assim que seu primeiro plano de estudo visava "uma pesquisa sobre os intelectuais italianos", "uma linguística comparada", "a transformação do gosto teatral italiano", "os romances de apêndice e o gosto popular na literatura". O fio condutor de todo o empreendimento estaria na busca dos graus e fases de desenvolvimento do "espírito popular criativo" (Gramsci, 1996, p.56).

Qual é a relação existente entre esse início de vida carcerária, com os sofrimentos e as observações e reflexões que ensejou, e particularmente o plano de estudo elaborado com o escrito sobre a questão meridional, redigido apenas quatro meses antes? Entre um texto de crítica política e polêmica ideológica como esse e o temário de perfil quase acadêmico agora apresentado no plano de estudo? Na verdade, há sim uma relação de continuidade. No escrito sobre a questão meridional, o objetivo político imediato se fazia evidente na defesa da necessidade de os intelectuais críticos, fossem marxistas ou liberal-revolucionários, procederem à fratura no bloco intelectual meridional conservador e assim possibilitarem a organização do campesinato e a sua aliança com a classe operária.

Agora o plano exige maior amplitude e profundidade, mas é ainda o mesmo. Trata-se de conhecer a Itália, de conhecer a cultura popular, mais precisamente o folclore ou o senso comum das classes subalternas (embora essa expressão ainda não compareça). Mais ainda, de saber como esse senso comum se articula com a concepção dos intelectuais e como podem ser ambos transformados.

O "espírito popular criativo", que conduz e unifica a pesquisa, poderia ser a busca de elementos de criação e de rebeldia popular diante das formas diversas de dominação? Seria o folclore uma forma de as classes subalternas interpretarem a visão sistematizada dos grupos sociais dominantes e de seus intelectuais e de transformarem a opressão e a submissão em condição suportável? Ou poderiam também mimetizar formas de recusa e rebeldia? Não estaria Gramsci em busca de elementos de rebeldia espontânea presente na vida social das massas, particularmente do campesinato, que tocaria aos intelectuais revolucionários racionalizar e canalizar como vontade coletiva? Apesar das muitas modificações no plano de estudo na vida de prisioneiro, não parece que Gramsci tenha fugido muito dessa impostação original, dessas perguntas. Nos *Cadernos do cárcere*, porém, Gramsci não mais usou a expressão "espírito popular criativo", possivelmente para se precaver de cair em alguma armadilha de marca idealista.[1]

Por outro lado, sempre nos *Cadernos do cárcere*, Gramsci passou a utilizar a expressão "classes subalternas" e "grupos subalternos", numa possível ampliação do mesmo campo analítico. Há alguma implicação teórico-metodológica nessa mudança? Há alguma implicação política?

Já nos Cadernos 1 e 2, algumas notas de Gramsci sugeriam a ampliação da noção de *meridione* para todo o Mediterrâneo, dentro da dialética nacional/internacional, da subalternidade imposta pelo colonialismo.

O Caderno 3, redigido em 1930 e considerado de miscelânea, começa com anotações principalmente sobre intelectuais e o americanismo, temas cruciais da pesquisa de Gramsci. Quase que improvisadamente aparece uma curta nota, a de número 14, nomeada "História da classe dominante e história das classes subalternas", que traz uma observação essencial de caráter metodológico. Nessa nota extraordinariamente sintética se destacam desde logo duas observações decisivas para se elucidar o raciocínio de Gramsci: 1) "a história das classes subalternas é necessariamente desagregada e episódica"; 2) "há na atividade dessas classes uma tendência à unificação, ainda que em planos provisórios, mas essa é a parte menos visível e que se demonstra somente com a obtenção da vitória" (Gramsci, 1975b, t.1, Q.3, §14, p.299-300).

A primeira afirmação tem um caráter bastante geral e indica a situação histórica das classes subalternas, que "sofrem a iniciativa da classe dominante, mesmo quando se rebelam; estão em estado de defesa alarmada". A segunda observação, cujas implicações não são desenvolvidas nessa passagem, sugere que as classes subalternas, por "iniciativa autônoma", tendem à unificação e, nessa condição, à superação da subalternidade, à hegemonia. As classes subalternas unificadas em torno de uma perspectiva autônoma propõem uma nova hegemonia, uma nova ordem social (ibidem).

Essas observações trazem à tona mais uma vez a continuidade e o diálogo permanente de Gramsci com os seus interlocutores quase que

---

1 Essa passagem em particular, mas o conjunto do texto se deve ao estimulante diálogo com Giorgio Baratta, cujo ponto de partida pode ser visto em Baratta, 2003, p.32-5.

presumidos, mas que estiveram presentes na sua concepção teórico-política, desenvolvida na ação dos dias em que viveram os conselhos de fábrica de Turim. As referências explícitas a Sorel e a Rosa Luxemburg nunca foram numerosas em Gramsci, nem mesmo no período revolucionário de 1917-1921, nem nos *Cadernos do cárcere*, o que não significa que preocupações comuns e incidências no pensamento não estivessem presentes.

Como se sabe, Sorel foi importante expoente teórico do sindicalismo revolucionário e Rosa Luxemburg, uma notável personalidade da *Neue Linke* do Partido Social-Democrata da Alemanha (SPD) e fundadora, depois, do Partido Comunista da Alemanha (KPD). Guardadas as muitas diferenças entre esses autores, em Gramsci incidia a comum preocupação com a autoatividade das massas, a auto-organização e o autogoverno. Em suma, com um "espírito de cisão" presente na atividade das classes submetidas. O problema passa a ser o endereço que toma a "iniciativa autônoma" das massas e como a "tendência à unificação" deve ou pode ocorrer.

Gramsci não indica o como e o porquê dessa tendência, mas uma possível suposição encontra-se na proposição marxiana da dinâmica do capital com agente da unificação da classe operária, mas essa suposição se mostra falsa se considerarmos a presença de alguma forma de economicismo em Marx. Por outro lado, é falsa também essa suposição, por certo, se considerarmos grupos sociais subalternos de formações sociais pré-capitalistas.

Gramsci parte desse substrato comum, dessa preocupação comum, com Sorel e Rosa, da iniciativa espontânea das massas, do que poderíamos chamar "espírito de cisão" ou "espírito popular criativo". Em Sorel, critica a permanência na subalternidade cultural ao liberalismo por manter a divisão entre o econômico e o político. A concepção teórica de que a organização dos trabalhadores estritamente no campo econômico, educados em torno do mito da greve geral contra o capital e o Estado político, era insuficiente para criar uma situação nova de hegemonia, exatamente por negar a política e a atividade intelectual revolucionária. O economicismo presente em Sorel Gramsci critica também em Rosa Luxemburg, pelo menos no seu trabalho sobre a Revolução

Russa de 1905. Segundo o argumento de Gramsci, também em Rosa haveria uma tendência economicista ao sugerir que crises econômicas pudessem ser geradoras espontâneas de situações revolucionárias (ibidem, t.3, Q.13, §24, p.1613). Os indícios são todos de que para Gramsci qualquer forma de economicismo representa uma variante de subalternidade teórica. Mas essa afirmação tem um significado ainda mais incisivo: a emancipação do subalterno supõe que a unificação passe também pela emancipação cultural, pela percepção de que o econômico e o político (e o filosófico) são expressões de uma mesma realidade em movimento: a emancipação do subalterno passa pela construção de um novo bloco histórico, uma nova forma de hegemonia e, como constitutivo desse processo, de uma reforma moral e intelectual (uma revolução cultural gerada na autoeducação das massas). Eis a razão da grande importância do estudo do folclore, da religiosidade, do senso comum, das formas de organização das classes subalternas. É o socrático "Conhece-te a ti mesmo" como condição da transformação.

Classes subalternas e intelectuais

Passagens dissociadas de diferentes cadernos podem fazer pensar que a expressão "classes subalternas" leva a um grau de abstração e generalidade tal a torná-la estéril do ponto de vista analítico ou mesmo político.[2] Por que então Gramsci a utiliza, além de ir ainda mais longe com o uso do termo "grupos subalternos"? A resposta possível pode apontar em duas direções diferentes e complementares. A primeira é a possibilidade de se estender o campo analítico no tempo e no espaço. O indício claro disso está em parágrafos subsequentes do Caderno 3, nos quais Gramsci trata das classes subalternas das *comune* italianas da época medieval (parágrafo 16) e da antiga Roma (parágrafo 18). Com essas questões em mente podem ser vasculhadas as diversas camadas

---

2 O mesmo pode ser dito da categoria de "revolução passiva", que está fora dos objetivos do presente escrito.

culturais que compõem o folclore e o senso comum da Itália, particularmente do campesinato.

Nessa lógica podem (devem) ser estudadas a origem e a formação da classe operária, como particularidade essencial do mundo moderno. Essa categoria de classes ou grupos subalternos permite ainda que o campo analítico se amplie para zonas coloniais, como já foi sugerido, exatamente como Gramsci entendia ser a condição da própria Itália meridional ou até mesmo a América Latina, como sugere o parágrafo 5 desse mesmo Caderno 3. Ou seja, a generalidade do termo "classes subalternas" ou "grupos subalternos" possibilita a análise apurada de particularidades as mais diversas dentro de uma tendência geral à unificação do gênero humano.

Mas essa ampliação do campo de visão analítica não traria também como implicação a indefinição prática e política? Aqui a resposta não pode passar do terreno das hipóteses, a menos que se proceda a uma pesquisa muito mais acurada. A importância que Gramsci dava ao americanismo e ao fordismo como tema de pesquisa comprova como a centralidade do trabalho fabril persistia na sua crítica da modernidade capitalista, o que aponta na direção oposta a uma possível diluição da classe operária no seio de indefinidos e pulverizados "grupos subalternos". Mantida a centralidade operária na construção de uma nova hegemonia antípoda ao domínio do capital, as classes subalternas da época capitalista ganham uma coluna vertebral por meio da qual podem ganhar organicidade e proceder na tendência à unificação e à hegemonia.

O problema passaria então a ser aquele de distinguir social e culturalmente quais seriam entre os grupos subalternos os possíveis aliados da classe operária. Seria apenas o campesinato? Ou o campesinato seria tão diverso na sua formação cultural, no seu folclore, que nem analítica nem politicamente poderia ser visto como uma entidade exatamente homogênea, até mesmo por ser uma classe de transição, uma classe que do pré-capitalismo deveria ser colaboradora da transição socialista, conforme havia demonstrado a elaboração do último Lenin? Mais amplamente, não seria ainda de questionar o quanto haveria de particularidades nos diferentes estratos camponeses herdados da época feudal na Europa ou se o chamado campesinato das vastas zonas coloniais não teria também a sua enorme diversidade?

A teoria da história que Gramsci desenvolveu nos *Cadernos do cárcere* nada tinha de esquemática ou linear, assim como a sua concepção de classe social. A noção de subalterno pode parecer demasiadamente elástica, mas é fato que a questão meridional italiana já ganhava uma nova complexidade, assim como a própria noção de questão meridional já se ampliava para a zona colonial do imperialismo. A questão da unificação das classes subalternas italianas é uma questão nacional, mas ao mesmo tempo é uma questão de unificação das classes subalternas de todo o mundo, uma questão de unificação do gênero humano.

Essa interpretação só é possível, porém, com a leitura de outras muitas passagens dos *Cadernos do cárcere*, particularmente do Caderno 13, no qual Gramsci analisa formas e modos pelos quais as classes subalternas podem superar a sua condição. Na verdade, no Caderno 13, um caderno dito especial, no qual retoma anotações feitas em cadernos anteriores, Gramsci trata particularmente da situação da classe operária, de um ponto de vista metodológico, do seu formar-se como classe capaz de dirigir um arco de alianças composto pelo conjunto das classes subalternas contra a dominação burguesa. Permanece, portanto, no fundo o problema da aliança operário-camponesa e da frente única, esboçado no período imediatamente precedente ao encarceramento, notadamente no "Alguns temas da questão meridional".

Gramsci se questiona sobre como se forma uma vontade coletiva, ou seja, sobre o como se unificam as classes subalternas. Ou, dito de outra maneira, como a cultura das classes subalternas se rompe e se transforma em cultura e vontade coletiva antagônicas à das classes dominantes, rompendo-se assim a subalternidade. Esse problema é crucial não só no conjunto dos *Cadernos do cárcere*, mas em toda a elaboração da cultura política do marxismo.

Um movimento de emancipação só pode partir da autoatividade das massas, da sua autonomia, da cisão com a classe dominante. Gramsci interpreta o príncipe de Maquiavel com as lentes de Sorel, exatamente para destacar esse personagem imaginário como a representação da vontade coletiva autônoma que se auto-organiza em oposição à ordem social vigente, gerando uma cisão que contesta a subalternidade. Esta demanda, todavia, uma reforma moral e intelectual, uma transformação cultural de grande envergadura histórica, que supere e substitua cultura da velha classe dominante.

Porém, essas lentes não são suficientes para enxergar que não basta a negação radical da ordem. É preciso também, e ao mesmo tempo, que se materialize a nova subjetividade, o que significa organizar a vida material e cultural sobre novas bases. A negação da velha ordem significa também elaboração teórico-prática de um projeto de nova vida. Não um projeto em abstrato, mas construído segundo a condução possível do movimento do real e que parte "do acordo alcançado nas vontades associadas" (ibidem, t.3, Q.13, §1, p.1537).

A nova subjetividade, crítica e negativa da condição subalterna, parte necessariamente das condições reais existentes, das contradições do real, dos fragmentos que compõem a ideologia subalterna, dos impulsos de rebeldia dos dominados (quase a dizer do "espírito popular criativo"). A recomposição dos fragmentos culturais e ideológicos emersos da rebeldia dos dominados, na perspectiva de negação da subalternidade, demanda necessariamente uma reforma moral e intelectual de largo alcance, no sentido da recomposição de toda a vida material e cultural.

Esse movimento histórico só se torna possível na medida em que as classes subalternas geram um grupo de intelectuais orgânicos. Orgânicos porque emersos do seio da própria classe e porque atuam historicamente em razão dos interesses da classe da qual se originaram. Organizados constituem o príncipe moderno, um organismo que é "um elemento de sociedade complexo no qual já tenha início a concretização de uma vontade coletiva reconhecida e afirmada parcialmente na ação" (ibidem, p.1558).

Se for assim, fica evidente que não se pode pensar a condição subalterna e a luta pela sua emancipação dissociada dos grupos intelectuais. Então, em Gramsci a história do folclore, da religiosidade, do senso comum das classes subalternas enfim, não pode estar dissociada das formas de domínio que lhe são impostas com decisiva contribuição dos grupos intelectuais. Assim também a negação/superação da condição subalterna não pode passar ao largo da formação de um grupo intelectual autônomo forjado pelas próprias classes subalternas em luta contra a sua condição. Aqui se percebe como o Caderno 12, que trata da história dos intelectuais, e o Caderno 27, que fala da história das classes subalternas, fazem parte de uma mesma pesquisa.

De fato, no Caderno 12 Gramsci se refere implicitamente aos intelectuais orgânicos da burguesia e os necessários ao proletariado:

> Cada grupo social, nascendo no terreno originário de uma função essencial no mundo da produção econômica, cria juntamente, organicamente, uma ou mais camadas de intelectuais que lhe dão homogeneidade e consciência da própria função não só no campo econômico, mas também no social e político. (ibidem, t.3, Q.12, §1, p.1513)

Depois é que amplia a questão para os intelectuais originados da época feudal e arremata: "A categoria dos eclesiásticos pode ser considerada a categoria intelectual organicamente ligada à aristocracia fundiária" (ibidem).

A explicação das razões pelas quais na Itália do século XVI não se formou uma vontade coletiva que unificasse a península na forma de monarquia absoluta, Gramsci encontra nas características cosmopolitas dos intelectuais, cuja origem remonta ao Império Romano, mas que a Igreja de Roma preservou e desenvolveu. O Renascimento foi um empreendimento cultural de elevada qualidade e valor, mas foi uma iniciativa de frações da nobreza que colocaram os artistas e intelectuais sob a sua égide, não permitindo que se transformasse em fenômeno de massa, que atingisse as camadas sociais subalternas.

A Reforma religiosa, pelo contrário, significou uma reforma moral e intelectual de longo alcance, não só pela tendente laicização da vida terrena, com a valorização do trabalho e da acumulação da riqueza, mas pela negação do universalismo da Igreja de Roma. O contato imediato do fiel com o seu deus, mediado pelo pastor, rompeu a hierarquia católica e regionalizou a organização religiosa, contribuindo assim na formação de Estados territoriais. Em determinadas regiões (como na Alemanha), a Reforma reforçou o poder local da nobreza, mas em outros contribuiu na gestação da revolução burguesa (como na Holanda, Inglaterra e Estados Unidos). De todo modo, a Reforma esteve muito longe de alcançar um padrão cultural que se aproximasse ao menos do Renascimento.

Isso significa que a Reforma desenvolveu um papel contraditório, mas contribuiu também para que eclodisse o jacobinismo na Revolução Francesa. Jacobinismo aqui entendido como um grupo intelectual que expressa a vontade coletiva nacional-popular. Pensando assim, Gramsci podia ver em Maquiavel um precursor do jacobinismo, como alguém que, ao perceber no universalismo da Igreja de Roma o inimigo a ser batido a fim de que prevalecesse uma vontade coletiva representada na figura do príncipe, maneira pela qual as classes subalternas se fariam protagonistas da formação de um Estado territorial pelo qual se difundisse o Renascimento como fenômeno de massa. A difusão do Renascimento como fenômeno de massa poderia ser a geradora de uma civilização de homens universais, como Gramsci percebia na figura de Leonardo da Vinci.

Sorel notava os intelectuais e políticos das classes dominantes como partícipes de um mesmo bloco histórico, mas precavia a classe dos produtores da geração de intelectuais ou dirigentes que poderiam vir a ser beneficiários de outras formas de dominação. Daí o seu antijacobinismo, a sua postura de cisão da vida política e intelectual dos dominantes, a sua negação da forma partido político. Gramsci, que na juventude teve uma visão bastante aparentada a essa, nos *Cadernos* passa a ver o jacobinismo precisamente como a ação de um grupo dirigente gerado e organicamente vinculado às classes subalternas, ainda que em graus e medidas diferentes.

No seu diálogo com Sorel (mediado por Maquiavel), Gramsci concebe o partido revolucionário, um intelectual orgânico coletivo, formado como instrumento concreto capaz de canalizar a rebeldia dos subalternos, de recompor os fragmentos ideológicos de recusa da ordem, promover uma reforma moral e intelectual que negue a subalternidade, concebendo um novo projeto de vida social. A rebeldia espontânea das classes subalternas é conduzida para um projeto de hegemonia, não deixada entregue ao espontaneísmo, como em Sorel.

Continuando a interlocução com Sorel, sempre no Caderno 13, Gramsci discute como as diversas formas de sindicalismo e corporativismo preservam a condição subalterna da classe operária, exatamente por não colocar no horizonte o problema da hegemonia, imprescindível para a fundação de uma nova ordem, de um novo Estado. O limite teórico do sindicalismo corporativo, mesmo na vertente revolucionária soreliana, é o economicismo, antes de tudo porque reproduz a visão da vida social que é própria do liberalismo, da ideologia da classe dominante.

Ao identificar todo político como instância de dominação da classe no poder, o sindicalismo revolucionário reconhece como real a falsa dicotomia entre o econômico e o político, entre a sociedade civil e o Estado. De modo que o sindicalismo é uma variante do economicismo, é ideologia de uma classe que continua a ser subalterna. O sindicalismo teórico "enquanto se refere a um grupo subalterno, ao qual com essa teoria se impede de vir a ser alguma vez dominante, de desenvolver-se para além da fase econômico-corporativa para elevar-se à fase de hegemonia ético-política na sociedade civil e dominante no Estado" (ibidem, t.3, Q.13, §18, p.1590).

Na teoria e na ação política "a luta pode e deve ser conduzida desenvolvendo o conceito de hegemonia, [...]" (ibidem, p.1595-6), condição para que a classe operária possa se emancipar da situação de subalternidade. O que pode significar essa afirmação? Que a condição subalterna só pode vir a ser superada na medida em que a classe operária assume a perspectiva da totalidade e nela se recompõe como humanidade emancipada.

Assim, assumir a perspectiva da totalidade comporta dois significados plausíveis, que se completam. O primeiro seria que a classe operária assume a perspectiva do interesse do conjunto das classes subalternas no processo de negação da subalternidade, ou seja, no processo de emancipação da exploração e da opressão, implicando um programa, um projeto, um momento de construção. O segundo seria que deveria se dotar de uma perspectiva cultural e teórica adequada, que metodologicamente parta do princípio de que "economia" e "política", sociedade civil e Estado são uma mesma e única realidade, que pode ser abordada por diferentes pontos de aproximação; essa perspectiva da totalidade não poderia ser outra que a oferecida pela filosofia da práxis.

Decerto que as classes subalternas não são apenas a classe operária e o campesinato, mesmo quando o argumento gira em torno da crítica ao capitalismo, ainda que dependa muito do grau e da fase de desenvolvimento em que se encontra determinada nação ou povo. Artesãos também são sobrevivências da ordem feudal ou outras, assim como são estratos de comerciantes ou de intelectuais tradicionais. Todos esses grupos sociais são subalternos e tendem a sofrer a hegemonia burguesa, "a iniciativa da classe dominante". Não é diferente com a classe operária, com o proletariado industrial, a não ser por um ponto decisivo: a classe operária produz o mais valor do qual o capital se alimenta, e é capaz, ainda que com enormes dificuldades, de produzir também intelectuais orgânicos e cultura crítica. Por outro lado, "a massa dos camponeses, ainda que desempenhe uma função essencial no mundo da produção, não elabora intelectuais 'orgânicos' próprios e não assimila nenhuma camada de intelectuais 'tradicionais', [...]" (ibidem, t.3, Q.12, §1, p.1514).

Caberia então à classe operária, uma classe subalterna particular, agrupar o conjunto das classes subalternas para a luta contra o capitalismo e por uma nova ordem social. Para isso era imprescindível conhecer/transformar as suas culturas particulares e fragmentárias que se expressavam como folclore, como religião, como senso comum e, por meio de um "progresso intelectual de massas", gerar uma nova cultura, invólucro de uma nova hegemonia e de um novo bloco histórico. Para isso tudo a formação de uma camada de intelectuais orgânicos seria imprescindível.

O que Gramsci faz é, ao fim das contas, aprofundar e desenvolver a fórmula política da frente única e da aliança operário-camponesa, com as quais trabalhava no momento da prisão. Somente uma coalizão do conjunto das classes subalternas, orientadas pela classe operária e seus intelectuais orgânicos – o príncipe moderno –, poderia se constituir em força antagônica e alternativa ao capitalismo.

Assim, o conjunto das classes subalternas, negando a sua condição por meio de uma reforma moral e intelectual, com sua associação de vontades, se transformaria em uma nova sociedade civil (e em um novo

Estado), materializando uma nova hegemonia. Quando fala de nova sociedade civil e de novo Estado, Gramsci supõe o Estado operário, o Estado socialista. Esse Estado é obra do conjunto dos grupos sociais que se emanciparam da subalternidade e que alcançaram o estatuto de construtores de uma nova civilização.

Gramsci em Fórmia

Um indício forte dessa leitura encontra-se precisamente no desenvolvimento do trabalho de Gramsci depois de ser transferido do cárcere de Turi para a clínica de Fórmia. Retoma então, no Caderno 22, o projeto de reflexão crítica sobre o americanismo e o fordismo, que parecia ter sido deixado para trás, voltando a insistir e mostrar a importância crucial da classe operária no mundo moderno.

Se nos cadernos 25 e 27 Gramsci trata da história e da cultura dos grupos subalternos que sobrevivem, no Caderno 22 ele se debruça sobre o *novíssimo* produzido pelo capitalismo: o americanismo fordista. O americanismo fordista é para Gramsci um intento de anular a lei da tendência de queda do lucro capitalista, que traz como implicação o fato de que "as classes subalternas, que teriam que ser 'manipuladas' e racionalizadas de acordo com as novas metas, necessariamente resistem" (ibidem, t.3, Q.22, §1, p.2139). Aqui a iniciativa da classe dominante é de tal ordem que "a racionalização determinou a necessidade de elaborar um novo tipo humano, adequado ao novo tipo de trabalho e de processo produtivo" (ibidem, t.3, Q.22, §2, p.2146).

A classe operária fordista está ainda sendo elaborada pela iniciativa hegemônica da burguesia, de modo que não se mostrou ainda capaz de criar supraestruturas de classe que a levassem a colocar em pauta a questão da hegemonia. Na verdade, nas condições de implantação do fordismo "a hegemonia nasce da fábrica e necessita apenas, para ser exercida, de uma quantidade mínima de intermediários profissionais da política e da ideologia" (ibidem).

Ora, a novíssima classe operária ainda está em construção, não é e ainda está longe de ser uma classe em condições de colocar em questão da hegemonia em disputa. Pelo momento é ainda um grupo subalterno, uma classe subalterna que não consegue se unificar e muito menos ser o núcleo de um arco de alianças no qual se vislumbre a frente única das classes subalternas. Por um lado é muito mais avançada do que a classe operária russa que fez a revolução socialista ou a classe operária italiana que pôs em prática a tão marcante experiência dos conselhos de fábrica, mas por outro é uma força política cultural apenas potencial e muito embrionária. A racionalização capitalista da produção – na forma taylorista e fordista – com o avanço do maquinismo e do automatismo gera uma situação contraditória de aprofundamento da alienação e de criação das condições para a negação da subalternidade operária. Cria a condição para que o indivíduo trabalhador se aproprie parcialmente da técnica produtiva, mas o isola e fragmenta do ser classe operária.

No Caderno 25, Gramsci recolhe, com poucas mudanças, as anotações anteriormente feitas e lhes atribui o nome, nesse caderno especial, de "Nas margens da história. História dos grupos sociais subalternos". O convite ao trabalho é de uma imensidão significativa e Gramsci oferece apenas alguns poucos indícios, mas a orientação da pesquisa está clara e definida. De certa forma é um contraponto com o temário do Caderno 22.

Nesse Caderno 25, o parágrafo 14 do Caderno 3 é transcrito com modificações. Antes de tudo o título assume o seu caráter de "Critérios metodológicos". Percebe-se que a expressão "classes subalternas" é substituída por "grupos subalternos", mas não desaparece do texto. Agora Gramsci explicita que a tendência à unificação desses grupos é continuamente destroçada pela iniciativa dos grupos dominantes, de modo que essa tendência pode ser demonstrada apenas em caso de sucesso. Gramsci também explicita melhor a passagem do Caderno 3:

> Os grupos subalternos sofrem sempre a iniciativa dos grupos dominantes, mesmo quando se rebelam e se insurgem: só a vitória "permanente" rompe, e não imediatamente, a subordinação. Na realidade, mesmo quando parecem triunfantes, os grupos subalternos estão só em estado de defesa alarmada. (ibidem, t.3, Q.25, §2, p.2283-4)

Essa passagem é mais explícita e ao mesmo tempo mais ampla e profunda. A expressão "grupos subalternos" se refere também a camadas sociais que não podem ser definidas como classe propriamente dita, como o caso de grupos intelectuais ou mesmo como classes que não se formaram ainda enquanto tal. Por outro lado, Gramsci acentua a dificuldade em se romper a subalternidade e o risco da ilusão da vitória. Parece que aqui ele repercute as dificuldades e problemas que se desdobravam na União Soviética.[3]

Gramsci aprofunda as suas observações metodológicas no parágrafo 5, no qual mostra cabalmente a impossibilidade de se fazer uma história (e de se fazer política) das classes subalternas dissociada da totalidade social, que se expressa a partir do Estado das classes dirigentes. Diz Gramsci a propósito: "A unidade histórica das classes dirigentes ocorre no Estado e a sua história é essencialmente a história dos Estados e dos grupos de Estados". De modo que

> a unidade histórica fundamental, pela sua concretude, é o resultado das relações orgânicas entre Estado ou sociedade política e "sociedade civil". As classes subalternas, por definição, não são unificadas e não podem unificar-se até que não possam vir a ser "Estado": a sua história, portanto, é entrelaçada com a da sociedade civil, é uma função "desagregada" e descontínua da história da sociedade civil e, por esse trâmite, da história dos Estados e dos grupos de Estados. (ibidem, t.3, Q.25, §5, p.2288)

As classes subalternas podem compor um novo Estado, uma nova totalidade, precisamente a partir do momento em que negam a subalternidade e se emancipam. Conhecer e transformar são aspectos e momentos da filosofia da práxis, da ciência da história e da política. Por isso Gramsci enuncia alguns pontos essenciais de pesquisa para quem se arrisca a fazer história das classes subalternas tendo em mente

---

3 É sempre bom lembrar que uma citação isolada muito pouco pode garantir, mas, se observarmos outras linhas dos *Cadernos* nas quais Gramsci sugere estar a União Soviética em estágio "econômico-corporativo", percebe-se como entende a subalternidade não ter sido efetivamente vencida naqueles países.

o projeto da sua emancipação. Historiador aqui não é apenas o especialista nos estudos dos acontecimentos do passado, mas é o intelectual orgânico que faz a história junto com as classes subalternas, no sentido de práxis. É preciso conhecer a origem e o desenvolvimento dos grupos sociais subalternos, o seu grau de adesão à ordem existente, a sua capacidade de impor reivindicações próprias, o surgimento de formações dos grupos dirigentes voltados a manter a subalternidade, o surgimento de formações dos grupos subalternos que afirmem os seus interesses dentro da ordem ou que lutem contra a subalternidade.

Ao fim das contas, Gramsci insiste no problema posto em 1923, sobre a necessidade de se conhecer a Itália a fim de transformá-la. Apenas que agora o seu ângulo de visão é muito mais amplo e universal. Continua também acompanhado da interlocução com Sorel. Para Gramsci, em síntese: "O historiador deve notar e justificar a linha de desenvolvimento em direção à autonomia integral, desde as fases mais primitivas, deve notar cada manifestação de soreliano 'espírito de cisão'". São imensas, porém, as dificuldades para o historiador que projeta a história, não só por conta da fragmentação dos grupos subalternos, mas também em razão das "repercussões das atividades bem mais eficazes, pois que surgidas do Estado, dos grupos dominantes sobre aqueles subalternos e sobre os seus partidos" (ibidem, p.2288-9).

Gramsci começa o Caderno 25 exatamente com a sugestão de um trabalho monográfico de pesquisa. Aborda o fenômeno histórico-social de Davide Lazzaretti (1834-1878), um líder rebelde emerso das camadas subalternas da Toscana. Profeta místico, Lazzaretti era também um pregador em oposição à monarquia, tal como se apresentava à Igreja. Gramsci crítica a bibliografia existente sobre o evento identificando a tendência a se isolar o fato, a fim de que fosse atribuída uma natureza patológica ao personagem central da trama, já que, "para uma elite social, os elementos dos grupos subalternos têm sempre alguma coisa de barbaresco e de patológico" (ibidem, t.3, Q.25, §1, p.2279).

Assim, a literatura existente, na verdade, contemplando os interesses das classes dominantes, procurava esconder as causas do mal-estar geral que existia na Itália depois de 70, dando a cada um dos episódios de explosão de tal mal-estar explicações restritivas, individuais, folclorísticas, patológicas etc. A mesma coisa ocorreu em maior dimensão para o "*brigantaggio*" meridional e das ilhas. (ibidem, p.2280)

O interesse de Gramsci nesse episódio particular encontra-se precisamente na manifestação de "popularidade e espontaneidade", assim como em

qual tendência subversiva-popular-elementar podia nascer entre os camponeses em seguida ao abstencionismo político-clerical e ao fato de que as massas rurais, na ausência de partidos regulares, procuravam dirigentes locais que emergiam da própria massa, misturando a religião e o fanatismo ao conjunto de reivindicações que de forma elementar fermentavam nos campos. (ibidem)

Nas páginas desse caderno, Gramsci tece considerações sobre aspectos da história dos grupos subalternos na Roma Antiga e na época feudal e destaca que "no Estado antigo e naquele medieval, a centralização, seja político-territorial, seja social (e um não é mais que função do outro), era mínima". Nessa situação "os grupos subalternos tinham uma vida própria, em si, instituições próprias etc., e às vezes essas instituições tinham funções estatais, que faziam do Estado uma federação de grupos sociais com funções diversas não subordinadas, [...]". Em contraposição, "O Estado moderno substitui o bloco mecânico dos grupos sociais pela subordinação à hegemonia ativa do grupo dirigente e dominante, de modo que abole algumas autonomias, que porém renascem de outra forma, como partidos, sindicatos, associações de cultura". Referindo-se ao fascismo, Gramsci anota ainda que "as ditaduras contemporâneas abolem legalmente também essas novas formas de autonomia e se esforçam para incorporá-las na vida estatal: a centralização legal de toda a vida nacional nas mãos do grupo dominante se faz 'totalitária'" (ibidem, t.3, Q.25, §4, p.2287).

Gramsci avalia então como os grupos subalternos da Antiguidade clássica e da época medieval se acoplavam ao grupo dominante, mas tinham uma vida própria, normas e padrões culturais próprios. Em caso de sanada a dificuldade documental, a história desses grupos não seria difícil de ser elaborada. Na época burguesa, o Estado tende a centralizar a atividade da classe dominante, tende a coordenar a hegemonia sobre a classe operária e o conjunto dos grupos subalternos. Estes, por sua vez, manifestam a sua autonomia por meio de organizações econômicas, políticas e culturais. O empenho do Estado e da classe dominante é submeter essa autonomia e bloquear o eventual desenvolvimento do "espírito de cisão", caminho para a negação da subalternidade, constituindo a hegemonia..

Nessa mesma linha de reflexão segue o Caderno 27, composto apenas por algumas poucas páginas tratando de "Observações sobre o folclore". Gramsci observa como a literatura existente, sendo sempre uma expressão da "ciência" das classes dominantes, concebe a ciência do folclore apenas como uma coleção de informações pitorescas que podem se manifestar como conhecimento erudito. Para Gramsci, no entanto, o folclore deveria ser estudado, tal como entendem certas correntes da antropologia, como cultura, mais especificamente como cultura popular. Diz então Gramsci sobre o folclore:

> Ocorreria estudá-lo, em vez, como "concepção do mundo e da vida", implícita em grande medida, de determinados estratos (determinados no tempo e no espaço) da sociedade, em contraposição (também esta no mais implícita, mecânica, objetiva) com as concepções do mundo "oficiais" (ou em sentido mais amplo das partes cultas da sociedade historicamente determinadas) que se sucederam no desenvolvimento histórico. (Assim a estreita relação entre folclore e "senso comum" que é o folclore filosófico.) Concepção de mundo não só não elaborada e sistemática, porque o povo (ou seja, o conjunto das classes subalternas e instrumentais de cada forma de sociedade que até agora existiu) por definição não pode ter concepções elaboradas, sistemáticas e politicamente organizadas e centralizadas no seu contraditório desenvolvimento, mas que pelo contrário são múltiplas – não só no sentido de diverso, e justaposto, mas também no sentido de estratificado do mais grosseiro ao menos grosseiro –, se até mesmo não se deve falar de um aglomerado indigesto de fragmentos de todas as concepções de

mundo e da vida que se sucederam na história, das quais a maior parte, ou seja, só no folclore se encontram as sobrevivências documentais mudadas e contaminadas. (ibidem, t.3, Q.27, §1, p.2311-2)

Essa longa e pouco clara passagem exige bem um comentário. A rigor, para Gramsci o folclore é composto pela concepção de mundo e de vida das classes subalternas. Mas essa concepção de mundo e de vida também se contrapõe à visão de mundo e de vida dos grupos dirigentes e, mais especificamente, de seus intelectuais. Essa contraposição, em geral, ocorre na forma de releitura fragmentada da cultura dos grupos dirigentes em sucessão histórica. Ainda mais, a concepção de mundo e de vida das classes subalternas é múltipla, estratificada, justaposta e misturada, já que essas camadas sociais, por sua própria condição, não podem contar com uma visão de mundo e da vida sistemática e elaborada como filosofia.

O "senso comum" é o sedimento superior do folclore, porquanto é folclorização da filosofia das classes dirigentes. Assim, a filosofia e a ciência modernas oferecem sempre novos elementos que se transformam em senso comum, em folclore. Parece que aquilo que Gramsci chama de "lorianismo" seja precisamente uma forma de folclore da ciência. Assim que "o folclore pode ser entendido só como um reflexo das condições de vida cultural do povo, se bem que certas condições próprias do folclore se prolonguem mesmo depois que as condições sejam (ou pareçam) modificadas ou deem lugar a combinações bizarras" (ibidem, p.2312).

A religião é outro elemento conectado com o folclore (e com o senso comum), particularmente por configurar uma moral. Note-se que no catolicismo, e também na vertente ortodoxa do cristianismo, há uma diferença significativa entre a religião popular (dos simples) e a religião dos intelectuais. Nesse campo da moral religiosa também devem ser discernidos os diversos estratos culturais,

> aqueles fossilizados que espelham condições de vida passada e, portanto, conservadores e reacionários, e aqueles que são uma série de inovações, muitas vezes criativas e progressivas, determinadas espontaneamente de

formas e condições de vida em processo de desenvolvimento e que estão em contradição, ou somente diferentes, da moral dos estratos dirigentes. (ibidem, p.2313)

Veja-se como na reflexão de Gramsci aparecem elementos que enriquecem e diversificam o conceito e o entendimento de folclore. Longe de ser um universo fixo e estéril, o folclore é apresentado como um universo de representações ideológicas no qual a religião, a moral, a ciência e a filosofia se estratificam e se misturam, ganhando formas diversas e móveis de dominação e de imposição da subalternidade. Mas Gramsci não deixa de notar a presença do "espírito popular criativo" no folclore, criações culturais espontâneas que podem ser elementos de negação da subalternidade. No folclore aparecem espontaneamente momentos de autonomia e de antagonismo dos grupos sociais subalternos.

Da mesma maneira, Gramsci também sugere que, frente à filosofia da práxis, toda a religião e toda a filosofia das classes dirigentes e de seus intelectuais podem ser encaradas como folclore, como camadas culturais de um tempo que deverá passar. Na verdade, a própria filosofia da práxis pode encontrar aspectos de folclore no seu processo de desenvolvimento e de difusão. Somente com o aprofundamento dessa perspectiva crítica é que se poderá induzir

> o nascimento de uma nova cultura nas grandes massas populares, ou seja, desaparecerá o destaque entre cultura moderna e cultura popular ou folclore. Uma atividade desse gênero, feita em profundidade, corresponderia no plano intelectual a isso que foi a Reforma nos países protestantes. (ibidem, p.2314)

Considerações finais

Algumas conclusões muito provisórias podem ser avançadas ao fim deste escrito. Pode-se dizer, antes de tudo, que há uma continuidade significativa de preocupações no conjunto da obra de Gramsci. Desde muito jovem, Gramsci esteve voltado na sua ação política cultural para o problema da emancipação, para a questão da liberdade. Partindo de uma consciência relativamente difusa da situação de opressão em que vivia a Sardenha, ele concebe uma análise que observa toda a região meridional da Itália como uma zona colonial, que faz do campesinato uma camada social particularmente submetida. No entanto, foi a vivência com a classe operária de Turim que informou Gramsci da contradição e da exploração capitalista, amadurecendo então nele a convicção da necessidade do desenvolvimento do "espírito de cisão" como condição fundamental da emancipação do trabalho.

Assim, das suas ações e reflexões sobre os conselhos de fábrica, em 1919-1920, até o estudo sobre o americanismo-fordismo contido no Caderno 22, de 1934, Gramsci esteve mergulhado na questão da emancipação da classe operária. Na verdade, mesmo antes – quando escrevia artigos jornaleiros de crítica cultural, literária e artística –, a reflexão de Gramsci guardava esse objetivo e desde logo ele pôde compreender que a emancipação não poderia jamais se limitar a uma mudança pura e simples das condições materiais ou jurídicas e que mesmo estas exigiriam uma capacidade de auto-organização, de autoeducação e de autonomia das massas exercitando e desenvolvendo o "espírito popular criativo".

Pode-se dizer que mesmo antes da fundação do PCI, em 1921, no cabedal cultural e teórico de Gramsci já se encontravam presentes os elementos que lhe possibilitaram o desenvolvimento teórico realizado em seguida e culminado nos *Cadernos do cárcere*. Na sua fase de dirigente do PCI, Gramsci perseguiu o objetivo de emancipar a classe operária da ideologia reformista positivista que garantia a subalternidade operária e também contribuía fortemente para preservar a condição de opressão na qual os camponeses se encontravam reduzidos. De início (ainda junto com Bordiga) preocupou-se com a unificação da classe operária, mas depois o seu campo de visão se ampliou e se focou na questão da aliança operário-camponesa, no problema da unificação das classes exploradas e oprimidas no capitalismo. Era o momento da ruptura com Bordiga e da *tradução* de Lenin para a particularidade italiana no contexto do capitalismo.

Gramsci era já ciente de como os intelectuais socialistas eram subalternos às classes dirigentes e como serviam de intermediários para manutenção da classe operária na situação de impotência. Refletia com acuidade sempre maior sobre o papel dos intelectuais na manutenção da situação de atraso do Mezzogiorno. Sem que a classe operária formasse seus próprios intelectuais e sem que se desorganizasse o bloco intelectual meridional, a emancipação dos trabalhadores não seria possível. Às vésperas da prisão, Gramsci havia já concebido uma estratégia para a revolução antifascista e anticapitalista, sintetizada na fórmula política da frente única e da aliança operário-camponesa.

No cárcere, Gramsci aprofundou e ampliou notavelmente essa linha de reflexão e pesquisa. Percebeu a enorme diversidade do mundo camponês, a sua riqueza cultural, as manifestações do "espírito popular criativo", sempre em busca de virtualidades antagônicas do campesinato e da cultura popular que pudessem enriquecer a aliança com a classe operária, tal como defendia. Da mesma forma, Gramsci ampliou o seu raio de visão, perscrutando, a partir da questão meridional italiana, uma questão meridional planetária, composta por imensa e diversificada zona colonial. Eis a importância cultural e política do estudo da linguística, do folclore e de outros temas que se propôs a estudar na vida de prisioneiro do fascismo.

Gramsci notou também que a própria classe operária era uma composição histórica e social diferenciada. Não era a mesma na Rússia, na Alemanha, na Itália ou nos Estados Unidos. Por evidente que possa parecer essa assertiva, nela está implícita uma questão de método muito importante, com implicações políticas bastante sérias. Avaliar a origem social e histórica, a experiência pregressa de luta e a cultura popular é elemento importante no processo de constituição da classe operária ela mesma, da sua capacidade de se elevar culturalmente e propor uma nova hegemonia, superando a subalternidade.

Parece que Gramsci percebera no cárcere que a classe operária da Europa, com toda a sua diversidade, fora derrotada em 1921 e que a "época de revolução passiva" que então se iniciara, entre outras coisas, tendia a remodelar o perfil da classe operária, como "iniciativa dos grupos dominantes". Era o caso exemplar do americanismo-fordismo com o seu potencial universalizante no contexto do capitalismo. A classe operária havia sofrido grave derrota histórica e começava a ser recomposta no padrão fordista-taylorista de produção capitalista e a própria União Soviética se encontrava num estágio "econômico-corporativo", ou seja, num estágio muito primário da transição socialista. Não seria então o caso de ampliar e aprofundar o campo de visão analítica tanto da classe operária como do campesinato, da intelectualidade, todos esses grupos sociais em mutação e vivendo tempos históricos diferentes, passando a se utilizar um conceito mais amplo, mais abrangente, como o de classes subalternas ou de grupos sociais subalternos? O problema teórico-prático continuava a ser o mesmo, apenas que ciente do grau imenso de complexidade: como se forjar uma frente única das classes subalternas tendo em vista a sua emancipação da exploração e opressão do capital, partindo da sua diversidade e fluidez e da produção de sempre novas formas de folclore, que ficou conhecida como cultura de massas. Conceitos fixos e imutáveis pouco ou nada contribuiriam para a construção do devir histórico.

Certo que o método de Gramsci, o seu historicismo radical, ofereceu condições não só para que a sua obra fosse mal entendida ou mesmo manipulada assim como categorias que foram de seu uso encontraram outros usos que em nada coincidiam com os objetivos do autor sardo. Mas, por outro lado, a fluidez dos grupos subalternos percebida por Gramsci no momento em que escrevia tem semelhanças significativas com o mundo de hoje, quando muito se fala da crise do movimento operário, da sociedade do trabalho, do fordismo, quando em colocada em discussão a própria existência de uma classe operária. A fluidez da luta social, a existência de movimentos de grupos subalternos os mais variados, localizados ou globalizados, permitem que Gramsci viva no século XXI e nos coloque o desafio de descortinar o *novíssimo*, que poderá (ou não) conduzir a formação da frente única das classes subalternas do capitalismo mundializado como Império. Mas condição para que isso ocorra é que a própria filosofia da práxis não seja dada por alguma espécie de folclore (Monal, 2003).

9
A MUNDIALIZAÇÃO DO CAPITAL E A CATEGORIA DE REVOLUÇÃO PASSIVA EM GRAMSCI

O problema

Nas últimas décadas, o conjunto das ciências políticas e sociais, assim como a própria literatura de divulgação midiática, muito tem discutido sobre a "globalização" (expressão preferida no mundo anglo--americano e portadora de maior cariz ideológico) ou sobre a "mundialização" (mais usado entre os franceses), com enfoques teóricos e abordagens as mais variadas. De alguma maneira, difundiu-se e generalizou-se a ideia ou percepção de que uma mudança de época histórica teve início no fim dos anos 1970. Os elementos mais evidentes nessa mudança e que primeiro empenharam os intelectuais foram a ascensão vertiginosa do mercado financeiro global, a força das grandes corporações transnacionais e a espantosa difusão dos meios de informação e comunicação. Certo que muitos outros elementos se destacaram, como a mundialização da cultura de massa e a consolidação política cultural do tema do ambientalismo e do feminismo.

Com um pouco mais de atenção se observa também que em regiões importantes do planeta parece ser patente o declínio das instituições sociais do movimento operário e da cultura da esquerda, alimentadas pelo discurso do fim do trabalho, fim da classe operária, crise do marxismo etc. Muitos outros elementos aparentemente esparsos poderiam ser lembrados a fim de mostrar que o senso comum da ocorrência da "globalização" ou "mundialização" se cristalizou sobre um efetivo movimento do real. A questão de fundo – até para que se possa entender, explicar e conduzir esse movimento do real, elevando criticamente o próprio senso comum – é saber da natureza e do conteúdo dessa fase histórica, saber quais são os seus fundamentos econômico-sociais e sua dinâmica.

Com efeito, conta com bastante influência a posição teórico-ideológica que privilegia o tema da fragmentação dos sujeitos e do fim do trabalho como fundamento da sociabilidade humana, mas esse problema existe mesmo no campo que se desdobra do marxismo. Nessa vertente, algumas das questões principais que se apresentam na interpretação da época atual é se pode ser observado um estágio capitalista para além do imperialismo ou se nos encontramos numa fase nova dentro do imperialismo capitalista; se império poderia ser uma designação razoável para essa fase e nesse caso império de quem: dos Estados Unidos, das grandes corporações? Trata-se efetivamente de um império com hegemonia ou não passa de domínio com crise orgânica e sem hegemonia? Nesse quadro, é possível ou razoável falar de atualidade da revolução socialista?

Frente a esse conjunto de problemas postos pelos tempos atuais, a tradição cultural originada em Marx é qualificada, por amplos ambientes intelectuais vinculados à ordem estabelecida, de inoperante para entender e transformar a realidade. A questão que este texto se propõe a considerar é se a contribuição teórica de Antonio Gramsci, um dos mais importantes expoentes da referida tradição, tem algo a oferecer efetivamente, não só para explicar essa fase do desenvolvimento do imperialismo, mas também para se pensar a revolução comunista. Mais particularmente, a pergunta é se a categoria de revolução passiva pode ser de utilidade no intento de compreensão/transformação do mundo dos homens neste início de século XXI. A resposta exige a localização do significado (ou significados) que Gramsci concedeu a essa categoria teórica. Ou ainda, por outro verso, a categoria de revolução passiva pode não ser cabível e a contribuição de Gramsci aparece de um modo diferente e quem sabe mesmo insuspeitado.

Origem e significado da categoria de revolução passiva

Um dos grandes problemas que Gramsci se colocou para ser estudado no cárcere foi a compreensão do *Risorgimento* como processo particular de realização da revolução burguesa na Itália, abordando especificamente a relação entre os intelectuais e as massas. Desde logo estava claro para Gramsci que o problema da revolução burguesa na Itália não era uma questão estritamente nacional e que não poderia ser entendida dissociada da larga compreensão da Revolução Francesa, que tampouco poderia ser vista apenas como uma revolução nacional. O contexto internacional da revolução burguesa era essencial mesmo para se compreender a formação dos Estados nacionais e do próprio capitalismo.

Esse enquadramento teórico foi oferecido a Gramsci por um texto escrito por Vincenzo Cuoco (1999), considerado um clássico da ciência política na Itália, qual seja, o *Saggio storico sulla rivoluzione di Napoli*. Esse texto foi publicado pela primeira vez em 1801 e teve uma edição revista em 1806. Cuoco foi um jurista e administrador público napolitano, que se empenhou em trazer Maquiavel e Vico para as condições históricas do novo tempo que a Revolução Francesa inaugurava.

A tese fundamental de Cuoco era que a revolução napolitana de 1799 só ocorrera em razão do impacto da Revolução Francesa e particularmente das ações de Napoleão. Esse impacto mobilizou parte das classes dirigentes napolitanas, que divisaram as vantagens em fazer de Nápoles um Estado guiado pelas ideias francesas e mesmo de fazer parte do império francês que essa fase da revolução visava criar. Cuoco nota que às classes dirigentes napolitanas faltaram coerência e determinação, mas que ao fim das contas o elemento decisivo foi a não participação das massas populares nessa comoção histórica. Daí ter sido a revolução napolitana uma revolução passiva, pois que, importada da França, dividiu as classes dirigentes, incluindo os intelectuais, mas os seus jacobinos não se vincularam às massas populares. O resultado foi a impossibilidade de se criar uma nação ítalo-napolitana.

Essa interpretação de Cuoco orientou Gramsci na leitura de todo o processo do *Risorgimento* como desdobramento da Revolução

Francesa. No entanto, um alargamento do campo de visão foi necessário. Foi preciso, antes de tudo, considerar a Revolução Francesa como um fenômeno de longo prazo e de incidência mundial, não apenas uma manifestação circunscrita à história da França do decênio 1789-1799. Gramsci concebeu a Revolução Francesa como eclodindo na França, alongando-se no tempo e se espalhando no espaço, num processo de construção da ordem burguesa. Diz Gramsci, a propósito:

> De fato, só em 1870-1871, com a tentativa da Comuna, esgotaram-se historicamente todos os germens nascidos em 1789, ou seja, não só a nova classe que luta pelo poder derrota os representantes da velha sociedade que não quer se confessar definitivamente superada, mas derrota também os novíssimos grupos que consideram já ultrapassada a nova estrutura surgida da transformação iniciada em 1789 e demonstra assim a sua vitalidade tanto em relação ao velho quanto em relação ao novíssimo. (Gramsci, 1975b, t.3, Q.13, §17, p.1581-2)

Essas oito décadas que fizeram emergir e que consolidaram a ordem burguesa podem ser divididas em fases ou "em ondas cada vez mais longas". No conjunto, em termos de ciência e ideologia política, a época da Revolução Francesa é identificada como sendo de revolução permanente, de guerra de movimento e de ação política jacobina. Isso significa que os episódios revolucionários são quase que recorrentes pela ação de pequenos grupos políticos de vanguarda que se confronta com o Estado. Mas "é exatamente o estudo dessas ondas de diferente oscilação que permite reconstruir as relações entre estrutura e supraestrutura, por um lado, e, por outro, entre o curso do movimento orgânico e o curso do movimento de conjuntura da estrutura" (ibidem).

A ampliação do ângulo de visão de Gramsci também passa pela contribuição do historiador francês Edgar Quinet,[1] o qual entendia ser o período da restauração bourbônica (1815-1830) um momento

---

1 Edgar Quinet (1803-1875) foi historiador das religiões, polemista e ativista político francês, tendo defendido posições republicanas e laicas. Foi deputado constituinte em 1848.

de "revolução-restauração". Note-se que Cuoco falava a partir da Itália meridional, da periferia, por assim dizer, enquanto Quinet fala do epicentro da revolução. Gramsci aproxima essas formulações no esforço de compreensão do *Risorgimento*, propondo que ambas

> exprimiriam o fato histórico da ausência de iniciativa popular no desenvolvimento da história italiana, e o fato de que o "progresso" se verificaria como reação das classes dominantes ao subversivismo esporádico e desorgânico das massas populares com "restaurações" que acolhem uma parte qualquer das exigências populares, sendo assim, "restaurações progressivas" ou "revoluções-restaurações" ou ainda "revoluções passivas". (ibidem, t.2, Q.8, §25, p.957)

Se, com Cuoco, Gramsci consegue um instrumental analítico de todo o *Risorgimento*, com a contribuição de Quinet o conceito se amplia e se aprofunda. Cuoco acentua o aspecto da *revolução passiva* como produto do impacto externo e Quinet possibilita que se fale de *revolução-restauração* como uma fase da revolução burguesa entendida como processo de longo prazo. A *revolução-restauração* sofre também os contragolpes da situação internacional, mas se alimenta e é impulsionada por forças sociais internas. Mas, se "a fórmula político-histórica da revolução permanente" serve de mediação dialética para a compreensão desse fenômeno histórico, significa também que a revolução passiva pode ser vista como uma fase da revolução permanente (ibidem, t.3, Q.13, §17, p.1582).

Por ora, Gramsci entende o conceito de revolução passiva como passível de aprender um fenômeno de "revolução sem revolução" produzida por um impacto externo ou de um fenômeno que demarca uma fase de um processo mais longo de revolução. O *Risorgimento*, na leitura que Gramsci faz a partir dessa elaboração teórica, é uma revolução passiva, pois que produto de um impacto externo de longo alcance, não só de uma invasão militar, como em Cuoco, mas de uma incidência política cultural duradoura. É uma revolução passiva também por ter sido uma revolução sem revolução. De qualquer maneira, trata-se ainda da revolução burguesa, ou seja, da época histórica de construção e consolidação do capitalismo e dos Estados nacionais na Europa.

A categoria de revolução passiva está também vinculada à de jacobinismo. No cárcere Gramsci refaz a sua compreensão de jacobinismo exatamente por conta do estudo da época da revolução burguesa. Pela influência de Sorel, ele percebera o jacobinismo como uma forma de ação política e intelectual destacada das massas, quando não feita a expensas das massas. Agora via nos jacobinos franceses a expressão de uma direção consciente de uma vontade coletiva, que teve em Maquiavel um brilhante precursor. O jacobinismo, para Gramsci, era então "uma exemplificação de como se tenha formado concretamente e tenha operado uma vontade coletiva, que, ao menos por alguns aspectos, foi uma criação *ex-novo*, original" (ibidem, t.3, Q.13, §1, p.1559).

A revolução burguesa na Itália se manifestou como revolução passiva exatamente por não ter se formado uma expressão da vontade coletiva. O impulso para a formação de um Estado nacional não contou com o indispensável substrato popular nem com um grupo político intelectual em condições de conduzir as massas. Na Itália prevaleceu o moderatismo e a revolução passiva como programa. O transformismo, ou seja, a passagem de inteiros grupos intelectuais para o lado das classes dominantes, reforçando a sua hegemonia, foi o movimento preponderante, tendo-se preservado a subalternidade das massas populares.

Não pode haver muita dúvida do quanto Marx contribuiu no entendimento que Gramsci auferiu da Revolução Francesa, particularmente com o *Dezoito Brumário de Luís Bonaparte*. No entanto, as noções de bonapartismo e de cesarismo já se encontravam presentes em Cuoco. Na reflexão de Gramsci, esses conceitos também se imbricam com a categoria de revolução passiva, como em Cuoco. O cesarismo, na avaliação de Gramsci, pode ter um sentido muito amplo, referindo-se a contextos históricos bastante diferentes, incluindo o próprio César ou Cromwell, ou ainda os tempos que corriam, com Mussolini, por exemplo.

Mas na época da revolução burguesa na Europa continental houve o caso do cesarismo progressivo, com Napoleão Bonaparte e seu intento de criação de um império burguês continental nucleado na França, que visava incluir também a Itália. O caso do cesarismo de Napoleão III também pode ser considerado progressivo porquanto garantiu a unidade das classes dominantes num período em que as novas camadas subalternas apresentavam o seu antagonismo, ainda que aqui "não houve a passagem de um tipo de Estado para outro, mas só a 'evolução' dentro do mesmo tipo, segundo uma linha 'ininterrupta'" (ibidem, t.3, Q.13, §27, p.1622).

Em 1870 a época da revolução burguesa se completava. A derrota da Comuna de Paris garantia o poder político da burguesia francesa, mas também se completava a revolução burguesa na Alemanha e na Itália, revoluções passivas que criaram novos Estados nacionais. Diz Gramsci então que o

> Conceito político da chamada "revolução permanente", surgido antes da revolução de 1848, como expressão cientificamente elaborada das experiências jacobinas de 1789 ao Termidor. A fórmula é própria de um período histórico no qual não existiam ainda os grandes partidos de massa e os grandes sindicatos econômicos e a sociedade estava ainda, por assim dizer, em estado de fluidez sob muitos aspectos: maior atraso do campo e monopólio quase completo da eficiência estatal em poucas cidades ou mesmo numa só (Paris para a França), aparelho estatal relativamente pouco desenvolvido e maior autonomia da sociedade civil diante da atividade estatal, determinado sistema das forças militares e do armamento nacional, maior autonomia das economias nacionais, das relações econômicas do mercado mundial etc. No período posterior a 1870, com a expansão colonial europeia, todos esses elementos mudam, as relações de organização internas e internacionais do Estado tornam-se mais complexas e maciças e a fórmula quarentoitesca da "revolução permanente" é elaborada e superada na ciência política pela fórmula da "hegemonia civil". Ocorre na arte da política o mesmo que ocorre na arte militar: a guerra de movimento transforma-se sempre mais em guerra de posição; [...]. (ibidem, t.3, Q.13, §7, p.1566)

Revolução passiva e guerra de posição

Até o momento, o conceito de revolução passiva no universo categorial de Gramsci está acoplado ao de revolução permanente, jacobinismo e guerra de movimento, como modo da ação política na época da revolução burguesa e de formação do Estado nacional. A revolução passiva ocorre nas zonas de impacto e absorção passiva da revolução burguesa ou como fase de desenvolvimento da revolução permanente, quando se perscruta a transposição da própria revolução burguesa. A fórmula da *hegemonia civil*, ao superar a fórmula da revolução permanente, não superaria também a necessidade/possibilidade da revolução passiva nos Estados nacionais burgueses efetivamente constituídos, sendo possível apenas na periferia ou no mundo colonial, assim como a revolução permanente?

A resposta para essa questão demandou uma ulterior complexidade do raciocínio de Gramsci. A guerra imperialista de 1914 deu início a uma grave crise da hegemonia liberal-burguesa. As zonas mais afetadas, porém, foram aquelas de mais recente contaminação capitalista, como a Rússia e a Áustria-Hungria, e aqueles Estados nacionais que haviam se constituído por meio de uma revolução passiva, como era o caso de Alemanha e Itália. A eclosão da revolução socialista internacional na Rússia e sua difusão em direção ao Ocidente geraram um movimento análogo àquele gerado pela Revolução Francesa: uma guerra de movimento, uma ação política jacobinista, uma revolução permanente.

A revolução socialista internacional iniciada em março de 1917 na Rússia, e que se difundira pela Áustria-Hungria, Alemanha e Itália, em março de 1921 estava já derrotada e isolada na própria Rússia. Por que a revolução socialista foi contida em tão pouco tempo sem ter atingido os Estados de revolução burguesa original (Inglaterra, Estados Unidos, França)? Enquanto na revolução burguesa se espraiara sobre Estados feudal-absolutistas, contando com a força das armas e das ideias para gerar uma revolução passiva, quando não uma jacobina, a eclosão da revolução socialista ocorrera precisamente a partir da crise final do Estado feudal-absolutista, tendo que confrontar consolidada a hegemonia liberal-burguesa do núcleo do Ocidente.

Ainda que em crise, a presença material da hegemonia liberal--burguesa era a crucial diferença entre os dois grandes eventos revolucionários de época contemporânea. No Império Russo a guerra de movimento, o jacobinismo, a revolução permanente foram suficientes para derrotar o poder político feudal-absolutista e a débil burguesia, impedindo uma revolução passiva desdobrada da Alemanha, mas não foram capazes de atingir o coração da hegemonia burguesa no Ocidente, difundindo a revolução socialista. Gramsci apontava essa diferença de modo sintético:

> No Oriente, o Estado era tudo, a sociedade civil era primordial e gelatinosa; no Ocidente, entre Estado e sociedade civil havia uma relação justa e no estremecimento do Estado se percebia de imediato uma robusta estrutura da sociedade civil. O Estado era só uma trincheira avançada, atrás da qual estava uma robusta cadeia de fortalezas e de casamatas. (ibidem, t.2, Q.7, §16, p.866)

Apesar dos indicativos de Lenin, a Internacional Comunista (IC), no seu conjunto, permaneceu atrelada a uma concepção jacobina de permanência da crise revolucionária, não tendo conseguido desenvolver toda a potencialidade contida na fórmula política da frente única. O próprio Gramsci preservou a visão de permanência da revolução até o momento da prisão, ainda que tenha aprofundado notavelmente a noção de frente única (Del Roio, 2005).

A crise capitalista de 1929-1933 foi crucial para Gramsci pensar o significado histórico do primeiro pós-guerra e da particularização da Revolução Russa. De modo implícito, nas suas reflexões carcerárias, ele observa o equívoco do movimento comunista na postura que prevalecia de enfrentamento direto com a burguesia e seus aliados, decorrente da fé de que a crise econômico-social havia já condenado o capitalismo. Gramsci observa que a luta política havia de ser travada como *guerra de posição*, ao menos nos Estados imperialistas, "onde a sociedade civil tornou-se uma estrutura muito complexa e resistente às 'irrupções' catastróficas do elemento econômico imediato (crises, depressões etc.); [...]" (Gramsci, 1975b, t.3, Q.13, §23, p.1615).

Já que a *guerra de movimento* não conseguiu desbaratar o bloco histórico, tendo sido barrada por suas *casamatas*, a *guerra de posição* é inevitável. Nessas condições as classes dirigentes percebem a necessidade da ofensiva contra os trabalhadores, por meio da estatização de parte dos aparelhos privados de hegemonia, ampliação e fortalecimento do aparelho coercitivo e reordenação do processo produtivo. Isso significa

Uma inaudita concentração de hegemonia e, portanto, uma forma de governo mais "intervencionista", que mais abertamente assuma a ofensiva contra os opositores e organize permanentemente a "impossibilidade" de desagregação interna: controles de todo tipo, políticos, administrativos etc. (ibidem, t.2, Q.6, §138, p.802)

De tal modo, pode-se dizer que houve uma crise de hegemonia por toda parte em decorrência da guerra, que fez uso de elementos de ditadura. Gramsci sugere já os motivos que determinaram o que logo depois identificaria como sendo uma nova revolução passiva, mesmo considerando ainda ser esse um fenômeno específico desdobrado da Revolução Francesa:

1) porque grandes massas, precedentemente passivas, entraram em movimento, mas em movimento caótico e desordenado, sem direção, isto é, sem precisa vontade política coletiva; 2) porque classes médias que na guerra haviam tido funções de comando e de responsabilidade as perderam com a paz, ficando desocupadas, justo depois de terem feito um aprendizado de comando etc.; 3) porque as forças antagonistas resultaram incapazes de organizar em seu proveito essa desordem de fato. (ibidem, t.2, Q.7, §80, p.912)

Gramsci pensava já em acoplar a crítica ao historicismo de Benedetto Croce[2] com o conceito de revolução passiva fazendo uma analogia entre o liberalismo moderado do século XIX com o fascismo. Assim,

A revolução passiva se verificaria no fato de transformar a economia "reformisticamente" de individualista para economia segundo um plano (economia dirigida), e o advento de uma "economia média" entre aquela individualista pura e aquela segundo um plano integral permitiria a

---

2 Benedetto Croce (1866-1952) foi o mais influente intelectual italiano da primeira metade do século XX e o principal interlocutor de Gramsci nos *Cadernos do cárcere*. O próprio Gramsci iniciou a sua vida intelectual fortemente influenciado pelo neoidealismo de Croce. Este desenvolveu uma filosofia da história e da política nos contornos do liberalismo e publicou uma obra bastante extensa.

passagem a formas políticas e culturais mais progredidas sem cataclismos radicais e destrutivos de forma arrasadora. (ibidem, t.2, Q.8, §236, p.1089)

Esse parágrafo foi depois recomposto com mais detalhe, promovendo de fato uma ampliação da categoria de revolução passiva, mas já no sumário do estudo que pretendia desenvolver sobre a obra de Croce Gramsci perguntava:

> Há um significado "atual" na concepção da revolução passiva? Estamos em um período de "restauração-revolução" a ser acertado permanentemente, organizado ideologicamente, exaltado liricamente? A Itália teria diante da União Soviética a mesma relação que a Alemanha (e a Europa) de Kant-Hegel com a França de Robespierre-Napoleão? (ibidem, t.2, Q.10, Sommario, p.1209)

A interrogação sobre se a Itália, diante da revolução socialista, reagiria com uma revolução passiva é a chave para que Gramsci interprete que toda a obra historiográfica de Croce correspondia a uma visão ideológica positiva da revolução passiva do século XIX, de maneira que "se põe então o problema sobre se essa elaboração crociana, na sua tendenciosidade, não tenha uma referência atual e imediata, não tenha o fim de criar um movimento ideológico correspondente àquele do tempo tratado por Croce, de restauração-revolução, [...]" (ibidem, p.1227). Logo depois, para corroborar essa leitura, se pergunta: "Mas nas condições atuais o movimento correspondente àquele do liberalismo moderado e conservador não seria mais precisamente o movimento fascista?" (ibidem).

Na hipótese, a perspectiva ideológica crociana se colocaria da seguinte maneira:

> Haveria uma revolução passiva no fato de que, pela intervenção legislativa do Estado e através da organização corporativa, na estrutura econômica do país seriam introduzidas modificações mais ou menos profundas para acentuar o elemento "plano de produção", seriam acentuadas assim a socialização e a cooperação da produção sem por isso tocar (ou limitando-se só a regular e controlar) a apropriação individual e de grupo do lucro.

No quadro concreto das relações sociais italianas essa poderia ser a única solução para desenvolver as forças produtivas da indústria sob a direção das classes dirigentes tradicionais em concorrência com as mais avançadas formações industriais de países que monopolizam as matérias-primas e acumularam capitais imponentes. (ibidem, t.2, Q.10, §9, p.1228)

De maneira concreta, importando menos a eficácia desse desenho, interessa que esse esquema

> Tem a virtude de se prestar a criar um período de expectativa e de esperanças, especialmente em certos grupos sociais italianos, como a grande massa de pequeno-burgueses urbanos e rurais, e assim manter o sistema hegemônico e as forças de coerção militar e civil à disposição das classes dirigentes tradicionais. (ibidem)

Essa ideologia crociana teria então o valor de uma guerra de posição no campo econômico e de uma revolução passiva no campo político. De fato, "Na época atual, a guerra de movimento ocorreu politicamente entre março de 1917 e março de 1921 e é seguida por uma guerra de posição cujo representante, além de prático (para a Itália), ideológico, para a Europa, é o fascismo" (ibidem, p.1229).

Ocorre então que o fascismo é uma revolução passiva, enquanto significa a reação das classes dirigentes tradicionais da Itália ao impacto da revolução socialista internacional e à pressão das classes subalternas nacionais. A revolução passiva é expressão de uma guerra de posição conduzida pela classe dominante contra as classes subalternas e por um posicionamento mais favorável no contexto internacional. Incapaz de ser vitoriosa na guerra de movimento, a classe operária é obrigada a travar a guerra de posição. Bloqueada a revolução permanente, a revolução se transforma em revolução-restauração das classes dominantes, em revolução passiva.

Mas Gramsci se questiona:

> Existe uma identidade absoluta entre guerra de posição e revolução passiva? Ou ao menos existe ou se pode conceber todo um período

histórico no qual os dois conceitos se devem identificar, até o ponto no qual a guerra de posição volta a ser guerra manobrada? É um juízo "dinâmico" que ocorre dar sobre as "Restaurações", que seriam uma "astúcia da providência" em sentido vichiano. (ibidem, t.3, Q.15, §11, p.1766-7)

Nessa pergunta está implícito o problema que Gramsci se propõe a pensar: qual seria o papel histórico do fascismo no processo de longo prazo da revolução socialista e como deveriam atuar as forças antagônicas para atenuar os elementos de *restauração*? Como se deveria atuar na guerra de posição a fim de que a guerra de movimento se reativasse? Como na luta antifascista os elementos anticapitalistas poderiam prevalecer? Gramsci usa o exemplo, mais uma vez, da luta política no *Risorgimento* para avaliar a dinâmica da revolução passiva.

Se Mazzini tivesse tido uma consciência maior de que na revolução passiva em andamento, produto da debilidade das forças antagônicas ou jacobinas, a guerra de posição deveria ser inevitavelmente travada com o fim de se ganhar os espaços capazes de reverter as condições de luta para uma nova guerra de movimento, a derrota teria sido evitável. Ou seja, a guerra de posição é uma imposição das classes dirigentes na sua ofensiva contra as forças antagônicas, as quais, por sua vez, devem lutar nesse campo para minorar os efeitos da derrota, até que se acumule força suficiente para reverter a luta em guerra de movimento e revolução permanente, em revolução contra a restauração. A crítica a Mazzini era a mesma desferida contra Trotsky (e contra a linha da IC de 1929 a 1933), qual seja, a de não haver percebido que em época de revolução passiva a luta em guerra de movimento, em ataque frontal, implica derrota e aprofundamento do elemento restauração (Gramsci, 1975b).

A União Soviética e a revolução passiva

A revolução socialista na Rússia evitou a revolução sem revolução como possível produto de um impacto externo advindo da revolução passiva ocorrida na Alemanha. Quase que como uma onda mais fraca e tardia do revolvimento histórico iniciado com a revolução jacobina. Mas, ao não conseguir difundir a revolução socialista, a eclosão revolucionária iniciada no Oriente russo não pôde conter a revolução-restauração por meio da conflitualidade das forças sociais internas. Logo, assim como a Revolução Francesa, de longo prazo, passou por fases de revolução-restauração, de revolução passiva, não seria o caso de se interrogar se também a experiência da União Soviética, seja da Nova Política Econômica (NEP), seja da ditadura staliniana, não constituiria uma variante de revolução passiva?

A NEP foi a reação possível da União Soviética diante do esgotamento da guerra manobrada. A derrota da revolução socialista internacional impôs à Rússia revolucionária a condição de combater a guerra de posição. Essa era, porém, uma situação bastante clara, pelo menos para Lenin. A revolução passiva que passava a vigorar na Rússia restaurava conscientemente diversos aspectos do capitalismo, mas fazia predominar ainda o programa da revolução socialista. A NEP deveria durar como uma revolução passiva em que os elementos progressivos eram francamente predominantes até que a revolução socialista internacional se reativasse e pudesse ganhar novamente a forma de guerra de movimento e de revolução permanente. A frente única seria a fórmula política que possibilitaria o êxito nessa guerra de posição.

Pouco antes de ser preso, em carta enviada a Togliatti para que apresentasse a posição do Partido Comunista da Itália (PCI) em relação ao acirrado debate interno que corroía a direção do Partido e do Estado soviético, Gramsci chamava atenção para a perda de consciência que ali ocorria da guerra de posição em ato:

> Parece-nos que a paixão violenta pelas questões russas vos faz perder de vista os aspectos internacionais das próprias questões russas e esquecer que os vossos deveres de militantes russos podem e devem ser cumpridos só no quadro dos interesses do proletariado internacional. (Gramsci, 1992, p.459)

Além da dissociação entre a questão nacional e internacional, Gramsci lembrava que a oposição de Trotsky e Zinoviev incorria em grave erro *corporativo* ao defender interesses particularistas da classe operária, a qual, pelo contrário, deveria fazer concessões aos aliados porquanto classe dirigente que visa à emancipação humana. Para Gramsci,

> O proletariado não pode vir a ser classe dominante se não supera essa contradição com o sacrifício dos interesses corporativos, não pode manter sua hegemonia e ditadura se, mesmo tendo ficado dominante, não sacrifica esses interesses imediatos pelos interesses gerais e permanentes da classe. (ibidem, p.460)

O esgotamento da NEP como guerra de posição e revolução passiva consciente (isto é, como manobra defensiva) implicou a passagem novamente à guerra de movimento no interior da União Soviética e no movimento comunista internacional, trazendo graves e negativas implicações. Houve a ruptura da frente única manifesta como aliança operário-camponesa, seguida de uma nova forma de revolução passiva, menos consciente porquanto ideologicamente acreditava estar efetivamente construindo um socialismo integral e estarem a classe operária e o movimento comunista às vésperas de uma fase de ofensiva frontal, decorrente de uma provável guerra imperialista. A revolução passiva que então se desenvolveu teve aspectos de restauração do absolutismo feudal, como o poder autocrático e o trabalho forçado, ainda que se possa imaginar o restrito conhecimento de Gramsci sobre esse processo, se considerarmos a sua situação de encarcerado. Na dimensão internacional a fase ofensiva teve como resultado o fortalecimento do fascismo. Indispensável dizer que essa revolução passiva também foi capaz de cumprir a missão de promover a industrialização da Rússia, ao modo de uma revolução burguesa sem burguesia.

Gramsci deu sinais de discordância em relação à nova orientação da IC definida no X Pleno do Comitê Executivo da Internacional Comunista (CEIC), realizado em julho de 1929, mas também mostrou que o planejamento econômico-social colocado em prática na União Soviética era uma medida necessária e a ser louvada. Na verdade, numa observação de caráter geral, que muito bem é cabível à situação soviética, Gramsci diz:

Se for verdade que nenhum tipo de Estado pode deixar de atravessar uma fase de primitivismo econômico-corporativo, deduz-se que o conteúdo da hegemonia política do novo grupo social que fundou o novo tipo de Estado deve ser em prevalência de ordem econômica: trata-se de reorganizar a estrutura e as relações reais entre os homens e o mundo econômico ou da produção. Os elementos de supraestrutura não podem mais que serem escassos e o seu caráter será de previsão e de luta, mas com elementos "de plano" ainda escassos: o plano cultural será sobretudo negativo, de crítica do passado, tenderá a fazer esquecer e a destruir: as linhas da construção serão ainda "grandes linhas", esboços, que poderiam (e deveriam) ser mudadas a cada momento, desde que sejam coerentes com a nova estrutura em formação. (Gramsci, 1975b, t.2, Q.8, §185, p.1053)

Ainda nas condições da Revolução Russa, de uma revolução permanente, Gramsci dizia que

Nessa realidade que está em contínuo movimento, não se pode criar um direito constitucional, do tipo tradicional, mas só um sistema de princípios que afirmam como fim do Estado o seu próprio fim, o seu desaparecimento, que é a reabsorção da sociedade política na sociedade civil. (ibidem)

Numa fase de primitivismo econômico-corporativo a União Soviética não poderia mais que enfrentar uma guerra de posição e proceder a uma revolução passiva com formas bastante progredidas, como um momento relativamente duradouro da revolução permanente, mas não poderia passar à guerra de movimento com a crise capitalista de 1929. Na verdade, a crise de 1929 e a guerra de movimento desencadeada pelos comunistas facilitaram a difusão e aprofundamento da revolução passiva surgida na Itália como reação à guerra de movimento e revolução permanente desencadeada entre 1917 e 1921. O fascismo se espalhou para a Alemanha e ganhou um perfil internacional muito mais forte, muito mais visível. O corporativismo, expressão econômico-jurídica do fascismo, se difundiu como inspiração pela Europa oriental, balcânica e mediterrânea, assim como para a América Latina.

O impacto da Revolução Russa abalou o poder dominante na Itália e na Alemanha, provocando revoluções passivas em Estados de capitalismo consolidado. Provocou também revoluções passivas em Estados de capitalismo embrionário, em processo de revolução burguesa, mas pouco afetou a França e a Inglaterra. Por quê? Itália e Alemanha haviam se formado como Estados nacionais capitalistas por meio de uma revolução passiva que se desdobrava da Revolução Francesa. Eram significativas as sobrevivências do poder da nobreza e da Igreja, como era débil a hegemonia burguesa. Eram, na verdade, elos fracos da cadeia imperialista. O fascismo tentou conciliar, com o corporativismo estatal, aspectos de plano do socialismo e novo processo de trabalho concebido na América, de modo que há aspectos de avanço nessa revolução passiva, ainda que a face restauradora seja largamente predominante.

Ainda que a Inglaterra e a França tenham sofrido com a guerra e sofrido algum impacto da Revolução Russa, difícil dizer que a partir daí se reagiu com uma revolução passiva. Gramsci observa que na França "a hegemonia burguesa é muito forte e tem muitas reservas. Os intelectuais estão muito concentrados, [...]" (ibidem, t.3, Q.13, §37, p.1640). Mais ainda: "A burocracia militar e civil tem uma grande tradição e alcançou um alto grau de homogeneidade ativa". Assim, por meio do nacionalismo exacerbado, "a guerra não debilitou, mas reforçou, a hegemonia; não se teve tempo de pensar: o Estado entrou em guerra e quase de imediato o território foi invadido" (ibidem).

O americanismo como revolução passiva

O fato de serem Estados de revolução burguesa originária, com sólida hegemonia, tornava difícil que a revolução socialista, surgida em um país tão atrasado quanto a Rússia, provocasse uma revolução passiva nesses países, como mais difícil ainda havia sido a eclosão de uma revolução socialista ativada pela autonomia operária. A revolução passiva nesses países viria por outro movimento, por outro deslocamento na cena mundial, que vinha fermentando na América.

Já em 1926, no seu escrito *Europa e América*, Trotsky havia se dado conta de que a tendência era a América se sobrepor à Europa (e à própria União Soviética) caso a revolução socialista não recobrasse fôlego em prazo relativamente curto. O meio de difusão do americanismo na Europa seria – sempre segundo Trotsky – a social-democracia, pois que seria essa força social e política a incorporar o fordismo e a educar os trabalhadores para a retomada da acumulação capitalista (Trotsky, 1971).

Certamente Gramsci havia lido e meditado sobre esse texto de Trotsky, tanto que na sua obra carcerária retoma alguns argumentos escritos uma década antes pelo autor russo. Desde suas primeiras tentativas de estabelecer um plano de estudos para o tempo de prisão, Gramsci tinha em mente a importância e a necessidade de se dedicar ao esclarecimento do significado do americanismo para a história universal. A discussão sobre esse tema aparece no Caderno 1, mas depois se dilui bastante. Há uma fundamental retomada no Caderno 22, um caderno de tipo especial, no qual são retomadas as anotações sobre o americanismo e o fordismo. Nesse caderno Gramsci pensa a multiplicidade da revolução passiva, isto é, de como se passava a viver uma época de revoluções passivas que concorriam e se alimentavam entre si.

Na verdade, passava-se a uma nova ampliação e redefinição da categoria de revolução passiva. A questão principal sobre a qual Gramsci se interrogava – consciente das implicações políticas de uma resposta ao problema – era

> Se o americanismo possa constituir uma "época" histórica, se pode determinar um desenrolar gradual do tipo, examinado em outro lugar, das "revoluções passivas" próprias do século passado ou se, em vez, represente só um acumular-se molecular de elementos destinados a produzir uma "explosão", ou seja, um revolvimento de tipo francês. (Gramsci, 1975b, t.3, Q.22, §1, p.2140)[3]

---

3 Note-se a analogia desse dilema interpretativo com aquele que corroía Marx e Engels a propósito da Rússia do último quartel do século XIX, quando pensavam uma revolução jacobina burguesa, e mesmo Lenin, quando se perguntava

Gramsci entende que o americanismo e o fordismo, assim como o fascismo, por conta da crise do liberalismo e da pressão do movimento operário,

> Resultam de necessidade imanente de alcançar a organização de uma economia programática e que os vários problemas examinados deveriam ser os elos da cadeia que marcam precisamente a passagem do velho individualismo econômico para a economia programática. (ibidem, p.2139)

Os problemas e as dificuldades presentes na sociedade civil e no Estado para que se chegue ao socialismo como economia inteiramente programática determinam uma revolução passiva, que no seu aspecto progressivo poderia ser iniciativa de uma ou outra classe. Na União Soviética era iniciativa da classe operária posta em circunstâncias de grande dificuldade, mas na América a iniciativa era de uma fração inovadora da burguesia.

Como regra geral, o que Gramsci havia já anotado a respeito do *Risorgimento*, "as forças subalternas, que deveriam ser 'manipuladas' e racionalizadas segundo os novos fins, resistem necessariamente. Mas resistem também alguns setores das forças dominantes, ou ao menos aliadas das forças dominantes" (ibidem). No seio da classe dominante haveria a "substituição da atual camada plutocrática por um novo mecanismo de acumulação e distribuição do capital financeiro fundado imediatamente na produção industrial" (ibidem). Enquanto, por outro lado,

> Foi relativamente fácil racionalizar a produção e o trabalho, combinando habilmente a força (destruição do sindicalismo operário de base territorial) com a persuasão (altos salários, benefícios sociais diversos, propaganda ideológica e política habilíssima) e conseguindo basear toda a vida do país na produção. A hegemonia nasce da fábrica e não tem necessidade de mais que uma quantidade mínima de intermediários profissionais da política e da ideologia. (ibidem, t.3, Q.22, §2, p.2145-6)

---

logo após a revolução de 1905 sobre os caminhos da revolução naquele império oriental.

Gramsci expunha que "na América a racionalização determinou a necessidade de elaborar um novo tipo humano, conforme o novo tipo de trabalho e de processo produtivo: essa elaboração até agora está só na fase inicial e por isso (aparentemente) idílica" (ibidem, t.3, Q.22, §2, p.2145-46). O americanismo era um esforço consciente, uma iniciativa que tinha uma finalidade clara que explica a religiosidade, a moral, a luta contra o alcoolismo etc. Objetivamente, na análise de Gramsci, o resgate do puritanismo constituía um elemento do "maior esforço coletivo verificado até agora para criar com rapidez inaudita e com uma consciência do fim jamais vista na história um tipo novo de trabalhador e de homem" (ibidem, t.3, Q.22, §11, p.2165). A implicação dessa obra é que "ocorrerá inelutavelmente uma seleção forçada, uma parte da velha classe trabalhadora sairá sem piedade do trabalho e talvez do mundo *tout court*" (ibidem).

Seria então o americanismo uma variante de revolução passiva? Verificando certo resgate ideológico do passado puritano como identidade da América, a reordenação das classes dominantes e concessão a algumas demandas das classes subalternas (em termos de salários e direitos) em processo de recriação, a resposta pode ser positiva. O americanismo-fordismo seria uma revolução-restauração. Mas as revoluções passivas eram também respostas, uma reação, na forma de guerra de posição, frente um contexto internacional efetivamente revolucionário. Qual é o impacto externo que suscita o americanismo-fordismo? Gramsci não aborda esse problema, mas um conjunto de fenômenos pode ser considerado como cumprindo o papel da Revolução Francesa no século XIX: a migração em massa de trabalhadores brancos pobres em direção à América a partir de fins do século XIX, a guerra imperialista e a Revolução Russa. Esses fenômenos podem ter dado impulso ao americanismo-fordismo, mas o fato é que as forças sociais internas foram o elemento decisivo nesse processo.

Quanto à América, "trata-se de um prolongamento orgânico e de uma intensificação da civilização europeia, que assumiu só uma epiderme nova no clima americano" (ibidem, t.3, Q.22, §15, p.2180). A diferença fundamental é que a América não contava com um passado feudal e com camadas sociais resistentes, o que explica a sua capacidade de inovação. Ao fim, sem uma resposta cabal à questão proposta sobre o significado do americanismo, os indícios mais fortes são de que Gramsci entendeu esse fenômeno histórico como uma variante de revolução passiva, na qual a classe operária teria sido destroçada e estaria sendo recomposta pela ação do capital, segundo seus ditames específicos, tendo em vista reverter a tendência a queda da taxa de acumulação. Uma revolução passiva essa de forte capacidade inovadora e expansiva, capaz de grandes avanços na guerra de posição e de consolidação hegemônica.

Se a União Soviética era uma experiência de revolução passiva continuada e o americanismo também, a categoria originada na leitura que Cuoco fez da revolução napolitana de fins do século XVIII sofrera uma enorme ampliação, tendo passado pela interpretação do *Risorgimento* e do fascismo. Nos fatos, a guerra imperialista e a contenção da revolução socialista internacional como guerra de movimento e revolução permanente desencadearam uma guerra de posição e uma série de revoluções passivas que competiam política e ideologicamente no cenário internacional.

Nos anos 1920, como já foi recordado, seguindo Trotsky, Gramsci enunciou a hipótese de que o americanismo deveria se sobrepor à Europa, contando então com o apoio subserviente do reformismo social-democrata. Gramsci e os comunistas italianos trabalhavam com a possibilidade de o poder do capital se preservar na Itália (e Europa) alternando o reformismo e o fascismo, sem que nenhuma dessas variáveis fosse capaz de romper os laços com o capital financeiro inglês e com a crescente imposição da América. Somente a retomada da revolução socialista poderia mudar essa situação.

A reflexão de Gramsci no cárcere tem uma óbvia continuidade com essa problemática teórico-política e uma comparação entre o fascismo e o americanismo se fazia necessária. Que a tendência era ao predomínio do americanismo era já algo dado desde dez anos antes, pelo menos. Agora

> O problema é esse: se a América, com o peso implacável da sua produção econômica (isto é, indiretamente), constringirá ou está constringindo a Europa a um revolvimento do seu eixo econômico-social demasiado antiquado, que ocorreria do mesmo modo, mas com ritmo lento e que

imediatamente se apresenta, em vez, como um contragolpe de "prepotência" americana, se, quer dizer, está se verificando uma transformação das bases materiais da civilização europeia, o que em longo prazo (e não muito longo, porque no período atual tudo é mais rápido que nos períodos passados) levará a um atropelamento da forma da civilização existente e ao forçoso nascimento de uma nova civilização. (ibidem, t.3, Q.22, §15, p.2178-9)

Ocorre então o processo no qual uma revolução passiva constituída pelo americanismo fordista impacta decisivamente a Europa, continente onde estavam em andamento outras variantes de revolução passiva, seja o fascismo, seja o socialismo de Estado. Esse impacto poderia subordinar a Europa, mas também geraria as novas condições para a retomada da revolução socialista e do movimento de criação da "nova civilização".

Avançando o raciocínio, Gramsci indica que uma transformação nas bases materiais das economias europeias poderia bem ser induzida pelo fordismo e pelo taylorismo, mas o americanismo propriamente dito demanda a existência de um Estado liberal e de um adequado grupo intelectual (que inexistiam na Itália fascista):

[...] a americanização requer um ambiente dado, uma dada estrutura social (ou a vontade decidida de criá-la) e um certo tipo de Estado. Esse Estado é o Estado liberal, não no sentido de liberismo alfandegário ou da efetiva liberdade política, mas no sentido mais fundamental da livre-iniciativa e do individualismo econômico que chega com meios próprios, como "sociedade civil", pelo próprio desenvolvimento histórico, ao regime de concentração industrial e de monopólio. (ibidem, t.3, Q.22, §6, p.2157)

Assim, a americanização da Europa, na vista de Gramsci, encontraria dificuldades, mas, de todo modo, seja na América ou na Europa,

não é dos grupos sociais "condenados" pela nova ordem que se pode esperar a reconstrução, mas daqueles que estão criando, por imposição e com o próprio sofrimento, as bases materiais dessa nova ordem: estes "devem" encontrar o sistema de vida "original" e não de marca americana, para fazer vir a ser "liberdade" o que hoje é "necessidade". (ibidem, t.3, Q.22, §15, p.2179)

Percebe-se então nitidamente que, para Gramsci, portadores do futuro eram os novos grupos sociais subalternos que estavam sendo forjados pela ação vitoriosa do capital no ciclo de revoluções passivas que se seguiu à derrota da revolução socialista de 1917-1921. Aquela classe operária, profissionalmente qualificada e organizada em base fabril e territorial, fora derrotada na Itália e na América, na Alemanha e até mesmo, de certo modo, na Rússia. A nova classe operária (fordista) por ora não passava de um grupo social subalterno que vinha sendo formatado pela ação do capital. Para vir a ser classe operária propriamente dita, ou seja, construtora de um novo Estado e de uma nova civilização, muita coisa ainda deveria ser feita até que o momento da postulação da hegemonia parecesse realmente possível.

A época das revoluções passivas de caráter nacional

Nas suas notas escritas no cárcere, Gramsci percebeu então com clareza que, depois da derrota da revolução socialista internacional e do movimento político da classe operária, mais em geral, tivera início uma época de revoluções passivas e de guerra de posição. A derrota da classe operária na Europa e na América, assim como nas periferias do imperialismo, deixou a Rússia soviética isolada e constringida no atraso material e cultural. Nesse cenário a luta de classes refluiu para os contornos nacionais, mais adequados ao desenvolvimento de revoluções passivas, que concorreriam entre si pela hegemonia no contexto internacional.

A primeira forma de revolução passiva afetou aqueles Estados que no seu processo de revolução burguesa haviam já passado por uma revolução passiva em torno dos anos 60 do século anterior e que agora se mostravam como elos débeis da cadeia imperialista: a Itália, a Alemanha e o Japão. O impacto da revolução socialista na Rússia e a debilidade relativa da hegemonia burguesa – sob pressão das classes subalternas – obrigaram esses Estados ao desencadeamento de uma revolução passiva. A afirmação do Estado-nação e da construção do consenso social a todo custo norteou essa forma de revolução passiva.

Além das instâncias policiais, de propaganda e de mobilização militarista para a guerra e para o trabalho, o elemento distintivo dessa forma é a imposição (com sucesso muito variado) do corporativismo, como meio de estatizar a sociedade civil. Essa forma de revolução passiva foi derrotada militarmente, tendo sido então desmantelada e recomposta sob outra forma, em certa medida, imposta pelo vencedor.

O corporativismo, independentemente de sua veste fascista, serviu como inspiração em vastas zonas da periferia do imperialismo, nas quais as contradições internas tornaram possível a utilização das contradições presentes no centro imperialista para o desencadeamento de revoluções burguesas na forma de revoluções passivas. Foi o caso dos extremos da Europa, tanto a Leste, com Hungria, Áustria, Polônia, Iugoslávia, até a Turquia, quanto a Oeste, com Portugal e Espanha. Mas foi também o caso do Brasil, da Argentina, do México. Em parte desses casos, a contribuição do corporativismo de inspiração católica foi importante, assim como o peso intelectual da própria instituição clerical, acentuando o aspecto restauração na revolução passiva.

Na Europa oriental essa experiência de revolução passiva também foi atropelada pela guerra e desmantelada, sendo então substituída pela variante do socialismo de Estado, depois do curto interregno da democracia popular (1945-1947). Na Espanha e em Portugal, porém, esse regime sobreviveu até os anos 1970, enquanto na América Latina sobreviveu à custa de um conveniente hibridismo com formas liberais. Aí o liberalismo servia bem às classes dominantes, enquanto a classe operária era monitorada pelo corporativismo estatal.

A derrota de revolução socialista obrigou a Rússia a se redefinir como Estado (pluri) nacional e a travar uma demorada guerra de posição numa época de revoluções passivas. O caminho possível era inapelavelmente aquele do que Lenin identificava como sendo de um capitalismo monopolista de Estado, sob condução do partido operário. Certamente, como já foi lembrado, era uma revolução passiva na medida em que restaurava parcialmente o capitalismo, mas uma profunda revolução enquanto buscava a realização da hegemonia operária e a transição socialista. Sua característica era a busca do consenso na base social do Estado, a autonomia relativa da sociedade civil com o implícito reconhecimento das contradições e conflitos entre as instâncias sociais organizadas e o Estado. As contradições emersas no desenvolvimento do capitalismo monopolista de Estado na União Soviética – agravadas pelo isolamento e por erros na condução política –, acopladas à crise global do capitalismo, que espocou em 1929, induziram o redirecionamento da revolução passiva naquele país. A completa estatização da sociedade civil acabou com a autonomia relativa existente e que era fundamental para a transição socialista na medida em que expunha e possibilitava as contradições entre classe e Estado, rompendo o cambaleante consenso social. A nova revolução passiva eliminou a burguesia agrária e o pequeno campesinato comunal, restaurando condições próprias da servidão feudal, concentrando força de trabalho em preparação da mecanização, a fim de produzir excedente a ser usado na industrialização.

Ao mesmo tempo que se realizava a industrialização e se criava um novo proletariado, em novo patamar, se restaurava o Estado absolutista e a servidão feudal. A ausência de propriedade privada e a ação distributiva do Estado garantiam o caráter socialista do Estado, mas um Estado de caráter absolutista, de acordo com a particularidade histórica do Oriente russo. A vitória militar contra o fascismo possibilitou que essa variante de revolução passiva, que pode ser denominada de socialismo de Estado, se difundisse pela Europa oriental em fins dos anos 1940. Certo que Gramsci não poderia aprofundar a análise dessa variante de revolução passiva, mas seus escritos permitem ousar uma interpretação como essa.

A rigor – como pode ser constatado –, revolução passiva foi uma categoria formulada para contribuir na explicação de processos particulares da história italiana, fosse o *Risorgimento* ou o fascismo. Essa categoria foi se ampliando de tal modo que Gramsci se permitiu utilizá-la na explicação do americanismo-fordismo, mas quase ao modo de uma analogia. Talvez nem tanto com a revolução passiva pensada por Cuoco, mas muito mais com a revolução-restauração concebida por Quinet. Mas o fato é que o americanismo se mostrou como sendo a variante mais sólida de revolução passiva do século XX. Sua força era por demais evidente já nos anos 1920-1930, mas tornou-se irresistível depois de ter-se tornado a condutora da reordenação do mundo capitalista após a *débâcle* do fascismo.

O americanismo se sobrepôs ao fascismo e aos corporativismos sobreviventes, reordenando economias e Estados, difundindo e induzindo revoluções passivas. O fordismo e o taylorismo passaram a ser o padrão organizacional e base da hegemonia burguesa no processo de acumulação capitalista. Enfim, a previsão de Trotsky nos anos 1920, reafirmada por Gramsci uma década depois, de que a América se sobreporia à Europa por meio do consenso construído pela social-democracia (e pela democracia cristã), parecia se realizar. A França e a Inglaterra tiveram que aceitar a nova condução do núcleo original do capitalismo, em que a hegemonia era mais sólida, mas para a Alemanha Federal e para a Itália (assim como ao Japão) só restou aceitar a indução de uma nova revolução passiva.

A competição entre o americanismo e seu largo espectro de aliados com a variante de revolução passiva manifesta no socialismo de Estado se caracterizou ainda pela valorização do Estado-nação, pela busca de estabilidade e de mudanças controladas, de consenso e segurança internacional, de equilíbrio e contenção. Particularmente na Europa, o avanço dos direitos e da assistência social foi marcante, assim como o fortalecimento da representação política por meio dos partidos. A difusão do americanismo como poder imperial também contribuiu para desmantelar os arcaicos impérios coloniais europeus, que se recompuseram na forma mimética de Estados nacionais, no mais das vezes submissos à nova força econômica e militar que se impunha. A estabilidade dessa vasta zona periférica era garantida pela imposição de ditaduras militares ou por simulacros de democracia.

No entanto, o cenário de competição entre revoluções passivas de matizes variados abriu brechas na periferia do imperialismo em conflito, as quais possibilitaram a efetivação de revoluções nacionais dotadas de projeto de transição socialista. Foram os casos marcantes da Iugoslávia, da China, do Vietnã e de Cuba, além de algumas outras que logo recuaram.

Em meados dos anos 1970, contudo, era já evidente que todas essas variantes de revolução passiva enfrentavam o esgotamento. Terminava a era de revoluções passivas que Gramsci percebera ter-se iniciado em 1921. Uma persistente crise fiscal e financeira, nos Estados Unidos, serviu de pano de fundo para crônica crise política alimentada por forte contestação sociocultural, advinda de diversos grupos sociais que se mostraram incapazes de se unificar. A crise energética e a derrota militar na Guerra da Indochina indicaram um sério enfraquecimento da potência imperial condutora do Ocidente imperialista.

A contrapartida foi o relativo fortalecimento da Alemanha Federal e do Japão, que muito bem haviam assimilado a revolução passiva, induzida pelo americanismo por meio de investimentos massivos. A crise de realização do capital e a crise fiscal do Estado, também nesses países, impediram que assumissem um papel dirigente na cadeia imperial, pois a fratura no consenso social e a ampliação dos espaços políticos e culturais do movimento operário passaram a tornar possível o aumento da pressão sobre o capital. Principalmente na Europa ocidental, a classe operária fordista alcançara um grau de organização e combatividade tal a colocar em xeque a acumulação capitalista, tendo conquistado espaços importantes na guerra de posição, ainda que não configurasse uma alternativa social antagônica e internacional, fundada no conjunto das classes subalternas. Foi no Brasil e na Polônia, no fim dos anos 1970, que a classe operária fordista fez a sua última irrupção como força política organizada, ainda que sempre retida dentro dos contornos do corporativismo sindical.

Com forma e intensidade muito diferentes, as instituições de Estados Unidos, Inglaterra, França, Itália, Alemanha e Japão foram afetadas pela crise política, tendo enfrentado a situação fazendo amplo uso de serviços secretos e métodos extralegais indicativos de uma crise de hegemonia das classes dirigentes. Como reação, estas passaram a buscar um novo realinhamento, agrupando-se em torno de seus setores sociais mais conservadores, fazendo uso de métodos do fascismo e da ideologia do neoliberalismo como elemento aglutinador.

O crescimento econômico-político de alguns Estados nacionais subalternos, como Brasil e Índia, e a emergência da perspectiva anti-imperialista e socialista revolucionária agravaram a instabilidade tão temida no conjunto das relações internacionais e obrigaram a uma geral reestruturação do império do Ocidente. Esta esteve baseada não só no realinhamento sociopolítico, mas numa renegociação entre seus polos de poder econômico-político, passo necessário para uma agenda mínima, tendo em vista a ofensiva vitoriosa contra o Oriente socialista e contra o mundo do trabalho organizado, condição para a geral reordenação da hegemonia do capital.

De início, o Japão foi o principal beneficiário relativo, por contar com uma classe operária com baixíssimo grau de antagonismo, vítima precoce de formas pós-fordistas de gerenciamento do trabalho, e por não estar diretamente envolvido com a questão da defesa militar da ordem imperial. A Alemanha, também aliviada desse encargo, contava, porém, com um movimento operário de tradição social-democrata, ciente dos direitos conquistados, enquanto os Estados Unidos, embora não tendo que enfrentar um movimento operário nacionalmente articulado, sobrecarregados com a tarefa autoimposta de defesa do império, viram agravar-se a crise fiscal, além de ter de enfrentar uma crise política persistente derivada da contestação interna à guerra colonial na Indochina.

Em meados dos anos 1970 a crise de hegemonia da camada dirigente do socialismo de Estado era irreversível e, portanto, muito mais grave que aquela das classes dirigentes do imperialismo capitalista. Iniciada pela periferia, onde era mais frágil e mais recente, a crise manifestou-se com o surgimento de uma sociedade civil autônoma respaldada pela economia mercantil e por instituições sociais tradicionais, com destaque para a Igreja Católica, principalmente no caso polonês. A economia socialista estatal, incapaz de incorporar produtividade ao trabalho social, passou a investir mais que nunca na tecnologia militar de ponta, realçando a militarização do império e sua expansão, manifesta na África e no Afeganistão. Ao mesmo tempo se reativavam os campos de trabalho servil, lotados com "loucos", "bêbados" e "dissidentes", a fim de tentar suprir a carência de valores de uso.

A mundialização como revolução passiva de caráter internacional?

O esgotamento da era das revoluções passivas que se iniciou em seguida à derrota da revolução socialista internacional de 1917-1921 poderia ser sucedido pela retomada da revolução socialista num patamar muito superior, oferecido pelo próprio desenvolvimento capitalista e pelas revoluções passivas que se exauriam, ou então dar início a uma nova onda de revoluções passivas. Os intentos de retomada do projeto revolucionário socialista mostraram-se insuficientes em todos os quadrantes do globo, ainda que entre 1968 e 1975 tenham parecido exequíveis e tenham efetivamente exercido pressão sobre o poder do capital.

O problema que se põe então é saber se a categoria teórica de revolução passiva, desenvolvido por Gramsci, é pertinente para a identificação dessa nova fase da acumulação do capital e da política internacional, e isso em dois diferentes sentidos: se o uso da categoria é pertinente na análise dessa realidade, do ponto de vista do seu significado, e se os elementos que compõem essa fase delineiam efetivamente uma revolução passiva.

Para o capital em crise as opções estratégicas que se colocavam na segunda metade dos anos 1970 era o reconhecimento de um mundo multipolar (que englobasse potências emergentes), uma ordenação paritária em torno da tríade (Estados Unidos, Alemanha, Japão) ou uma retomada da tendência imperial e unipolar. A escolha de uma ou outra dessas possibilidades não era isenta de implicações. A possibilidade de uma reordenação multipolar das relações entre os Estados se viu inviabilizada pelos riscos que trazia de ampliação dos espaços democráticos não só nas relações entre os Estados, mas também, e principalmente, dentro dos Estados, potencializando a pressão operária, já próxima do limite tolerável.

A opção intermediária, de um condomínio de apenas algumas potências imperiais, implicaria a ênfase na regionalização, mas as dificuldades que também Japão e Alemanha vieram a encontrar com a tendência à estagnação econômica fizeram mais difícil também essa variante. A opção imperial unipolar trazia a implicação de ser a mais abertamente conservadora e reacionária, pois buscava a reordenação das camadas dominantes em torno de seus grupos mais conservadores e de maior poder econômico, assim como exigia o confronto aberto e a liquidação do socialismo de Estado. Do mesmo modo estava implícita a necessidade de se desencadear uma ação capaz de desintegrar o antagonismo operário. Foi essa, no entanto, aquela que se impôs.[4] Após alguma oscilação, a possível solução encontrada para contornar as ameaças à acumulação ampliada do capital foi o desencadeamento de uma nova revolução passiva de caráter global, aparentemente facilitada pela estratégia imperial unipolar, que desse uma nova densidade à hegemonia liberal-burguesa e elevasse a acumulação do capital a um novo patamar, alterando sua própria materialidade. A exigência era então o reforço do setor financeiro, alcançado pela exponencial retomada da especulação, a fim de se obter uma grande massa de capital-dinheiro acumulado a ser então parcialmente orientada para a promoção de uma revolução técnico-científica imediatamente aplicável ao processo de produção, tendo por base a automação e a informatização.

O capital financeiro, que já era o principal polo da acumulação do capital, serve então de matriz geradora de uma massa de conhecimento por meio da garantia do controle e da gestão dos meios de produção da ciência, que tem a matéria-prima no saber e na inteligência. Mas o próprio monopólio da informação permite ao capital financeiro radicalizar sua natureza especulativa, transferindo capital-dinheiro de um ponto a outro do globo, promovendo um movimento de valorização alheio ao processo produtivo, acentuando o descolamento da reprodução ampliada da produção da riqueza social.

Com a veste de "capital cognitivo", o capital financeiro investe também na produção implantando um sistema de máquinas eletrônicas flexíveis e inteligentes que passa a substituir o sistema de máquinas rígidas e repetitivas da produção de massa, atenuando assim a importância da direta propriedade dos meios de produção e projetando a propriedade do conhecimento como elemento decisivo da acumulação capitalista. A atividade mecânica da fábrica taylorizada empobrece a realização do trabalho, mas propicia laços de solidariedade operária derivada da

---

4 As reflexões que se seguem se fundamentam principalmente em Del Roio, 1998; Chesnais, 1996; Meszaros, 2002, 2003; e Harvey, 2006.

semelhança nas condições de vida, que ganha expressão organizativa e cultural no sindicato e no partido de massa. A chamada "revolução informacional", por seu turno, rompe a solidariedade operária, fragmentando-a em pequenos corporativismos setorizados no mercado, e dissolve o antagonismo social latente, já que na fábrica automatizada o trabalhador é isolado, e seu contato com outros trabalhadores, que cumprem diferentes funções, é feito através do gerenciamento do processo de trabalho e da produção, que concentra o poder na empresa.

Essa individualização do trabalho, conectada às novas tecnologias e às novas formas de organização e gerenciamento do trabalho, representa uma ulterior expropriação da subjetividade operária, pois, além da mão, submete a mente. Ao mesmo tempo que o trabalho da fábrica taylorizada é desvalorizado, a revolução tecnológica eleva a produtividade social do trabalho, dotando uma parcela limitada da força de trabalho de saber técnico-científico, ao ligar trabalho produtivo e conhecimento científico, e assim constituindo uma nova versão de "aristocracia operária". Mas, por outro lado, assim se cria uma quantidade crescente de trabalhadores em situação de acrescida precariedade, ocupada em tempo parcial, expropriados de seu saber acumulado, uma massa enorme de expulsos do processo produtivo, no limite, expropriados do uso da sua força de trabalho.

Com a fragmentação, destruição ou deslocamento da classe operária que se forjou na pregressa onda de revoluções passivas, por meio de uma *guerra de posição* na produção, perpetra-se um novo desdobramento e fragmentação dos grupos sociais subalternos, que permite ao capital desencadear a ofensiva contra os direitos sociais e do trabalho. Estabelecido o objetivo de (re)privatizar a esfera pública, de modo a encaminhar soluções para a crise fiscal do Estado, ao mesmo tempo se conjura para que aquela parte da força de trabalho que permanece útil para o capital seja reduzida a uma nova forma de corporativismo (análogo à servidão feudal), a partir do momento em que seu posto de trabalho e suas garantias sociais devem passar a depender diretamente da tentacular empresa privada. Assim, nem mesmo o aumento de produtividade gerado pelas novas tecnologias e novas qualificações consegue estancar a queda das condições de vida dos trabalhadores.

Na realidade, há uma transferência de propriedade e de poder político para as grandes corporações capitalistas com o decorrente esvaziamento da capacidade decisória e da soberania do Estado nacional em direção a novas instituições burocráticas supranacionais e a instituições localistas, praticamente imunes a qualquer controle democrático. O resultado é que as instituições liberal-democráticas, gestadas e fortalecidas no contexto do Estado nacional, tendem a perder poder decisório em favor de organismos burocráticos internacionais e privados, ligados mais ou menos diretamente aos interesses do grande capital e das grandes empresas. O Fundo Monetário Internacional (FMI) e o Banco Internacional para a Reconstrução e Desenvolvimento (Bird), em grande medida, determinam a política financeira que redefine os espaços de acumulação, sobrepondo-se à soberania estatal, cada vez mais delimitada. O governo representativo tem mesmo sua eficácia colocada em dúvida, a fim de que se imponham formas de *democracia plebiscitária* (ou de cesarismo), movimento esse facilitado pela crise do sindicato e partido de massa e de toda a cultura socialista.

Impedido pelo seu caráter de acumulação privada e de organização hierárquica da produção e do poder político, ainda que o capital se empenhe na constituição do *imperium mundi* das grandes corporações, não pode prescindir do Estado para dar guarida ao seu poder. O que ocorre é simplesmente a privatização e a transferência de *responsabilidades* para instâncias da sociedade civil, sejam empresas ou organizações sociais. O Estado é sempre mais importante para tentar conter a crise de acumulação, empenhando-se em garantir parcelas de mercado e fontes de recursos naturais, alterando suas funções de acordo com as necessidades da mundialização do capital.

A dinâmica militarista, intrínseca ao imperialismo, não cessa, mas se alarga, e esta é indispensável para a garantia da colonização dos mercados internos dos Estados periféricos, caso a pressão financeira não seja o bastante. Portanto, o enfraquecimento do Estado é diferenciado e mesmo relativo. De fato, são os Estados nacionais periféricos aqueles a serem debilitados porque sofrem uma ofensiva colonialista que atinge seus recursos naturais, a ordenação da produção e seus mercados. Cai o mito da soberania do poder estatal.

As iniciativas tendo em vista a restauração da produtividade da acumulação capitalista foram implementadas com toda a força nos anos 1980, respaldadas também por ampla ofensiva cultural e ideológica, que garantia o fim do trabalho, o fim dos sujeitos, o fim da História, o fim da luta de classes. Era a época pós-moderna que se iniciava, o tempo dos fragmentos e do individualismo levado ao extremo, tempo a-histórico da prevalência da máquina sobre o homem. Essa ofensiva generalizada do capital teve seus objetivos iniciais realizados em pouco tempo: foi alcançado o enfraquecimento do movimento operário, de suas instituições e ideologias, mas a derrubada do socialismo de Estado foi decisiva para a desarticulação da resistência dos trabalhadores como sujeito coletivo.

Ao contrário da acumulação originária privada do capital que obrigou à abertura de espaços institucionais no Estado absolutista, compondo-se com a nobreza feudal, no Estado feudal-socialista do Oriente – o socialismo de Estado –, por sua postura anticapitalista, a acumulação privada só poderia abrir caminho através da irrupção de uma burguesia formada nos subterrâneos. Era essa uma burguesia sem qualquer parâmetro cultural ou legal que delimitasse sua atividade no mercado forjado na contravenção e que desde logo se associou ao grande capital imperialista, cedendo à colonização o novo mercado que se abria. A inviabilidade da reativação da democratização socialista tornou inevitáveis as crescentes concessões à pressão imperialista e, por fim, a capitulação e a desintegração, que resultaram na virtual colonização da Europa oriental.

A desintegração do socialismo de Estado ofereceu toda a certeza de que o mundo imperial unipolar sob controle completo do capital estivesse por se realizar. A mundialização do circuito do capital e a configuração do império estavam ao alcance das mãos tenebrosas da oligarquia financeira transnacional. O redimensionamento dos espaços também estava em andamento, com o cerco aos recursos do Oriente Médio, por meio da Guerra do Iraque, e a guerra de destruição da Iugoslávia. O núcleo do império unipolar são os Estados Unidos, que exercem o seu mandato em nome das grandes corporações capitalistas transnacionais, particularmente daquelas que têm seus interesses definidos a partir do solo americano.

Depois da ruptura de 1989-1991, quando o socialismo de Estado concluiu a sua parábola, em vários Estados e regiões se intentaram impulsos de revolução passiva, fundindo-se nacionalismo e neoliberalismo (como no Japão). O fim do socialismo de Estado deu novo alento a todas as forças mais reacionárias do cenário mundial, com a emergência de forças dotadas de ideologias religiosas regressivas.

Em 2001 ocorreu uma nova virada na política mundial sugerida pelos atentados espetaculares perpetrados nos Estados Unidos, coincidentes com sintomas de esgotamento do crescimento econômico baseado na financeirização. A partir de então a agressividade imperial se tornou cabal, com guerras de conquista e pressões econômicas e diplomáticas ultrajantes. Sentiu-se a necessidade de garantir recursos energéticos a qualquer preço, sinal de que o poder imperial unipolar gerenciado pelas grandes empresas capitalistas encontrava problemas de monta. Estes se apresentam na enorme dificuldade de se restaurar as taxas de acumulação capitalista, mesmo com o aumento da produtividade do trabalho vivo, e da crescente dependência dessa acumulação da especulação financeira e da produção armamentista (conforme antiga avaliação de Lenin).

A potência gestora do *imperium mundi*, na medida em que tem a sua economia debilitada e cada vez mais dependente do movimento do capital financeiro e da indústria bélica, *pari passu* aumenta a agressividade e declina a capacidade hegemônica. O império do capital construído com a força do Estado americano tende a ver se enfraquecer esse instrumento enquanto força de concentração hegemônica, o que só estimula o caos nas relações internacionais, considerando que a Organização das Nações Unidas (ONU), até porque serviu de instrumento da hegemonia americana, não tem a menor possibilidade de gerenciar os múltiplos conflitos existentes e potenciais.

A outra grande dificuldade está em sanar a brecha que se abriu na crise dos anos 1970, quando alguns poucos Estados puderam conseguir um arranque de crescimento econômico, que cria mais problemas à dominação capitalista do que resolve. Trata-se dos casos da Coreia do Sul (que incomoda o Japão, sobremaneira), da China e da Índia, assim como do Irã de certa maneira. A China e a Índia contam juntas com mais de dois quintos da população humana, ou seja, um enorme mercado potencial que lhes permite crescer a taxas muito significativas. Particularmente a China representa um desafio ao império unipolar com seus enclaves capitalistas e uma periferia não capitalista.

Pode-se, por certo, levantar dúvidas sérias sobre a definição da mundialização do capital como revolução passiva, mas, por outro lado, é razoável analisar casos nacionais particulares de revolução passiva na mundialização, como os citados casos da China, da Coreia, da Índia. Do mesmo modo, ainda que predominem aspectos de restauração, de modos diferentes também o Irã e o Japão poderiam ser assim avaliados. Na América Latina é possível perceber uma revolução passiva no Chile, nação usada como laboratório do empreendimento neoliberal. Venezuela, Bolívia e Equador podem avançar revoluções nacional-democráticas que se radicalizem em direção anticapitalista, mas Argentina, Brasil e México se detêm, presos a incertezas.

Ou crise orgânica do capital?

A este ponto, à guisa de conclusão provisória, pode-se interrogar sobre o rigor de se qualificar os últimos trinta anos da história do imperialismo como uma revolução passiva de caráter mundial. Aparentemente a crise dos anos 1970 e o esgotamento de um ciclo de revoluções passivas projetaram o americanismo como variante capaz de se sobrepor a todas as outras e criar um império universal. O cansaço do fordismo pode ser superado pela incorporação da variante japonesa de organização do processo de trabalho dentro de um contexto de forte inovação tecnológica e de mercados abertos. Esse revolvimento nas bases materiais da produção capitalista seria o fundamento de uma revolução passiva que restauraria a produtividade do capital. A ideologia do neoliberalismo serviu bem de invólucro a esse cenário de fantasia.

Como se viu, com Gramsci, uma revolução passiva sugere um impacto revolucionário externo e uma forte pressão das classes subalternas sobre o poder nacional vigente. O impacto externo poderia ser localizado, com um tanto de flexibilidade sobre o conceito, numa ofensiva imperial – de caráter claramente restaurador – desencadeada pelos Estados Unidos em todos os quadrantes, e a pressão das classes subalternas poderia ser vista principalmente na força do movimento operário europeu e nos movimentos revolucionários das periferias. Mas uma revolução passiva reordena o conjunto das classes dominantes incorporando novos elementos, atraindo parte de suas direções e desarticulando a força antagônica. O intento foi articular o conjunto dos proprietários, difundir e generalizar a noção de propriedade como par indissociável de liberdade (ainda que pela força), até como instrumento ideológico de desagregação do antagonismo social. Uma revolução passiva desencadeia também uma guerra de posição em que, para serem vitoriosos, o capital e o conjunto das classes dirigentes precisam absorver parcialmente as demandas dos grupos sociais subalternos e atrair suas direções intelectuais, a fim de que a hegemonia civil seja recomposta.

Mas se havia (como penso que havia) uma vontade e uma iniciativa subjacente de desencadear uma revolução passiva, uma revolução-restauração, que, além de resgatar a produtividade do capital, reordenasse a capacidade da burguesia capitalista de gerir um seu império sobre o mundo, sob a forma de uma hegemonia fundada na alienada faceta egoico-proprietária, esta falhou. Falhou e não podia ser de outro modo, pois as dificuldades incontornáveis para a superação da crise fiscal e a crise de produtividade obrigam a um crescente espezinhar da força de trabalho, expropriada em larga medida até mesmo da sua condição de *Homo faber*. Ademais, a produção capitalista torna-se crescentemente destrutiva de bens de uso para que se force a criação permanente de novos bens de troca. Nesse processo, a utilização de recursos naturais que geram energia é realizada de maneira crescente e de forma a conduzir o ambiente natural e humanizado a uma catástrofe sem precedentes, colocando em risco até mesmo a sobrevivência da espécie humana.

Os processos históricos analisados por Gramsci e que podiam ser qualificados como revoluções passivas traziam consigo ainda um potencial civilizador, que poderia criar mesmo condições mais adequadas para a revolução socialista. Gramsci acenava que as revoluções passivas "acolhem uma parte qualquer das exigências populares" e alimentam "expectativas e esperanças" (Gramsci, 1975b, t.2, Q.10, §9, p.1228).

Na dialética revolução-restauração da fase atual do imperialismo denominada de mundialização do capital, o aspecto revolução se limita a novas tecnologias, mas não se tem mostrado capaz de resolver os problemas do capital, até porque predomina a tendência a arrasar a força de trabalho e a prescindir dela no seu processo de acumulação, o que é uma contradição insanável do próprio capital; o aspecto restauração, por sua vez, não consegue contemplar a dimensão da hegemonia civil, pelo contrário, estimulando a conflitualidade no seio dos grupos sociais subalternos, induz uma permanente guerra civil de variável intensidade.

A questão posta por Gramsci era como sair vitorioso de uma revolução passiva de caráter nacional, como transformá-la em parte de revolução socialista internacional, como culminar uma guerra de posição com uma guerra de movimento que derrubasse o poder do capital e suas instituições. Hoje a questão posta é outra, muito mais radical e urgente: como impedir a barbárie tecnológica e a catástrofe ambiental induzida pela ação do capital em crise, senão com a revolução socialista internacional? Como se pode falar em revolução passiva quando há sintomas de regressão do próprio processo de humanização do homem?

Assim, a dúvida que assolou Gramsci na análise do americanismo, se este era realmente um processo histórico a ser qualificado como revolução passiva ou "só um acumular-se molecular de elementos destinados a produzir um revolvimento do tipo francês" (ibidem, t.3, Q.22, §1, p.2140), pode muito bem assombrar o presente. O retorno em novo patamar de muitas das características da acumulação primitiva do capital (que nunca estiveram ausentes ou foram superadas), nessa fase tardia do imperialismo, como formas variadas de servidão e escravidão, mormente nas periferias, mas não só, destaca a factibilidade dessa dúvida.

O aprofundamento da contradição em processo do capital, os elementos de entropia nos processos sociais e nas relações internacionais, a diversificação e fragmentação de manifestações político-culturais dos grupos sociais subalternos, inclusive com elementos de forte regressividade religiosa ou racista, indicam uma nova atualidade do dístico *socialismo ou barbárie*. Ao momento em que a hegemonia se propõe tão somente como acentuação do individualismo proprietário e como manipulação ideológica, alcançando um número sempre mais exíguo de indivíduos e grupos, é preciso pensar se, na verdade, mais do que uma revolução passiva sob a forma de mundialização do capital, é mais provável que estejamos diante da crise orgânica do bloco histórico constituído sob o controle e a dinâmica do capital, que no seu inexorável declínio aponta para um crescente barbarismo social e tecnicista. Ao descrever a crise orgânica, Gramsci sugeria que

> Se a classe dominante perdeu o consenso, quer dizer que não é mais "dirigente", mas unicamente "dominante", detentora da pura força coercitiva, isso significa exatamente que as grandes massas se descolaram das ideologias tradicionais, não creem mais nisso em que antes criam etc. A crise consiste exatamente no fato de que o velho morre e o novo não pode nascer: nesse interregno se verificam os fenômenos mórbidos os mais variados. (ibidem, t.1, Q.3, §34, p.311)

Depois, com mais detalhe, dizia que:

> Ocorre uma crise que, às vezes, prolonga-se por dezenas de anos. Essa duração excepcional significa que se revelaram (chegaram à maturidade) contradições insanáveis na estrutura e que as forças políticas que atuam positivamente para conservar e defender a própria estrutura se esforçam para saná-las dentro de certos limites e superá-las. Esses esforços incessantes e perseverantes (já que nenhuma forma social jamais confessará que foi superada) formam o terreno do "ocasional", no qual se organizam as forças antagonistas que tendem a demonstrar (demonstração que em última análise só tem êxito e é "verdadeira" se se torna nova realidade, se as forças antagonistas triunfam, mas que imediatamente se explicita numa série de polêmicas ideológicas, religiosas, filosóficas, políticas, jurídicas etc., cujo caráter concreto pode ser avaliado pela medida em que se tornam convincentes e deslocam o alinhamento preexistente das forças sociais) que já existem as condições necessárias e suficientes para que determinadas tarefas possam e, portanto, devam ser resolvidas historicamente (devem, já que a não realização do devir histórico aumenta a desordem necessária e prepara catástrofes mais graves). (ibidem, t.3, Q.13, §17, p.1579-80)

O socialismo, ou melhor, a revolução comunista, como superação da crise orgânica, no entanto, somente poderá se concretizar por meio de uma larga aliança global dos grupos sociais subalternos postos em antagonismo ao processo de acumulação do capital e a dominação imperial e a tudo aquilo que leva consigo: a exploração do trabalho, a submissão da mulher, a racialização e a devastação ambiental. Nesse caminho, com a mediação da dimensão nacional, que se constitua uma nova classe operária, mais preocupada com a contradição em processo do que com uma sua possível *identidade*, que enfrente o desafio da emancipação humana e de construção de uma *nuova civiltà*.

A atualidade de Gramsci se encontra tanto na sua radicalidade crítica, no seu pensamento dialético e dialógico, quanto numa filosofia da práxis que destaca o espírito de cisão diante do capital e das formas várias de poder político, que enfatiza a autonomia, a auto-organização e o antagonismo social. Mais atual do que nunca, porque de uma dimensão muito maior e muito mais concreta, é a necessidade de se forjar uma frente única de forças sociais e políticas que configurem o embrião do novo bloco histórico fundado no trabalho associado e emancipado.

10
A PARTICULARIDADE DA REVOLUÇÃO PASSIVA NO BRASIL
UMA TRADUÇÃO DE GRAMSCI

A tradução recíproca das linguagens e a filosofia da práxis

Gramsci elaborou a noção de tradução ou de tradutibilidade a partir da ideia de que um texto produzido em uma língua e em determinado ambiente cultural para ser compreendido em outra língua e outro ambiente cultural deveria ser traduzido tomando em consideração a mudança implícita na ação de traduzir, ou seja, a manutenção do conteúdo, da mensagem, mas em outro contexto histórico-cultural. A tradução implica a passagem de um texto produzido em uma particularidade histórica para outra que tenha características particulares análogas, mas que preserva e amplia a universalidade.

Os problemas propostos por Gramsci incluíam a possibilidade da tradução das linguagens científica, filosófica e política de uma cultura particular a outra dentro de uma mesma universalidade, tanto no tempo quanto no espaço. Para Gramsci "parece que se pode dizer de fato que só na filosofia da práxis a 'tradução' é orgânica e profunda, enquanto de outros pontos de vista muitas vezes é um simples jogo de 'esquematismos' genéricos" (Gramsci, 1975b, t.2, Q.11, §47, p.1468).

De fato, o problema da tradução recíproca encontra a sua origem na relação percebida entre a Revolução Francesa e a filosofia clássica alemã. Essa percepção já estava presente no jovem Hegel e foi depois resgatada por Marx, que sugeriu serem intercambiáveis a linguagem política francesa e a linguagem filosófica alemã. Gramsci acrescenta então como é possível traduzir reciprocamente "a linguagem jurídico--política na França, filosófica, doutrinária, teórica na Alemanha. Para o historiador, na realidade, essas civilizações são traduzíveis reciprocamente, redutíveis uma a outra" (ibidem, t.2, Q.11, §48, p.1470).

Foi com essa acepção que Gramsci procurou traduzir Lenin para a realidade nacional da Itália e Maquiavel para o presente: tradução de espaço e de tempo voltada à práxis. Era da maior importância apreender a particularidade da forma social italiana, do desenvolvimento do capitalismo e do Estado, exatamente para que se pudesse determinar a estratégia da revolução socialista. Ora, Lenin havia apontado para a particularidade do capitalismo russo na debilidade da burguesia, dependente do Estado e vinculada à nobreza feudal e na dissolução dos restos feudais e da comuna agrária por conta da difusão das relações mercantis no campo. Daí observava os equívocos teóricos políticos do menchevismo e dos neonarodiniks, ainda que tenha se alinhado com o setor de esquerda dessa última vertente para que a aliança operário-camponesa se consolidasse para a realização de uma revolução democrático-burguesa radicalizada, conduzida pela classe operária e endereçada à transição socialista. Lenin observava que os mencheviques incorporavam a concepção teórica da social-democracia majoritária, sem que esta fosse aderente à realidade russa, e os narodiniks supunham que pela fragilidade do capitalismo russo tocaria ao campesinato o papel central na luta pela liberdade.

Tratava-se então, para Gramsci, para traduzir Lenin, de observar a particularidade da revolução burguesa e do capitalismo na Itália, dentro do contexto universal do desenvolvimento do capitalismo e da revolução socialista internacional. Esse problema acompanhou Gramsci desde a eclosão da revolução socialista internacional na Rússia, em 1917, no notório artigo "Revolução contra o capital", até o conjunto da sua obra carcerária.

A Itália, mesmo com uma história civilizacional muito longa, só conseguira desenvolver o capitalismo de forma tardia e reflexa. Gramsci analisou os óbices que se colocaram para o desenvolvimento do capitalismo na Itália, tendo observado as estratificações históricas deixadas pelo Império Romano e pelo feudalismo, com destaque para a Igreja Católica. O fracasso dos intentos de formação de um Estado territorial no Renascimento e o predomínio persistente do poder eclesial – impeditivo de uma Reforma religiosa, moral e intelectual – foram fatais.

Quando em fins do século XVIII eclode a revolução burguesa, com as manifestações particulares do industrialismo na Inglaterra, do jacobinismo na França e da filosofia na Alemanha, para a Itália restou o ingresso no chamado *Risorgimento*. Essa fase histórica de imprecisa e polêmica periodização se confunde com a particularidade da revolução burguesa e da rota do desenvolvimento do capitalismo na Itália. Desde as Teses do III Congresso do Partido Comunista da Itália (PCI) (janeiro de 1926) até o Caderno 19, específico sobre o tema do *Risorgimento*, Gramsci aprofunda a sua leitura sobre a particularidade italiana no contexto da revolução burguesa do século XIX e da revolução socialista do século XX.

O *Risorgimento* é produto de alteradas relações de poder na Península Itálica e na Europa, com a ascensão da Prússia – que quebra a diarquia entre França e Áustria –, o declínio da Igreja e o fortalecimento do Piemonte. A Revolução Francesa age poderosamente sobre esse cenário acentuando contradições e contribuindo fortemente para desencadear a revolução no Reino de Nápoles. Ocorre então, particularmente em Nápoles, uma revolução reflexa, produto do impacto da Revolução Francesa. Vincenzo Cuoco – intelectual e ator político importante nesse processo – identificou a revolução napolitana como uma *revolução passiva*, isto é, produto da pressão inconsistente das massas napolitanas e do impacto da Revolução Francesa, uma revolução reflexa, portanto.

Gramsci ampliou a noção apresentada por Cuoco para o conjunto do *Risorgimento*, assim como assumiu a interpretação da Revolução Francesa como um processo de longo prazo, transcorrido de 1789 a 1870. Assim, todo o *Risorgimento* aparece como revolução passiva, como reflexo da Revolução Francesa, mas como um processo no qual o jacobinismo não se configura. O jacobinismo não se configura porque os intelectuais, o grupo político que se pretendia como representante do povo/nação, não conseguiram na prática estabelecer o nexo diretivo e programático, em particular no que se referia à questão agrária.

Aos intelectuais e grupos políticos que entenderam dirigir o povo/nação sem vínculo orgânico, restou submeter-se, ao modo de transformismo, ao grupo moderado que no *Risorgimento* restaurou o poder das classes dominantes ao unificar a península. De modo que, "o assim chamado 'transformismo' não é mais que a expressão parlamentar do fato de que o Partido de Ação foi incorporado molecularmente pelos moderados e as massas populares foram decapitadas, não absorvidas no âmbito do novo Estado" (ibidem, t.3, Q.19, §26, p.2042).

A revolução-restauração que prevaleceu atualizou a questão meridional na Itália, que passou a indicar a particularidade italiana da questão agrária. Ao fim, a revolução burguesa na Itália do século XIX apareceu como uma revolução que teve na expansão territorial do Reino do Piemonte a sua marca, o que veio a significar a anexação do Sul pelo Norte, e a aliança da burguesia industrial com as oligarquias agrárias meridionais, mantendo-se na subalternidade o conjunto das classes despossuídas e trabalhadoras.

A forma e o conteúdo da revolução burguesa, o seu caráter de revolução passiva, indicava a sua incompletude, assim como a fragilidade e a situação periférica da dominação burguesa. A revolução na Itália do século XX, para Gramsci, teria um caráter democrático jacobino, no terreno nacional, no contexto internacional de revolução socialista. O caráter jacobino seria assegurado apenas em caso de a classe operária setentrional conseguir selar uma sólida aliança com as massas camponesas meridionais. Para isso o indispensável seria a presença de um grupo político dirigente da classe operária com origem e vínculo orgânico e com capacidade de atrair os intelectuais capazes de dar uma impostação revolucionária para a questão agrária e meridional. A cisão diante da ordem social burguesa e a frente única das classes subalternas tornariam possível a gestação de uma efetiva reforma moral e intelectual e a criação das condições para a transição socialista, o que exige condições materiais e a formação de uma vontade coletiva, "vontade operosa da necessidade histórica, como protagonista de um real e efetivo drama histórico" (ibidem, t.3, Q.13, §1, p.1559).

A traducibilidade recíproca em relação a Lenin e à Revolução Russa é bastante evidente, mas ainda há a tradução/atualização de problemas que se desenvolveram em outro tempo ou outro espaço, como a Itália de Maquiavel e a França de Robespierre. Assim, o partido revolucionário, o grupo jacobino, o príncipe moderno são produtos teórico-práticos de uma série de traduções espaçotemporais e de uma circulação de ideias.

A questão que se apresenta então é sobre a possibilidade de se traduzir Gramsci para o Brasil. Esse é um problema que se desdobra em outros dois, se quisermos manter um mínimo de rigor com a obra gramsciana: o primeiro diz respeito à interpretação da realidade brasileira, da revolução burguesa e da via particular do desenvolvimento capitalista; o segundo se refere à possibilidade de se traduzir Gramsci para a atualidade da práxis dos movimentos das classes subalternas no Brasil (e, por que não, da América Latina). Na verdade esse problema poderia ser posto também de outra maneira, mas que deslocaria por um momento o foco principal da discussão, que seria perguntar, de modo mais amplo, se Gramsci, Lenin, Lukács poderiam ser traduzidos para o Brasil e como.

A revolução passiva como cânone de interpretação histórica

Então, no que se refere à categoria de revolução passiva, sucessivamente elaborada por Gramsci a partir das anotações de Cuoco, pode ser traduzida para o processo histórico social brasileiro? A resposta pode ser afirmativa desde que se vincule à pesquisa da particularidade da revolução burguesa no Brasil. Foge por completo ao escopo deste texto ingressar no debate existente na literatura especializada sobre a existência ou não da revolução burguesa no Brasil ou de sua periodização. Parto apenas do pressuposto de que a revolução burguesa no Brasil é um processo que se desencadeia em fins dos anos 20 do século XX, quando da crise irreversível do padrão de acumulação agromercantil do capital, e se arrasta até fins dos anos 1970, quando o Brasil pode ser visto como plenamente capitalista. A categoria de revolução passiva trabalhada por Gramsci pode ser utilizada no Brasil na acepção específica do modo de revolução burguesa ou via de desenvolvimento capitalista. Importante fixar essa ideia, dado que Gramsci usou a mesma categoria na análise de outros momentos históricos particulares, como para o fascismo e o americanismo.

Recorde-se então que a revolução burguesa na Itália se confunde com o período que a ideologia dominante chama de *Risorgimento*. Esse processo se identifica com o impacto da Revolução Francesa na Península Itálica e no conjunto heterônimo de manifestações populares, que, mesmo incapazes de uma revolução ao estilo jacobino, pressionaram as classes dominantes, obrigando-as a se reorganizar e a restaurar o seu poder fazendo concessões e cooptando lideranças intelectuais e políticas.

A revolução passiva é então uma revolução reflexa, pressupõe um impacto externo. No caso brasileiro o impacto externo que agiu fortemente sobre as forças sociais internas sem dúvida foi o imperialismo dos Estados Unidos, ou, ainda melhor, o americanismo-fordismo, também tratado por Gramsci como um fenômeno particular de revolução passiva. Os Estados Unidos se alçavam rapidamente à posição de novo núcleo do imperialismo capitalista e se transformavam em modelo para burguesias de diversas partes do mundo, incluindo o Brasil e a Itália.

A burguesia industrial brasileira assumiu face própria precisamente no decorrer dos anos 1920, assimilando a seu modo o impulso do americanismo e do fordismo. O Brasil parecia então um território fértil, propício para indivíduos empreendedores, que ousariam desde logo tentar o uso de métodos avançados de exploração do trabalho, com a garantia oferecida pelo Estado guardião. A burguesia poderia mesmo almejar a direção do processo histórico na medida em que contribuísse para configurar uma sociedade civil centrada na indústria. Esse mundo de sonhos se desfez logo que se observava que o Brasil ainda era um imenso mar agrário, que o imperialismo não concederia essa graça à jovem burguesia e que as classes subalternas também tinham sua subjetividade. O mundo da liberdade liberal da burguesia era inviável...

Mais fracos, mais distantes, a Revolução Russa também enviou os seus sinais, que ativaram o proletariado industrial em formação, estimularam suas lutas e ofereceram lições. A perspectiva da revolução jacobina democrática amadureceu em setores do movimento operário, em particular aquele orientado pelo Partido Comunista. A efervescência das classes subalternas na cidade e no campo era muito sensível, mas a projetada revolução democrática não conseguiu se impor sobre uma realidade adversa, que não cabe agora descrever.

O impacto externo havia e a efervescência social também, mas a revolução jacobina democrática não se mostrou possível: restava a revolução passiva ou revolução-restauração. O cerne de tal processo é a reorganização das classes dominantes, a qual aconteceu sob a égide da oligarquia gaúcha, tendo sido incorporada amplamente a perspectiva industrialista e preservados os interesses agrários, formando um bloco agrário-industrial. Isso implicou uma ação do Estado, a qual selou uma redefinição da chamada questão do Nordeste, uma particularidade da questão agrária e camponesa no Brasil. O Nordeste, até como modo de preservação do latifúndio, passou desde final dos anos 1920 a fornecer força de trabalho para a expansão industrial no Sudeste. Note-se ainda que o Brasil, nesse tom das traduções recíprocas, como a Rússia, contava com uma fronteira agrícola, enquanto a Itália o problema aparecia como emigração.

O Estado, de fato, tendeu a se generalizar, revertendo amplamente o ultrafederalismo que predominava antes de 1930. Foi esse Estado que, além de se sobrepor ao localismo feudal, estimulou a indústria e assim levou avante a configuração paulatina da burguesia industrial como fração dominante. Dentro do Estado foi o Exército a impulsionar a industrialização, feita questão de segurança nacional. A burguesia aceitou o novo Estado que se formava, dado que este defendia os seus interesses frente à forte presença imperialista, mas também diante da pressão das classes subalternas. O Estado que conduziu a revolução passiva no Brasil se organizou como um híbrido liberal-corporativo, com o predomínio de um ou outro aspecto, conforme a correlação entre as forças sociais.

O corporativismo foi uma forma de as burguesias europeias com hegemonia débil, cujo poder era originado de revoluções passivas, enfrentarem a crise que se seguiu à revolução socialista internacional. O exemplo inicial foi precisamente a Itália. O corporativismo se estabeleceu também como opção institucional para países periféricos, como o Brasil, que agora enfrentavam o processo de revolução burguesa, definindo assim uma nova variante de revolução passiva: frente à impossibilidade do americanismo-fordismo e da revolução jacobina democrática orientada ao socialismo, o corporativismo sugeriu a forma da revolução passiva, numa circulação de linguagens que se traduziam reciprocamente.

O liberalismo vigia no campo como intocabilidade da propriedade privada, mas também como invólucro de relações sociais de dependência pessoal, que garantiam a sobrevivência do latifúndio feudal e a opressão do campesinato sem terra. A burguesia fazia parte dos canais corporativos oferecidos pelo Estado, mas também tinha autorização legal para se organizar de modo autônomo. O corporativismo, ao modo de estatização dos sindicatos, veio a pesar mesmo foi sobre a classe operária, a qual foi submetida ao Estado burguês em construção, com a finalidade de organizá-la para a exploração do capital, tendo perdido assim a sua autonomia e postura antagônica. Muitos dirigentes sindicais e intelectuais próximos ao movimento operário se empenharam na confecção do sindicalismo corporativo de Estado, numa clara manifestação transformista.

Esses intelectuais cooptados (como Evaristo de Moraes ou Joaquim Pimenta) se submeteram ao complexo ideológico elaborado por intelectuais que decididamente deram a direção ao processo de revolução passiva em curso, como Gilberto Freyre e Oliveira Vianna. A obra desses intelectuais está referenciada pela ciência da cultura de origem alemã e serve claramente para justificar o vínculo colonial, a subalternidade de inteiros grupos sociais e o papel do Estado como educador e construtor do povo/nação. Enfim, a ideologia autoritária, conservadora e corporativa (com um invólucro católico) foi a que predominou no conjunto do período de revolução passiva no Brasil, tendo sido decisiva para conduzir a permanente reorganização das camadas sociais dominantes e a permanente fragmentação das classes subalternas. O nacionalismo e o desenvolvimentismo foram facetas mais marcadamente burguesas desse complexo ideológico, ainda que com mais vínculos na máquina do Estado do que na classe burguesa ela mesma, esta afeita a um liberalismo de estilo prussiano. As classes subalternas, ainda que fragmentadas, aparecem sempre como constitutivas da revolução passiva. O campesinato disperso pelos latifúndios se manifesta por meio de movimentos messiânicos, pelo banditismo rural, mas também com o esforço para constituir sindicatos e ligas, além de momentos de conflito armado em defesa da posse da terra. Toda essa manifestação dos trabalhadores do campo foi regularmente reprimida pela força do Estado ou por forças paramilitares vinculadas diretamente aos grandes proprietários de terra. A possibilidade da migração para as cidades do Sudeste ou para a fronteira econômica na Amazônia debilitou ulteriormente as possibilidades da luta camponesa. Mais sério ainda foi que a ação do Estado praticamente inviabilizou a possível aliança dos trabalhadores do campo com os trabalhadores da cidade.

O proletariado industrial irrompeu na história brasileira pressionando por direitos sociais e de cidadania entre 1917 e 1920. Era um proletariado pequeno e disperso, mas com concentração mais significativa em São Paulo e Rio de Janeiro, onde a origem imigrante era bem acentuada. O desencadeamento da revolução passiva causou uma descontinuidade histórica no movimento operário, a partir do momento em que novas levas de operários eram recrutados entre os oriundos da migração interna, que trazia trabalhadores do campo nordestino em direção às cidades do Sudeste. Esse deslocamento de população trabalhadora estendeu-se por toda a fase da revolução passiva, até os anos 1970.

Submetido ao sindicalismo corporativo estatal, o proletariado de origem rural entendia corresponder a uma ascensão social o assalariamento e uns poucos direitos sociais concedidos pelo Estado ao modo de cooptação e busca de ampliação de sua base social. De fato, parte do proletariado serviu de sustentáculo para a revolução passiva em andamento, organizada no sindicato e no Partido Trabalhista Brasileiro.

Mas não foi (nem poderia ser) completa essa submissão da classe operária. A pressão por uma reversão democrática de revolução burguesa sempre esteve presente como ameaça: em 1934-1935, em 1945, em 1961-1964. Em todas essas ocasiões a classe operária se moveu em direção ao resgate de sua autonomia e teve no Partido Comunista uma referência importante. As dificuldades imensas para articular a aliança política entre os trabalhadores do campo e da cidade, em diversas ocasiões, deslocaram os comunistas para a opção de respaldar a burguesia na política industrialista, na esperança de que esta contribuísse na solução do problema agrário e da questão nacional, ou seja, que tomasse uma postura anti-imperialista e antilatifundiária.

O fracasso dessa política ficou patente depois de 1964, com a radicalização da revolução-restauração. Os limites da vertente jacobina democrática – ou seja, os comunistas – foram de ordem teórica, organizativa e programática. O ponderável componente militar – com sua herança positivista –, de uma ou outra maneira, empurrava o partido em direção mais ao Estado do que para a organização autônoma da sociedade civil e para a organização do antagonismo de classe.

Enfim, pelos fins dos anos 1970, a burguesia industrial já se arrogava como fração social dirigente da vida social. Agora o Brasil era um país plenamente capitalista e significativamente industrializado e, talvez, o americanismo-fordismo encontrasse um chão mais adequado para se implantar. Em contrapartida, até para dar sustentação a essa hipótese, uma forte classe operária de perfil fordista emergia em luta pela autonomia frente ao Estado e pela liberdade plena de organização e venda da força de trabalho. O seu estágio ainda era corporativo e economicista, no senso em que Gramsci indica como um grau de consciência que não ultrapassa o liberalismo burguês. Aqui

> se alcança a consciência da solidariedade de interesse entre todos os membros do grupo social, mas ainda no campo meramente econômico. Já nesse momento se põe a questão do Estado, mas só no terreno de alcançar uma igualdade político-jurídica com os grupos dominantes, pois que se reivindica o direito de participar na legislação e na administração e mesmo de modificá-las. (ibidem, t.3, Q.13, §17, p.1584)

Nesse grau de consciência e organização corporativa a dificuldade em estabelecer alianças sociais é bastante grande. Esse novo movimento operário surgia no momento em que a migração interna havia cessado e certa estabilidade de condições e de práticas sociais havia se imposto – a condição urbana já era predominante.

Tanto burguesia como proletariado industrial procuraram estabelecer o espaço da luta de classes no terreno da sociedade civil, do mercado, até o momento em que se aproximava a conclusão do novo texto constitucional. Nessa fase, a crise do bloco social dominante era perceptível e houve um avanço político significativo das classes subalternas, do sindicalismo e dos movimentos populares. Nos anos 1980, com efeito, formaram-se o Partido dos Trabalhadores (PT), a Central Única dos Trabalhadores (CUT) e o Movimento dos Trabalhadores Rurais Sem Terra (MST). As resistências, porém, foram muitas e de diversas origens. A burocracia estatal e outras frações do capital, em particular o bancário-financeiro, relutavam em abdicar do seu predomínio, e a própria crise do padrão fordista de acumulação inviabilizava aquele desenlace para a revolução burguesa: teria sido uma revolução passiva que se desenvolvera sob ação do Estado corporativo, mas que se concluía ao modo do americanismo-fordismo!

A forte ofensiva do capital em crise no cenário internacional, comandado pelo Estado americano, também contribuiu notavelmente para que aquela possibilidade se colocasse como inviável. Assim, a revolução passiva se completa com a realização plena do capitalismo e com uma institucionalidade liberal-democrática, sem que tenha sido resolvida a questão agrária, a questão nacional e sem que tenha sido superado de vez o hibridismo liberal-corporativo, o qual só ganhou em complexidade. De fato, a fase inaugurada ainda no momento em que a nova forma institucional se configurava assistia à recomposição do predomínio da fração bancário-financeira do capital, o qual definiu o novo padrão de acumulação orientado pelos centros imperialistas, marcadamente os Estados Unidos. O resultado dessa revolução burguesa ao modo de uma revolução-restauração só poderia ser uma grande ofensiva contra as classes subalternas, suas formas de organização autônoma e seu antagonismo frente à ordem burguesa plena que se apresentara.

Traduzindo Gramsci para o Brasil: a questão da práxis

Se Gramsci pode ser profícuo na interpretação da realidade brasileira, em particular no que se refere à via particular de objetivação do capitalismo, cabe perguntar se também pode ser traduzido para o Brasil em termos de atualidade e de práxis. Nesses termos o problema a ser encarado é como fazer emergir das contradições da sociedade civil um projeto de povo/nação. No entanto, é preciso esclarecer rapidamente o significado dessas categorias na leitura que faço de Gramsci. A sociedade civil é o momento do conflito de classes no qual se manifesta a contradição fundamental entre capital e trabalho, do processo produtivo da vida material até a produção material das subjetividades antagônicas. Dessa contradição em processo é possível que o conjunto das classes subalternas, a partir do seu acúmulo de experiências e de lutas, se organize como povo/nação, ou seja, como sociedade civil que se faz Estado.

No caso concreto do Brasil, dado que a revolução burguesa ocorreu ao modo de uma revolução passiva, ficaram por se definir as questões da terra, da autonomia nacional e da democracia. No entanto, no contexto atual do imperialismo total e de crise estrutural do capital, esses objetivos só podem ocorrer nas condições iniciais da transição socialista internacional, ou seja, que implique processos de transformação articulados no continente. Ao fim, era assim que Gramsci concebia a revolução italiana: tratava-se de uma revolução nacional-popular, que resolvia os problemas postos pelo jacobinismo democrático, mas já inserida na revolução socialista internacional. Por isso é preciso ter muito claro que problemas da posse da terra, da territorialidade e do ambiente, das nacionalidades e da auto-organização da democracia, postos em processos políticos em andamento na América Latina, só têm possibilidade de encontrar soluções no horizonte da transição socialista, pois o risco de regressão é sempre grande.

Mas o que é necessário para que esse projeto se materialize? Como Gramsci concebia esse processo? Certo é que para Gramsci esse seria um processo de extrema complexidade e dificuldade. A exigência inicial é tomar ciência da história das classes subalternas, da sua cultura e práticas sociais, da eventual presença de um "espírito de cisão" frente às classes dominantes, uma rebeldia latente. Depois é preciso observar como se desenvolve e se organiza a consciência crítica e antagônica no mundo elaborado pela dinâmica do capital e isso implica o problema de como as classes subalternas geram os seus intelectuais e de como é possível um progresso intelectual de massas.

Para Gramsci, os intelectuais orgânicos da classe operária surgem a partir de sua própria inserção no processo produtivo, a partir do momento em que o processo de trabalho e o conhecimento se materializam na transformação do mundo natural ou artificial. Mas esse é apenas o fundamento, pois o grupo intelectual em formação também organiza a classe em forma de organismos autônomos os mais variados e também de sindicato e de partido. No sindicato e no partido, produtos da classe que se organiza, é que a condição intelectual se eleva e se faz práxis transformadora. Nesse processo é que deve surgir o príncipe moderno, a metáfora usada por Gramsci, que traduz ao mesmo tempo Maquiavel e Lenin, para se referir a "um elemento complexo da sociedade no que já tenha início a concretização de uma vontade coletiva reconhecida e afirmada parcialmente na ação" (ibidem, t.3, Q.13, §1, p.1558).

O príncipe moderno é o instrumento de unificação das classes subalternas em ascensão cultural e política, em busca da transição socialista como novo bloco histórico fundado no processo de emancipação do trabalho. Mas há uma linguagem no Brasil e na América Latina que possa ser de algum modo traduzida com reciprocidade? Logo vem à mente a obra do peruano José Carlos Mariátegui, sem dúvida, mas não é o caso neste momento de abordar essa sugestiva pista. O tema em pauta é o da contemporaneidade.

A eclosão das greves de massa, do sindicalismo, a constituição do PT, da CUT e do MST, entre 1978 e 1984, apareceram como momentos muito promissores de organização das classes subalternas no Brasil, mas o seu horizonte, com exceção de algumas franjas, não ultrapassava o americanismo-fordismo e a liberal-democracia: o operário e o camponês queriam se ver também como cidadãos na República. Nos termos de Gramsci, mesmo o setor mais avançado do sindicalismo, ainda que tivesse a percepção do Estado e falasse de modo abstrato em socialismo, mantinha-se na esfera corporativa da classe, que indica uma práxis ainda subalterna, pois que liberal-burguesa, centrada no mercado, em parte da sociedade civil.

Decerto foi esse um momento histórico de expressão intelectual e cultural das classes subalternas e de capacidade de atração de intelectuais forjados em outras camadas sociais e de diferentes visões de mundo: muitos marxistas de diferentes vertentes, muitos liberais e muitos católicos. Frente à crise orgânica do movimento comunista, a intelectualidade marxista se diluiu e não teve condição de conduzir um progresso intelectual coletivo, inclusive pelo fato de não se ter efetivamente *traduzido* Lenin ou Gramsci – no senso indicado pelo próprio Gramsci, é claro. Contudo, a explicação desses acontecimentos supera bastante os objetivos deste capítulo e terá que ser deixada de lado.

Importa apenas constatar que não aconteceu um processo que efetivamente constituísse um processo de unificação das classes subalternas, da sua correlata elevação cultural antagônica à ordem do capital e a proposição de uma nova hegemonia, ou seja, a proposição da revolução socialista. Pelo contrário, sindicato e partido encontraram em cheio o seu lugar dentro da ordem do capital estruturada na liberal-democracia. Tão cômodas se encontraram essas instituições geradas pela classe operária que o seu objetivo principal ficou sendo governar a ordem do capital, inserindo setores de aristocracia operária no bloco das classes dominantes. A conclusão é que a hegemonia burguesa débil que se forjou no processo de revolução passiva encontrou um momento de fortalecimento.

Hoje no Brasil predomina o cenário institucional na luta política, característica da liberal-democracia. Uma democracia, porém, que expressa o poder real de uma oligarquia ampliada. As faixas de antagonismo social organizado encontram-se muito diminutas e fragmentadas. Existe uma presença pequena no sindicalismo e em partidos políticos de baixíssima representatividade. O destaque na luta de classes evidencia-se nos movimentos populares e, reconheça-se, o Brasil encontra-se muito atrás de outras zonas da América Latina. São ponderáveis no Brasil movimentos político-culturais da juventude proletária das periferias, movimentos pela consecução de objetivos específicos com base no direito, como de mulheres, negros, índios, movimentos pelo acesso à terra e à territorialidade. A sociedade civil, a economia política do trabalho, é frágil e longe de prospectar a hegemonia. Nessa difícil situação é possível mesmo traduzir Gramsci para o Brasil, numa passagem de tempo e espaço? Antes de tudo é preciso interrogar sobre a natureza dos movimentos populares, como eles próprios se concebem. Se os movimentos se concebem como uma ação coletiva com objetivos particulares que se esgotam ou se resolvem em si próprios, estaremos no campo do corporativismo, uma ação coletiva no contexto da sociedade civil burguesa, da hegemonia burguesa "democrática". Mas, se os movimentos se percebem como um momento de construção do povo/nação, de unificação das classes subalternas, de realização de uma reforma moral e intelectual, de uma nova hegemonia que se configura na edificação de um novo Estado, então a tradução de Gramsci se concretiza na práxis.

No entanto, o pensar/agir nesses termos demanda uma ação política concertada e permanente tendo em vista a formação de uma frente única das classes subalternas, no Brasil constituídas por vastos e diversificados setores proletários, assalariados e de pequenos proprietários. Essa frente única das classes subalternas deve ser desde logo antagônica ao império do capital e se desenvolver como autogoverno das massas. Decerto que esse desenvolvimento culmina com um momento de centralização e de cerco ao poder político do capital, na produção e no Estado: é quando o "príncipe" se faz novo Estado, ou seja, o organismo que se desenvolvia em oposição antagônica ao capital, a frente única das classes subalternas, se faz Estado e expressa a nova hegemonia. O príncipe, portanto, é muito mais que um partido revolucionário em senso estrito, é uma nova sociabilidade que se desenvolve e se faz totalidade.

Mas esse processo que é revolucionário, mas dura no tempo, exige uma reforma moral e intelectual que só pode ser empreendida por uma massa de intelectuais orgânicos do mundo do trabalho. Estes se criam lentamente do esforço próprio dos trabalhadores que se organizam em sindicato, partido ou movimento. Isso ocorre, porém, de uma maneira muito dificultada e lenta, pois a ação do capital é por demais limitativa. Uma franja de intelectuais de origem social pequeno-burguesa também pode vir a se juntar organicamente à classe que produz mais valor, além de as próprias demandas do capital hoje abrirem espaços de formação cultural – ainda que muito restrita – aos filhos de trabalhadores. Gramsci sugeria que a classe operária tinha grande dificuldade em forjar os seus intelectuais, mas essa possibilidade nem mesmo existia para os camponeses. A revolução socialista na Itália dependeria da elevação cultural das massas e da capacidade de atrair setores intelectuais tradicionais para a esquerda. Mas em tempos de mundialização do capital não seria o caso de questionar se ainda existem intelectuais tradicionais, ou, a rigor, não estariam todos organicamente ligados à reprodução do capital, apenas que em colocações e graus diversos?

De todo modo, as condições de sindicato e partido como escola de dirigentes intelectualizados encontra-se muito rebaixada. No Brasil de hoje, para terminar, pode-se dizer que as experiências que mais se destacam são o Movimento dos Trabalhadores Sem Teto (MTST) e o mais antigo MST. As experiências pioneiras de escolas organizadas pelo MST no Sul do Brasil, nem privadas, nem estatais, oferecem um exemplo de auto-organização bastante positivo. Mas o destaque se endereça mesmo para a Escola Nacional Florestan Fernandes, que é o indício forte de que intelectuais críticos podem contribuir na autoeducação dos trabalhadores do campo (e da cidade) e na formação de intelectuais orgânicos das classes subalternas. Notável também que essa formação intelectual se faz sem que o vínculo com o trabalho manual e solidário seja rompido. Parece que a "aliança operário-camponesa" passa a ser estruturada a partir do campo para a cidade, passando pelas periferias. É da auto-organização, da autoeducação, das lutas sociais antagônicas que se forjam a unicidade das classes subalternas, o seu horizonte de emancipação e o príncipe moderno.

REFERÊNCIAS

ANGELI, P. Gramsci, De Martino e la crise della scienza del Folclore. In: BARATTA, G.; CATONE, A. (Org.). *Gramsci e il "progresso intellettuale di massa"*. Milano: Unicopli, 1995, p.53-78.

BARATTA, G. *Le rose e i Quaderni:* il pensiero dialógico di Antonio Gramsci. Roma: Carocci, 2003.

BOBBIO, N. La concezione di società civile. In: ROSSI, P. (Org.). *Gramsci e la cultura contemporanea*. Roma: Riuniti, 1969. v. I.

BUTTGIEG, J. A. I "subalterni" nel pensiero di Gramsci. In: BURGIO, A.; SANTUCCI, A. A. (Org.). *Gramsci e la rivoluzione in Occidente*. Roma: Riuniti, 1999.

CHESNAIS, F. *A mundialização do capital*. São Paulo: Xamã, 1996.

CUOCO, V. *Saggio storico sulla rivoluzione di Napoli*. Milano: Rizzoli, 1999.

CURTI, L. Percorsi di subalternità: Gramsci, Said, Spivak. In: CHAMBERS, I. (Org.). *Esercizi di potere:* Gramsci, Said e il postcoloniale. Roma: Maltemi, 2006.

DEL ROIO, M. *O império universal e seus antípodas:* a ocidentalização do mundo. São Paulo: Ícone, 1998.

_____. *Os prismas de Gramsci:* a fórmula política da frente única (1919-1926). São Paulo: Fapesp; IAP; Xamã, 2005.

_____. *I prismi di Gramsci:* la formula política del fronte único (1919-1926). Napoli: La Città del Sole, 2010.

ETTINGER, E. *Rosa Luxemburgo*. Rio de Janeiro: Jorge Zahar, 1996.

GIASI, F. (Org.). *Gramsci nel suo tempo*. Roma: Carocci, 2008. 2 v.

GRAMSCI, A. *L'Ordine Nuovo (1919-1920)*. Torino: Einaudi, 1954.

_____. *Per la verità*: scritti (1913-1926). Ed. de R. Martinelli. Roma: Riuniti, 1964.

_____. *Socialismo e fascismo*. Torino: Einaudi, 1966.

_____. *Scritti politici*. Ed. de Paolo Spriano. Roma: Riuniti, 1973. 3. v.

_____. *L'Ordine Nuovo*. Torino: Einaudi, 1975a.

_____. *Quaderni del carcere*. Ed. de Valentino Gerratana. Torino: Einaudi, 1975b. 4 v.

_____. *La costruzione del Partito Comunista (1923-1926)*. Torino: Einaudi, 1978.

_____. *Lettere (1908-1926)*. Torino: Einaudi, 1992.

_____. *Disgregazione sociale e rivoluzione*: scritti sul Mezzogiorno. Ed. de Francesco Biscione. Napoli: Liguori, 1995.

_____. *Lettere del cárcere (1926-1930)*. Ed. de Antonio Santucci. Palermo: Sellerio, 1996.

GRUPPI, L. *Il concetto di egemonia in Gramsci*. Roma: Riuniti, 1972.

HARVEY, D. *La guerra perpétua*: analisi del nuovo imperialismo. Milano: Il Saggiatore, 2006.

HAUPT, G. *L'Internazionale Socialista dalla Comune a Lenin*. Torino: Einaudi, 1978.

LENIN, V. La enfermerdad infantil del "izquierdismo" nel comunismo. In: *Obras escogidas em doce tomos*. Moscou: Progreso, 1976. t. XI.

LIGUORI, G. *Gramsci conteso*. Roma: Riuniti, 1996.

LOSURDO, D. *Antonio Gramsci dal liberalismo al "comunismo crítico"*. Roma: Gamberetti, 1997.

LUXEMBURG, R. *Opere scelte*. Milano: Avanti, 1963.

_____. *Scritti politici*. Roma: Editori Riuniti, 1976.

MACHIAVELLI, N. *Il principe*. Milano: Mursia, 1969.

MARX, K.; ENGELS, F. *Obras escolhidas*. Rio de Janeiro: Editorial Vitória, 1956. v. 1.

MESZAROS, I. *Para além do capital*. São Paulo: Boitempo, 2002.

_____. *O século XXI*: socialismo ou barbárie. São Paulo: Boitempo, 2003.

MONAL, I. Gramsci, a sociedade civil e os grupos subalternos. In: COUTINHO, C. N.; TEIXEIRA, A. P. (Org.). *Ler Gramsci, entender a realidade*. Rio de Janeiro: Civilização Brasileira, 2003, p.189-200.

SPRIANO, P. *Storia del Partito Comunista Italiano*: di Bordiga a Gramsci. Roma: Riuniti, 1967.

_____. *"L'Ordine Nuovo" e i Consigli di Fabbrica*. Turim: Einaudi, 1971.

TROTSKY, L. *Europe et Amérique*. Paris: Anthropos, 1971.

SOBRE O LIVRO

Formato
14 X 21 CM

Mancha
23,7 X 41,6 PAICAS

Tipologia
ARNO PRO 11/14

Papel
OFF-WHITE 80 G/M² (MIOLO)
CARTÃO SUPREMO 250 G/M² (CAPA)

1ª Edição
EDITORA UNESP 2018

EQUIPE DE REALIZAÇÃO

COORDENAÇÃO EDITORIAL
Marcos Keith Takahashi

REVISÃO DE TEXTO
Cacilda Guerra

PROJETO GRÁFICO E CAPA
Grão Editorial

FOTO DE CAPA
Signing Up, 1918:
primeira mobilização
de trabalhadores russos após
a revolução de 1917
Coleção Hulton Archive
Central Press / Getty Images

EDITORAÇÃO ELETRÔNICA
Sergio Gzeschnik